# Les ruines de Delphes

# ÉMILE BOURGUET

ANCIEN MEMBRE DE L'ÉCOLE FRANÇAISE D'ATHÈNES
MAÎTRE DE CONFÉRENCES A LA FACULTÉ DES LETTRES DE PARIS

# Les ruines de Delphes

*Il y avait du divin dans la vie de l'homme,*
*et son histoire dans le temps n'était réellement*
*qu'un emblème de quelque chose d'éternel.*

CARLYLE.

PARIS

FONTEMOING ET Cⁱᵉ, ÉDITEURS

*Libraires des Écoles françaises d'Athènes et de Rome.*

4, RUE LE GOFF, 4

1914

# INTRODUCTION

Parmi les Français, chaque année plus nombreux, que
j'ai eu la joie de voir à Delphes, il en est peu qui ne
m'aient adressé cette question : Existe-t-il un livre où
les découvertes de notre École d'Athènes soient résumées ? On trouve à l'étranger des *Guides de Delphes*
courts et accessibles, mais chez nous les résultats des
fouilles ne sont connus que des quelques initiés qui lisent
les revues dites savantes.

C'est pour essayer de répondre à cette demande que
j'ai écrit ce livre. Vingt et un ans après le début des
fouilles, on a le droit de jeter un coup d'œil sur l'œuvre
déjà faite. Personne ne prétendrait apporter à toutes les
questions des solutions définitives, il est encore trop tôt.
On ne peut s'imaginer combien de semaines, de mois sont
nécessaires pour rapprocher les morceaux d'une même
construction, qui souvent ont été trouvés à des profon-
deurs très différentes, parfois même en des points très
éloignés les uns des autres ; pour rajuster les débris
d'une sculpture, pour recomposer en un ensemble des

fragments d'inscriptions qui, séparés, ne signifient presque rien et, une fois réunis, peuvent nous apprendre des détails fort intéressants sur l'histoire et la vie ancienne. Tout n'est pas fini dans cet ordre de recherches, et sans doute y faudra-t-il plusieurs générations encore. Il est du moins possible de présenter un tableau exact de ce qui a été obtenu. Dans cet abondant recueil d'images (1), ceux qui ont vu Delphes retrouveront, je l'espère, leurs impressions et raviveront leurs souvenirs ; ceux qui ne l'ont pas vu préciseront leur désir d'y aller.

*VUE D'ENSEMBLE*

Il est sans doute indispensable de se représenter d'abord les différences profondes qui font qu'un sanctuaire antique n'a pas d'analogue dans notre vie. Imaginez un terrain enclos de murs qui est propriété divine, dont tous les revenus sont gérés par des hommes au nom d'un dieu. Ce dieu manifeste la volonté de son père, le maître souverain des dieux et des hommes, et prédit l'avenir : ses oracles règlent la destinée des États, des familles et des individus. Les représentants des cités grecques, que réunit un lien fédéral fort ancien, devenu en politique assez lâche, toujours respectable par la com-

(1) Je tiens à remercier dès le début tous ceux qui m'ont aidé, M. de Boccard, le très aimable éditeur qui m'a demandé d'écrire ce livre et qui n'a rien négligé pour qu'il fût aussi bien présenté que possible, les amis qui m'ont prêté des photographies, des croquis et des relevés dont on trouvera la reproduction dans les pages qui suivent : MM. J. Chamonard, G. Colin, et tout particulièrement mon cher collaborateur et ami de Delphes, A. Martinaud. M. S. da Fonseca a mis un affectueux empressement à dessiner pour moi l'une de nos bases à deux colonnes telle qu'elle devait être autrefois (fig. 56). Enfin le directeur de *la Construction moderne*, M. Rümler, a eu l'obligeance de me prêter quelques-uns des clichés qui avaient illustré une série d'articles de M. Martinaud ; je le prie, ainsi que M. Pierre Couturaud, de recevoir l'expression de ma très vive reconnaissance.

munauté de culte; les compositeurs de musique, les poètes
et les acteurs, les athlètes, les concurrents de toutes les
sortes de courses s'y assemblent à des époques détermi-
nées. Pèlerins et curieux y affluent de toutes les extrémités
du monde grec, avec ceux qui viennent au nom de leur
cité ou pour eux-mêmes consulter l'oracle. Ces foules
trouvent dans la ville qui entoure le sanctuaire une hospitalité intéressée: les habitants vivent de tous les com-
merces que le voisinage du temple a fait naître et entre-
tient, vente des objets de piété aussi bien que des animaux destinés à l'autel. Les poètes comiques les représentent, couteau en main, prenant leur part des festins
qui suivaient toujours les sacrifices.

Ce domaine divin a été sans cesse enrichi des plus magnifiques trésors d'art ; cités et particuliers avaient entassé, dans cette enceinte que la divinité semblait devoir
protéger contre les passions humaines, de somptueux souvenirs de leur gloire militaire ou de leur illustration personnelle. A quelques mètres du trépied qui célébrait la
victoire de Platées sur les Perses, une courtisane avait
dédié le souvenir triomphal de ses amants; une autre, sa
propre statue dorée. Trophées des victoires remportées
sur des ennemis du dehors, sur des barbares, plus encore
sur des ennemis de même sang, hommages de reconnaissance des lointaines colonies jadis fondées sur l'ordre de
l'oracle, commémoration de la renommée ou de la fortune
d'un personnage ou d'une famille, ces offrandes ne
s'amoncelaient pas dans le temple, maison fermée du
dieu, où quelques-unes seulement, remarquables par l'occasion qui les fit dédier, avaient trouvé place. D'autres
étaient conservées dans les édifices plus petits, « trésors »
nationaux élevés par les villes ou les peuples. Le plus

grand nombre de ces ex-voto, dont certains pouvaient atteindre aux dimensions d'un monument véritable, s'étageaient le long du chemin que les processions devaient suivre pour monter à travers le sanctuaire jusqu'à la demeure d'Apollon. Sur les deux bords de la voie sacrée, et sur les terrasses successives qu'elle reliait, l'assemblage de toutes ces œuvres d'art formait un des musées les plus riches et les plus originaux que l'humanité ait vus, mais un musée vivant, par les faits de leur histoire que ces offrandes rappelaient aux Grecs.

Un tel amoncellement de chefs-d'œuvre et d'objets précieux a excité de tout temps la convoitise et la cupidité : on pourrait presque faire l'histoire de Delphes — je ne parle ici que de l'antiquité — par la succession des pillages, méthodiques ou non, et des vols dont le sanctuaire a eu à souffrir.

Ce court résumé présente quelques traits surprenants, des étrangetés qui choquaient déjà Plutarque. A plus forte raison devons-nous faire un effort pour comprendre et sentir ce qui peut vraiment être pour nous un symbole de la vie antique.

· Cet effort n'est pas pénible, on y est aidé par les restes d'édifices, les œuvres d'art, les mille détails qu'apprennent les textes. Quand on groupe quelques souvenirs précis, ces souvenirs qui sont, dit-on, nécessaires pour que l'on soit ému devant un paysage historique, quand on les replace dans le cadre saisissant qu'est le site de Delphes, l'impression est si forte et si profonde qu'elle fait oublier la peine que l'on a pu prendre.

*LE PAYSAGE*   Le paysage est peut-être moins formidable qu'on ne l'a dit, tel ravin d'Arcadie a autant de grandeur sauvage ; et pourtant la majestueuse et farouche beauté de ce repli de montagne s'impose à l'admiration aussi puissamment quand on la connaît depuis vingt années que quand on en est frappé pour la première fois. Les anciens, qui en parlaient moins que nous, la sentaient vivement sans doute ; des raisons religieuses leur imposaient l'emplacement des édifices, mais il est remarquable que ces raisons n'aient jamais été en contradiction avec leur goût et qu'on ne puisse pas citer un seul temple situé dans un endroit insignifiant ou vulgaire. Quelques mots des poètes font comprendre que les divers aspects de la région dont Delphes est le centre vivaient dans leur mémoire avec un relief très net et leur apparaissaient comme une toile de fond particulièrement propre à encadrer des scènes tragiques. La vue que l'on a sous les yeux (fig. 1) a été prise presque à mi-hauteur du Kirphis qui s'élève à pic en face de Delphes. De là on peut considérer dans son ensemble ce site étrange. Une muraille de rochers, séparée du Kirphis par une gorge étroite plantée d'oliviers, se dresse et atteint d'un seul jet l'altitude d'environ six cents mètres ; puis, interrompue transversalement par un plan d'inclinaison rapide sur lequel se succédaient les terrasses du sanctuaire et de la ville, la barrière verticale s'élève de nouveau toute droite et découpe à plus de mille mètres sur le ciel la ligne noble et rude qui marque le bord des plateaux du Parnasse.

Cette longue façade rocheuse est tournée vers le sud : le soleil en fait étinceler les grandes masses fauves, d'un ton roux et ardent, que percent les aspérités grises, d'un gris de métal, de ce gris « mine de plomb » dont toute la dureté crue éclate au soleil levant dans les régions supérieures, au-dessus des plateaux et près des sommets du Parnasse. Quelques taches presque blanches sont de ré-

centes cicatrices aux bords rougeâtres : des quartiers de
rocs se sont détachés et ont roulé sur les pentes. Dans
les plis et les crevasses de la surface rugueuse et tour-
mentée flotte une ombre bleue. Les anciens ont été sen-
sibles aux jeux de la lumière sur ces roches, ils les
appelaient les Phédriades, les Brillantes. Aujourd'hui
encore les habitants leur donnent des noms pittoresques :
à gauche de la grande brèche au fond de laquelle descendent les eaux de la fontaine Castalie, la paroi que le
soleil du matin éclaire de tons plus jeunes, vibrant dans
l'air léger, est Rhodini, la rose ; à droite, la muraille à
pic, dont les tons brûlés éclatent dans l'embrasement
qu'allume le soleil d'après-midi, c'est maintenant Phlemboukos, la flamboyante, l'ancienne Hyampéia d'où l'on
précipitait les criminels.

La figure 1 montre Rhodini de face dans tout son développement, tandis que Phlemboukos n'y apparaît que
de profil. En fait, celle-ci est une avancée des Phédriades,
d'une saillie si forte qu'il faut tourner ce promontoire
quand on vient de l'est pour apercevoir l'enceinte sacrée.
Du côté de l'ouest aussi, le sanctuaire est invisible tant
que l'on n'a pas fait le tour du cap qui se détache de
Rhodini, et détermine ce ressaut aux arêtes énergique-
ment ressenties par lequel est interrompue la brusque
montée des Phédriades. Cet éperon de rocher est le
seul point de Delphes d'où l'on puisse voir la mer. Près
d'un antique autel des Vents, bien placé sur cette pointe
découverte, le conseil fédéral de l'Amphictionie tenait
ses séances. La vue s'étend de là (fig. 2), par-dessus
les maisons du village nouveau, sur la plaine sacrée,
toute couverte du bois d'oliviers qui enserre le pied du
roc où était l'acropole de Krisa, et jusqu'à l'une des

FIG. 1. — LE PAYSAGE DELPHIQUE (vue prise pendant les fouilles, 1896).

baies, profondément enfoncée dans les terres, du golfe de Corinthe.

C'est dans cette sorte de cirque formé par les deux avancées des Phédriades, cet éperon à gauche, la Hyampéia à droite, que s'étendait sur la pente raide la ville ancienne; elle entourait sur trois côtés l'enceinte sacrée qui était presque au point le plus haut et touchait au pied même de Rhodini. Strabon avait remarqué que le site delphique ressemblait à un théâtre. Les divers aspects du sanctuaire et de ses environs immédiats, que l'on verra dans la suite, prouveront combien cette comparaison est juste.

Si l'on monte, par un sentier pierreux, jusqu'au sommet des Phédriades, on aperçoit en bas le sanctuaire comme sur un plan (1), les oliviers couvrant les escarpements et descendant jusqu'à la vallée étroite du Pleistos, par où ils vont rejoindre ceux de la plaine sacrée. On est à ce moment tout au bord des vastes et solitaires plateaux qui portent le Parnasse (fig. 3).

Quelques collines tachées de broussailles sombres, comme celle où est creusé l'antre Corycien, d'autres vêtues de forêts de sapins et de mélèzes, tout au fond la masse imposante, couronnée de neige; des lacs alpestres, dont l'eau filtre à travers les roches et va sortir à la fontaine Castalie; cette végétation de la haute montagne des pays du nord, tout cet ensemble fait un puissant contraste avec les paysages que l'on vient de quitter; cette nature morne, presque hostile, à quelques centaines de mètres de la cime des Phédriades, d'où l'on voyait encore la Méditerranée douce et lumineuse, c'est une de ces surprises auxquelles ceux qui ont voyagé dans ces beaux

(1) C'est la vue que représente l'héliogravure placée en tête de ce volume.

pays savent qu'ils doivent s'attendre, et qui dépassent pourtant toujours leur attente. Les plaines rocheuses qui s'ouvrent entre des bois épais et noirs étaient, nous le savons surtout grâce à l'*Ion* d'Euripide, parcourues la

Fig. 2. — Vue sur la plaine sacrée, par-dessus le nouveau Delphes.

nuit par les ménades Delphiennes; tous les deux ans, lors de la fête en l'honneur de leur dieu, l'enivrement mystique, l'exaltation des « orgies » de Dionysos lançaient les courses de ces femmes en délire à travers les étendues que la flamme des torches éclairait de lueurs rougeâtres. Le beau chant qui, dans les *Bacchantes*, transporte à la montagne les suivantes du dieu s'appliquerait bien mieux à ce décor de tragédie qu'à l'aimable et presque riant Cithéron.



Impressions d'aujourd'hui et souvenirs de la vie antique, tout se mêle, et à certaines heures cette confusion produit un vrai mirage qui peut séduire. Il m'est arrivé, à moi aussi, dans les sentiers au pied du Parnasse, au delà d'Arachova, non loin du carrefour sinistre où Œdipe, dit-on, tua son père, de rencontrer un vieillard en qui j'ai voulu reconnaître un instant le bon Plutarque allant de Chéronée à Delphes sur son mulet pour remplir ses devoirs de prêtre. Il est des cas où l'illusion est moins volontaire. Quand on gravit les pentes des Phédriades pour arriver à Delphes vers la fin d'un jour d'été, on voit s'élever de la plaine sacrée (fig. 4), des espaces découverts au bord de la forêt d'oliviers, des fumées qui montent toutes droites dans l'air calme : ce sont celles de quelques tuileries. Il est impossible de ne pas se trouver brusquement ramené en arrière, à des siècles de distance, à cette fameuse séance du conseil fédéral où, du haut du cap rocheux qui domine Delphes à l'ouest et d'où l'on aperçoit la mer (fig. 2), Eschine montra aux Amphictions la plaine sacrée mise en culture malgré les lois religieuses par les gens d'Amphissa, les tuileries et les fermes qui s'y étaient installées.

Plusieurs fois, dans l'antiquité, des rochers détachés des Phédriades écrasèrent des monuments et rendirent nécessaires de très importantes modifications dans l'aménagement du sanctuaire. Hérodote raconte qu'il vit encore dans l'enceinte consacrée à Athéna Pronaia, à l'extrémité est de la ville (Marmaria), les pierres tombées de la Hyampéia en 480 et qui avaient tant effrayé les Perses.

Deux siècles après, des éboulements formidables avaient
aussi, dit-on, rempli les Gaulois de terreur et les avaient
obligés à fuir. Peu importe que le récit du second miracle
soit évidemment copié sur celui du premier, et qu'ils
n'aient aucune valeur historique ni l'un ni l'autre. On

Fig. 3. — Les plateaux du Parnasse.

comprend du moins qu'ils aient pu être acceptés comme
des explications vraisemblables quand on a vu les quartiers de roc qui, en mars 1905, ont passé par dessus la
route moderne d'Arachova, et sont venus démolir les
colonnes du vieux temple d'Athéna Pronaia (fig. 106-107).

Il serait assez aisé de multiplier ces rapprochements, et   *DIFFÉRENCES* de montrer par d'autres exemples encore que souvent le passé revit dans le présent. Mais croit-on que l'on aurait ainsi pénétré plus avant dans l'âme antique ? Sans doute l'âme humaine est toujours la même, et ce sont précisément les chefs-d'œuvre littéraires de la Grèce qui ont pour la première fois étudié dans ce qu'il a d'universel ce fond identique malgré toutes les variations de lieu et de temps. Sans doute aussi — pour passer tout de suite à l'autre extrémité, aux conditions extérieures de la vie — l'aspect des paysages, les jeux de la lumière, le climat même n'ont pas changé. Mais tout l'entre-deux, la manière dont des pensées et des sentiments qui existent chez tous les hommes sont modifiés dans leur expression par le moment, le milieu de civilisation et de croyances, voilà ce que l'on me paraît laisser échapper quand on conclut trop vite à une assimilation dont le charme est trompeur. En réalité, les différences qui séparent n'importe quel Européen, vivant à cette heure, d'un Grec du cinquième ou du quatrième siècle av. J.-C. sont irréductibles.

*ÉTUDE DE LA VIE ANCIENNE*

On le sent aussi bien en d'autres endroits, on ne le sent nulle part mieux que dans un sanctuaire comme celui de Delphes. Regarder le paysage qui entourait cet amoncellement d'œuvres d'art, d'édifices, de souvenirs historiques, c'est comme une préparation que nous fournit la nature ; mais, quelque précieux que soit ce secours, on ne peut s'en tenir là pour se replacer d'emblée dans l'état d'esprit d'un Grec qui venait faire un sacrifice à Apollon, consulter l'oracle, assister aux délibérations du conseil fédéral et aux jeux, et qui, en montant la voie sacrée, contemplait les monuments dédiés par ses concitoyens ou par les ennemis de sa ville. Il y faut — que l'on me pardonne ce dogmatisme — une étude poussée dans des sens très divers : les œuvres des poètes, des philosophes et des orateurs ne peuvent plus être séparées de celles des architectes, des sculpteurs, des peintres de vases ; les docu-

Fig. 4. — La plaine sacrée ; au fond et a gauche, les Phédriades.

ments les plus humbles, un acte d'affranchissement, une imprécation magique, un contrat sur papyrus, éclairent des bas-fonds ou simplement le train ordinaire de la vie que les artistes créateurs ne nous font pas connaître. Parce que ces artistes vivent comme leurs contemporains et qu'ils n'éprouvent pas le besoin d'insister sur ce que tout le monde sait autour d'eux, parce qu'au contraire leur pensée originale se soucie assez peu de fixer le détail infini et changeant de l'existence quotidienne, on doit compléter ce qu'ils nous disent par ce que nous apprennent tous les autres restes d'une civilisation si féconde. Il ne s'agit pas de tout confondre, on doit laisser chaque chose dans son ordre, mais qui a jamais préféré une inscription à une tragédie de Sophocle ou un vase commun à l'Aurige? Certes, l'héritage de beauté que le monde grec nous a transmis est immense, on n'est pourtant pas autorisé à s'enfermer pour toujours dans un groupe de textes ou dans une classe d'objets. Quand on s'y résigne pour quelque temps, à cause des nécessités qu'impose la division du travail, il ne faut du moins pas perdre le contact avec l'ensemble, sinon toute communication avec la vie est coupée, et on en arrive à traiter les chefs-d'œuvre mêmes comme autant de documents morts.

Il est inutile d'ajouter que je ne prétends pas réaliser ici, à propos de Delphes, une synthèse semblable. Mais si presque toutes les œuvres des architectes et des sculpteurs que l'on a trouvées, rassemblées dans le sanctuaire par la piété et le désir de la gloire, témoignent de la force créatrice du génie grec et aussi de sa merveilleuse faculté d'adaptation; si en même temps tout nous y prouve à quel point les légendes divines, les croyances et les pratiques religieuses étaient intimement mêlées et sans cesse à la vie politique et à la vie privée, on admettra qu'une visite à ces ruines puisse être de quelque intérêt. Tant d'inventions si originales, de si libres imitations, tant d'offrandes précieuses ou étranges, remises à leur place, avec les détails que permettent d'ajouter les auteurs et les inscriptions, doivent nous donner une impression exacte de ce

que fut un sanctuaire d'autrefois. Elle sera sûrement complétée à mesure que les savants trouveront des réponses
aux questions qui se posent encore. Mais les grands traits
sont aujourd'hui fixés avec certitude, et chaque esprit peut,
sans laisser l'imagination se faire une part à laquelle elle
n'a pas droit, reconstruire avec des pierres trop souvent
mutilées et éparses les monuments, les piédestaux, les
colonnades qui décoraient le domaine d'Apollon. L'image
vivante doit se former de plus en plus concrète, si l'on peut
dire, à mesure que l'on avance parmi les débris des édifices, et apparaître au terme sans qu'aucune évocation factice l'y contraigne. Ce n'est pas une image de fantaisie :
quand on ne sait pas, quand les éléments fournis par les
fouilles et les textes ne suffisent pas à garantir une affir-
mation, il vaut mieux s'en tenir à un dessin fragmentaire
que d'y ajouter des conjectures personnelles. Les savants
seront frappés sans doute des lacunes que présente ce petit
livre, mais ce n'est pas pour eux que je l'ai écrit. Si le
public cultivé à qui les souvenirs d'un passé lointain ne
sont pas indifférents trouve dans les pages qui suivent une
description fidèle du sanctuaire et se fait une idée nette
de cet ensemble attachant, j'aurai fait ce que je voulais.

Sur l'histoire des fouilles elles-mêmes, on ne trouvera
ici que quelques brèves indications. C'est en 1892
que M. Homolle, qui a [préparé et rendu possible cette
immense tâche du déblaiement avec une activité à laquelle on rendra toujours hommage, se trouva devant
un village entier qui recouvrait le sanctuaire et qu'il
fallait enlever. Les Delphiens modernes, moins nombreux que ceux d'autrefois, ne débordaient pas beaucoup,
excepté à l'ouest, les limites de l'enceinte sacrée : ce sont

pourtant près de trois cent cinquante maisons que l'on a
dû démolir, après avoir prié les habitants de se transporter à une distance de presque un kilomètre à l'ouest,
de l'autre côté du cap détaché de Rhodini. On a vu (fig. 2)
une partie du village nouveau. Les deux vues (fig. 5 et 6),

Fig. 5. — L'ancien village de Delphes avant la fouille (1892).

prises à peu près du même endroit de ce cap lui-même à
dix-sept ans d'intervalle, montrent ce qu'il y avait à faire
et ce qui a été fait, le village qui devait disparaître et le
sanctuaire rendu au jour. Mais elles ne permettent même
pas de deviner l'effroyable masse de terres et de rochers
que l'on a été obligé de déplacer. Ce travail sera raconté
bientôt, ce sont les résultats aujourd'hui acquis que j'ai à

en résumer. Cependant, pour quelques œuvres d'art, les circonstances de la découverte ont été si émouvantes, l'instant où telle statue a reparu si solennel que je voudrais en avoir fixé le clair souvenir dans ce qui va suivre.

On ne s'attendra pas non plus à suivre jusque dans

Fig. 6. — Le sanctuaire, vue d'ensemble (1909).

le détail les longues discussions auxquelles chaque édifice, chaque offrande a donné lieu. Ces discussions ne sont pas près de finir : mon seul devoir était de distinguer les cas où la solution est sûrement établie et ceux où elle n'est que vraisemblable. Une énumération complète des livres, mémoires, articles et notes qui ont paru depuis vingt ans sur les découvertes de Delphes aura sa place ailleurs ; c'eût été aller à l'encontre de ce que je me proposais que de la faire figurer ici.

Il fallait donc renoncer à nommer tous ceux à qui tel monument doit d'avoir été reconnu, nommé avec certitude, complètement reconstitué. Sauf quelques exceptions, où il a paru utile d'indiquer la méthode suivie dans ces recherches (1), on se trouvera en présence de résultats obtenus. Et pourtant il m'eût été agréable de dire ce dont nous sommes redevables à quelques initiatives fécondes. C'est Louis Couve qui a deviné (on doit employer ce mot, il avait alors complètement oublié que le débris d'un texte analogue avait été découvert à Tralles) que les signes étranges d'une inscription qu'il était en train de copier équivalaient à des notes de musique. C'est M. Homolle qui a eu l'idée de rapprocher d'une tête fémi-

(1) Par exemple, la comparaison de ce que nous donne l'état actuel des ruines et de ce que nous fournit le livre X de Pausanias. Pausanias est un voyageur grec de la seconde moitié du deuxième siècle après J.-C. Qu'il ait vu Delphes, personne, je crois, n'en peut douter. Mais les renseignements qu'il empruntait à ses livres se sont trop souvent confondus avec ses notes de voyage, s'il en prenait, ou avec ses souvenirs personnels. On compare d'habitude son livre à nos *Guides Joanne* ou au *Baedeker*. Il eût été probablement très humilié de cette assimilation, il croyait faire œuvre de critique d'art, de mythologue érudit et de styliste. Est-il besoin d'ajouter que ce sont précisément ses prétentions qui lui font sacrifier parfois l'exactitude des détails à un groupement qu'il croit heureux ou à une phrase qu'il estime bien tournée ? Il nous rend d'immenses services, je ne le nie pas, mais tel qui veut le suivre aveuglément a encombré la topographie delphique d'hypothèses. On verra qu'il ne nous dit pas tout, il s'en faut. Nous avons retrouvé et identifié des monuments qu'il ne nomme pas : par exemple, la base des Béotiens, 346 av. J.-C., l'exèdre d'Hérode Atticus, le char des Rhodiens, les bases à deux colonnes ioniques dont celle d'Aristænéta devant le temple nous a fourni le premier type. Mais quand les fouilles nous ont rendu les édifices ou les bases dont il parle, son témoignage très précieux doit être rigoureusement contrôlé par les indications que donnent les ruines, et une critique précise arrive en quelques cas à le compléter.

nine en marbre la haute coiffure cylindrique qui s'y adaptait exactement ; après la découverte d'une autre tête de Caryatide, c'est encore M. Homolle qui, complétant ces deux figures, rajustant les débris des corps, les couronnant des chapiteaux qu'elles avaient supportés, redressa le type du portique dont la façade de nos trésors ioniques du sixième siècle avait été décorée. C'est M. Convert qui a replacé une tête archaïque sur le corps du sphinx, puis le sphinx lui-même sur la colonne des Naxiens, et ainsi reconstitué la première de ces offrandes en hauteur dont on verra la singulière fortune sur les terrasses centrales du sanctuaire. C'est M. Replat qui, après toutes les trouvailles de détail que lui avait values le soin avec lequel il a reconstruit le trésor d'Athènes, a rassemblé, aidé par M. Martinaud, les éléments de ces hautes bases à deux colonnes ioniques qui seront (on peut en remonter au moins une entièrement et en place) une des curiosités de notre sanctuaire. Je n'ai choisi que ces exemples, j'aurais eu plaisir à allonger la liste et à remercier tous ceux qui, par leurs études sur les découvertes de Delphes, ont enrichi notre connaissance de la vie et de l'art antique. Mais, du moment que l'on ne pouvait pas tout dire, il valait mieux ne rien dire, à part quelques cas où une intervention personnelle a été particulièrement heureuse et où le silence eût été de l'ingratitude.

Si c'est un sacrifice de ne pas acquitter toutes nos dettes de reconnaissance, c'est en revanche une grande joie que d'éviter du même coup toute récrimination et toute polémique. Au point de vue où l'on se placera ici, il n'importe guère que les membres de l'École française d'Athènes qui avaient travaillé à Delphes aient reçu de leurs peines, je peux dire, pour quelques-uns, de leurs souffrances, une récompense singulière. Ils ne demandaient rien, puisqu'ils avaient fait leur devoir. Du moins ne s'attendaient-ils pas à ce qu'on pût leur imputer des retards dans la publication des découvertes : ils en avaient fait connaître tout ce qu'ils avaient pu, ils n'avaient pas la moindre part de responsabilité pour le reste. Ce reproche inexact leur a pourtant été adressé, il a même été imprimé chez nous. Le plus grave, c'est qu'au dehors de telles allégations ont pu servir d'arme : on y a feint d'oublier qu'ailleurs autant d'années, sinon plus, avaient été employées à préparer la publication de fouilles moins importantes. Par un retour inattendu, ces anciens membres de l'École d'Athènes ont dû défendre la fouille contre une tentative d'expropriation venue de l'étranger et qui, se produisant deux ans après qu'une commission officielle de la publication avait été instituée à Paris, ne pouvait être que discourtoise et indélicate. Il ne faut pas permettre à des choses de cet ordre de troubler l'impression que nous laissera la promenade dans les ruines. Plutôt que sur une entreprise dont les procédés et les résultats seront jugés ailleurs et qualifiés comme ils méritent de l'être, j'aimerais mieux insister sur l'attitude loyale, la bonne grâce, l'amicale courtoisie de quelques « confrères delphiques » : il m'est impossible de ne pas tout au moins nommer, à Athènes, M. Kéramopoullos, éphore des antiquités, directeur du Musée épigraphique, et M. G. Karo, directeur de l'Institut allemand d'archéologie. On s'étonnerait à juste titre de ne pas trouver mentionné ici avec reconnaissance le nom du grand administrateur qui a si libéralement aidé tous les savants dans leurs travaux sur l'antiquité grecque : M. Kavvadias, alors éphore général, envers qui les travailleurs français

de Delphes ont à exprimer une gratitude particulière.
Et je n'oublierai pas non plus l'homme qui depuis 1893
vit à Delphes, qui garde aujourd'hui les richesses qu'il
a vues sortir de terre, M. A. Kontoléon, à l'obligeance de
qui personne n'a jamais fait appel en vain.

Les mots de « promenade », de « visite », se sont déjà
présentés d'eux-mêmes plusieurs fois. Ils disent bien ce
que j'ai tenté. La première impression que l'on éprouve
à Delphes, à moins que l'on ne soit archéologue de métier, c'est le trouble devant cet entassement de pierres,
de blocs ou de fragments, de murs debout ou ruinés,
d'édifices dont il ne reste à ras de terre que le plan, et
encore pas toujours aisément lisible. Je voudrais, autant
que je peux, faire disparaître une confusion découra-
geante : que ceux qui accepteront de me suivre à travers
les ruines se laissent conduire, ils ont à la fin du volume
un plan du sanctuaire où ils peuvent m'accompagner pas
à pas.

Cette manière de procéder a un grave inconvénient : 
en montant la voie sacrée, nous rencontrerons à côté
d'un monument du sixième siècle avant J.-C. des souvenirs de l'époque impériale; un peu plus loin, c'est une
base du troisième siècle, de l'époque où les Étoliens
dominaient à Delphes, qui nous arrêtera, mais si nous
avançons encore de quelques pas, c'est de nouveau devant
une œuvre archaïque que nous nous trouverons. Sous
prétexte de clarté topographique, c'est dans une confusion chronologique presque inextricable que nous allons
nous jeter.

Cet inconvénient est réel ; mais le moment n'est pas
encore venu d'écrire une histoire complète du sanctuaire;

CARACTÈRE<br>DE CE LIVRE

L'HISTOIRE<br>DE DELPHES

personne ne peut prétendre, avant que tous les textes
soient publiés, tracer un tableau complet où tous les événements soient rapportés à leur date exacte. Dans ces
conditions, il suffit sans doute de présenter d'abord les.
grandes périodes de l'histoire delphique en un dessin très
sommaire : les monuments et les offrandes que nous étu-
dierons ensuite se grouperont à mesure et retrouveront
plus tard leur place dans ce cadre tracé d'avance.

*LES ORIGINES*   Pour les origines du sanctuaire apollinien, on accepte
la tradition fixée par l'hymne homérique : il est très vraisemblable que des prêtres crétois ont apporté à la « rocheuse Pytho » — c'est le seul nom de Delphes dans
l'*Iliade* et l'*Odyssée* — le culte d'Apollon. Mais, avant
d'être rendus en son nom, les oracles avaient déjà attiré
dans ce repli de montagne les hommes désireux de connaître l'avenir et d'apaiser les vengeances des esprits qui
habitent sous la terre. Qu'une fissure du roc ait laissé
passer des exhalaisons inspiratrices et qu'on les ait d'abord
considérées comme émanant des démons infernaux, il est
impossible d'en douter, bien que des phénomènes de
cette sorte ne se reproduisent plus aujourd'hui en ce
pays (1). Le dieu de la lumière a donc remplacé, à Delphes

(1) Les tremblements de terre et les glissements ont pu modifier beaucoup
les accidents extérieurs du sol : j'ai cherché, je n'ai jamais trouvé les « trous
aux vapeurs » à propos desquels plusieurs voyageurs se sont, me semble-t-il,
un peu trop pressés d'accepter les récits des habitants. On parle d'une de ces
crevasses, qui serait à l'ouest du nouveau village, mais on ne m'a jamais indiqué
deux fois la même place. Sur les plateaux du Parnasse, au sud de la colline où
est creusé l'antre Corycien, il existe au milieu d'un fourré de sapins une excavation que l'on appelle l'Hephtastomo (les sept bouches) : un vieux Delphien m'a
raconté que son grand-père y avait laissé glisser un chien attaché par une corde
et qu'il l'avait retiré inanimé. C'est possible, mais il eût fallu vérifier et je n'ai
pas eu l'occasion de renouveler l'expérience. Tant qu'on ne m'a pas prouvé le
contraire, je peux dire que ces légendes me paraissent nées des questions mêmes

aussi, les génies de la nuit, et il a hérité de leur pouvoir sur les imaginations humaines : seulement c'est la volonté de son père Zeus que ses oracles annonceront désormais.

C'est au commencement du sixième siècle av. J.-C. que nous pouvons rapporter les premiers faits historiques qui intéressent Delphes. La ville de Krisa (auj. Chryso), un peu en arrière de la mer, commandait à la fois la vallée du Pleistos vers la Phocide et la Béotie, et la route qui, par Amphissa, gagne la Grèce centrale et la Thessalie. Cette cité puissante frappait d'un lourd impôt les fidèles qui arrivaient par le golfe de Corinthe et débarquaient à son port de Kirrha pour monter à Delphes.

Ce fut le prétexte de la première guerre sacrée. La ruine définitive de Krisa en 590 eut des conséquences que développèrent les siècles suivants. Désormais le sanctuaire aura de perpétuelles contestations avec ses voisins, les Locriens de l'ouest (Amphissa), pour la possession de la plaine sacrée. En second lieu, les peuples de Thessalie, les principaux auteurs de la victoire, vont prendre à Delphes une importance telle qu'ils resteront à travers les temps les vrais chefs de l'Amphictionie : ce conseil fédéral prétendra représenter les divers rameaux de la famille grecque, en fait les Grecs du nord y auront toujours la majorité. La légende religieuse est elle-même modifiée : quand Apollon a tué le dragon qui gardait l'ancien oracle, il a dû se purifier, c'est vers la vallée de

PREMIÈRES<br>PÉRIODES

que les voyageurs ont adressées aux habitants depuis le commencement du dix-neuvième siècle. Tous ont demandé avec insistance s'il n'y avait pas de fissure d'où sortiraient des exhalaisons analogues à celles qui ont rendu célèbre la « grotte du chien », ces interrogations ne pouvaient rester longtemps sans réponse, l'orgueil local ne permet pas que l'on soit pris au dépourvu.

Tempé qu'on nous le montrera courant, c'est de Tempé qu'il reviendra couronné du laurier sacré. En troisième lieu, ce sanctuaire, propriété du dieu gérée par les Amphictions, forme une enclave dans le pays des Phocidiens. Il est naturel que ceux-ci essaient de reprendre ce qu'ils considèrent comme à eux, et que le conseil fédéral au contraire s'efforce d'assurer l'indépendance de ce qui devrait être par excellence un sanctuaire panhellénique.

Il semble que l'on ait exagéré l'influence du sacerdoce delphique dans le domaine des idées. Il a tenté sans doute, à toutes les époques, aussi bien du temps des sept sages qu'au moment de la renaissance païenne, au deuxième siècle après J.-C., d'attirer à lui penseurs et savants ; ce n'est pas lui qui les a suscités. Pindare et Plutarque — le rapprochement de ces deux noms n'est bizarre qu'en apparence, et il marque bien la différence des époques — ont plus donné au sanctuaire qu'ils n'ont reçu de lui. A travers les siècles, la poésie des oracles a pu contribuer à garder au style du lyrisme et de la tragédie sa hauteur et sa noblesse, mais elle-même dérivait d'Homère. Les rites de purification que les prêtres d'Apollon ont imposés, quelques règles de morale qui y sont étroitement unies, voilà toute la part de Delphes dans cet ordre d'idées. Elle n'est pas négligeable, mais ce qui frappe au moins autant dans l'histoire du sanctuaire, c'est la fondation des colonies grecques sur tous les rivages de la Méditerranée, c'est aussi l'intervention dans les rapports entre les cités. Le dieu est le conducteur, *l'archégète* de tous ceux qui vont, des colonnes d'Héraclès au fond du Pont-Euxin, installer sur les côtes des entrepôts, fonder des villes : aussi bien que le commerce, le culte commun les rattachera toujours à la mère-patrie et, quand le temple de Delphes est détruit en 548 par un incendie, en 373 par un tremblement de terre, les colons lointains apportent ou envoient leurs souscriptions pour relever la demeure du dieu.

Par les colonies, les étrangers ont appris à connaître le sanctuaire ; les rois, qui veulent prouver qu'ils comprennent et admirent la civilisation hellénique, témoignent leur vénération au dieu pythien et envoient consulter l'oracle. Au sixième siècle, Crésus, roi de Lydie, consacre à Delphes les riches offrandes qu'a énumérées Hérodote, et inaugure ainsi la série de ces présents dont les princes vont se plaire à embellir les abords de la maison divine. Habitants des colonies ou des métropoles, tous montrent le même empressement à venir assister aux jeux des Pythia, à ces grandes fêtes qui, surtout après les victoires sur les barbares au commencement du cinquième siècle, ont dû réunir tous les Grecs dans l'exaltation du sentiment patriotique. Si l'Amphictionie avait eu plus de réelle puissance, et si les cités ne s'étaient pas ruinées les unes les autres par leurs meurtrières rivalités, Delphes aurait pu être le centre religieux et politique d'une Grèce unie : mais quand on s'en rendit compte, vers le milieu du quatrième siècle, il était trop tard.

Au cinquième siècle, les États en lutte se disputent la protection de l'oracle : ce sont tantôt les Athéniens qui soutiennent les prétentions des Phocidiens sur le sanctuaire, tantôt les Lacédémoniens qui en veulent assurer l'indépendance. Dans les grands traités de cette époque, une clause est relative au temple de Delphes. L'autorité de la parole divine est toujours respectée ; qu'il s'agisse d'une expédition à entreprendre, d'un changement à introduire dans les institutions ou dans les fêtes nationales, d'un culte nouveau à célébrer, Apollon est consulté au nom de l'État comme il l'est, dans des affaires de moindre importance, par les particuliers.

Pendant ces deux siècles, le sixième et le cinquième, il est très difficile de marquer par des dates précises la division de l'histoire delphique en périodes : l'incendie de 548 ne paraît pas déterminer une séparation de cette sorte, pas plus que, pour une époque que nous connaissons un peu mieux, la catastrophe de 373. A partir du début du quatrième siècle, au contraire, les points fixes ne manquent pas.

D'abord, en 380, l'Amphictionie précise ses attributions en ce qui concerne l'entretien matériel du sanctuaire et, quelques années après, elle a le temple à rebâtir. A ce moment, on respecte encore l'autorité religieuse de l'oracle, quoique diverses puissances aient essayé de l'employer au service de leur politique. Le Thessalien Jason, tyran de Phères, paraît avoir, le premier, conçu l'idée de profiter de la prééminence des Thessaliens dans le conseil fédéral pour arriver à l'hégémonie de toute la Grèce : il était réservé à d'autres de réaliser cette ambition. La reconstruction du temple est interrompue par la guerre sacrée : les Phocidiens ont tenté un suprême effort pour se rendre maîtres du sanctuaire, et ils se trouvent amenés par les nécessités de la guerre générale à piller les richesses du dieu, à faire fondre les offrandes précieuses. Les broches de fer dédiées par la célèbre Rhodopis servent d'armes ; les vases d'or et d'argent, les cuves de trépieds en or deviennent la monnaie avec laquelle les Phocidiens paient leurs mercenaires pour cette lutte désespérée.

En 346, ils sont battus. Philippe de Macédoine entre *MACÉDONIENS* dans le conseil fédéral et, à la faveur de « l'ombre qui est à Delphes », selon le mot de Démosthène, il impose à la Grèce son autorité. La dernière guerre sacrée, celle de 338, n'est au début qu'un épisode de l'éternelle querelle entre le sanctuaire et les Locriens d'Amphissa pour la possession de la plaine sacrée. Mais elle se termine par la victoire de Philippe à Chéronée. La période macédonienne de l'histoire delphique va durer jusqu'au commencement du siècle suivant.

C'est ensuite l'invasion des Gaulois en 279. Cette date *ÉTOLIENS* marque l'avènement définitif à Delphes d'une nouvelle puissance. Un peuple de la Grèce occidentale, resté jusqu'alors assez à l'écart de la civilisation, les Étoliens se donnent à leur tour la gloire d'avoir défendu le domaine du dieu contre des barbares. La fête des Sotéria est fondée, qui a presque autant d'éclat que les antiques Pythia et pendant environ un siècle les Étoliens sont si bien les maîtres de Delphes qu'ils s'attribuent un nombre de plus en plus grand de suffrages au conseil amphictionique et y admettent des représentants de Chios et de Magnésie du Méandre. Les oracles de la Pythie ne sont plus rédigés en hexamètres et, de même que jadis ils encourageaient les colonies, ils sanctionnent maintenant le droit d'asile que d'autres sanctuaires, des villes même de tout l'Orient hellénisé se font reconnaître. Le rayonnement de la civilisation grecque se répand dans le monde, et Delphes reste le lieu saint le plus vénérable. Les rois qui se sont partagé l'héritage d'Alexandre et leurs successeurs tiennent à honorer Apollon, ils embellissent son domaine de monuments et de statues.

 Enfin vient le tour des Romains. Leurs rapports avec Delphes datent de loin, s'ils ont dédié un cratère d'or pour la prise de Véies (395) dans le trésor qui avait été élevé antérieurement par les Massaliotes (Marseillais). En 190 av. J.-C., l'autorité romaine intervient : le consul M' Acilius Glabrio délimite officiellement le territoire sacré en confisquant au profit du dieu les terres, surtout dans la plaine, que les voisins de l'ouest, les Amphisséens, ont indûment occupées, les maisons qu'ils y ont bâties. L'éternelle discussion ne devait pas être terminée par cette mesure : dix ans après, tout était à refaire ; et sous les empereurs Trajan et Hadrien, c'est encore à la décision de Glabrio que l'on reviendra pour borner le domaine du dieu. Après avoir vaincu à Pydna le roi de Macédoine Persée (168), Paul Émile utilisa les deux piliers de marbre que Persée avait fait élever près du temple pour y placer ses statues, et il y dressa sa propre image, très probablement en double exemplaire. Pendant la seconde moitié du deuxième siècle av. J.-C., si quelques princes de race grecque donnent au sanctuaire des preuves magnifiques de leur générosité, si les Delphiens continuent à affranchir leurs esclaves avec un empressement plus grand même qu'au début de ce siècle, la décadence n'en est pas moins visible.

De Sylla à Néron qui tous deux ont pillé Delphes — le premier faisant casser pour l'emporter le cratère d'argent qui, au quatrième siècle, avait remplacé l'ancienne offrande de Crésus, envoyée à la fonte par les Phocidiens, le second emportant jusqu'à cinq cents statues de bronze — le sanctuaire a traversé la période la plus lamentable peut-être qu'il ait connue avant la fin du monde antique. Tout l'atteste, la rareté et la pauvreté des monuments, la gravure maladroite et déplaisante des quelques textes épigraphiques qui aient subsisté.

Puis, avec les empereurs Flaviens et surtout Domitien, commence une ère de prospérité et d'éclat. C'est une vraie renaissance, surtout de Trajan à Marc-Aurèle. Dans le premier quart du deuxième siècle, Plutarque a montré l'enthousiasme et la confiance que firent naître les nouvelles constructions, les embellissements du sanctuaire et de la ville. Des palais s'élevaient ; les statues dressées aux empereurs, les lettres qu'ils écrivaient aux Delphiens, gravées sur les murs du temple, des textes en l'honneur de gens qui venaient de toutes les extrémités du monde, beaucoup de faits prouvent que l'attention était attirée de nouveau sur le centre de la vieille religion. Dans ce mouvement moral qui agita tout le monde païen dès la fin du premier siècle, et dont on peut dire que la diffusion rapide du christianisme n'a été qu'un cas particulier, le renouveau de Delphes mérite d'être étudié. Nous voyons aujourd'hui tout ce qu'il y eut d'artificiel, de plaqué dans cette sorte de « restauration » archéologique : Hérode Atticus, Hadrien surtout, et tant d'autres ont été des dilettantes, le sanctuaire n'attirait pas seulement des philosophes et des gens de science, les mêmes titres honorifiques étaient accordés à des faiseurs de miracles, à des acrobates. Mais les contemporains purent s'y tromper.

Au commencement du quatrième siècle, Delphes éleva des statues à Constantin, bien qu'il eût emporté la colonne aux serpents du trépied de Platées. A la même époque encore, un riche Delphien s'occupa de l'entretien de ces thermes qui, depuis l'arrivée des Romains en Grèce, étaient devenus un ornement nécessaire des villes ; on verra qu'à Delphes ces établissements de bains ont été importants et

nombreux. Mais la ruine était commencée depuis longtemps : elle allait se continuer peu à peu jusqu'à ce que
le sol exhaussé eût recouvert ce qui subsistait du sanctuaire antique sous le Delphes chrétien.

*IMPRESSION*
*DE VIE*

Tel est le cadre dans lequel viendront se ranger les
renseignements que les auteurs et les inscriptions four-
nissent à propos des monuments et des œuvres d'art. Ils
nous permettront de fixer avec plus de précision un moment particulier de l'une ou l'autre des périodes qui viennent d'être résumées à grands traits. Il est permis de
penser qu'ainsi les inconvénients du plan topographique
ont été palliés autant que possible.

En revanche, il présente un avantage sur la valeur
duquel j'espère ne pas m'abuser. En parcourant ce
sanctuaire tel que les fouilles nous l'ont rendu, en nous
rappelant devant les ruines de chaque édifice ce qu'il est
indispensable de connaître pour l'imaginer de nouveau
debout, nous pouvons, me semble-t-il, avoir de l'ensemble
une représentation plus vivante que par une étude minutieuse — et forcément encore incomplète — des variations que cet ensemble a subies au cours des siècles. Le
sanctuaire que nous avons sous les yeux est tel que le
virent les derniers païens : quelques-uns d'entre nous y
entrent avec des sentiments de curiosité déférente et
amusée, assez analogues, j'imagine, à ceux qui y conduisaient un contemporain d'Hadrien. Le plus simple peut-
être pour avoir une image vraisemblable du sanctuaire
ancien et une idée exacte de l'état d'esprit des fidèles qui
y apportèrent leurs offrandes aux époques de foi, c'est de
partir de l'état actuel et d'étudier, à mesure que nous parcourons les terrasses, comment les générations antérieures

les ont transformées. On y gagne de pierre en pierre l'impression juste de cette activité, de ce travail fécond avec lequel les Grecs utilisèrent ce que leur fournissait la nature pour accommoder le domaine divin à de nouvelles nécessités, faire de la place aux offrandes qui s'ajoutaient aux anciennes, réparer les désastres causés par des catastrophes naturelles ou par les hommes.

C'est pour la même raison qu'on ne trouvera pas ici une description salle par salle de ce que renferme le musée. Les œuvres de marbre et de bronze qui y sont conservées décoraient autrefois les monuments et les bases. On essaiera de les y replacer, d'en dire quelques mots en les unissant de nouveau à l'édifice ou au piédestal avec lequel jadis elles ne faisaient qu'un. Pour quelques-unes, l'endroit où on les trouva n'indique pas sûrement celui où elles avaient été dédiées. Pourtant il vaut encore mieux les signaler à cette place, celle où on les a découvertes parce qu'elles y terminèrent leur carrière d'œuvres vivantes, que de les cataloguer en séries d'objets de collection.

Cette impression de vie, je voudrais qu'on l'éprouvât, dans ce sanctuaire en ruines, aussi étrange, aussi puissante que dans les rues de nos grandes villes, mais autre, il est à peine utile de le répéter. Lafcadio Hearn dit des Japonais : « Pour le sens de la joie et de la beauté du monde, ils nous dépassent autant que les anciens Grecs ». Delphes atteste que le second terme de cette comparaison a été invoqué à juste titre. Pour la beauté du monde, celle de la nature et des œuvres humaines qui s'y ajoutent, complétant, achevant le paysage, il n'est pas nécessaire d'y insister : les images de ce livre doivent être la meilleure démonstration. Le sens de la joie apparaît moins, autour de la demeure du dieu qui révèle l'avenir, et on pense plutôt aux angoisses des consultants qui attendaient la décision sans appel sur la destinée de leur cité ou de leur famille. Mais il ne faut pas non plus se représenter le dieu jaloux et féroce d'autres religions. Apollon a eu des vengeances terribles, mais il appartient à cette race divine qui a institué le règne de la justice, il est rarement implacable et il a appris aux hommes à se purifier du meurtre. Tous ces monuments qu'on lui élève par reconnaissance, et aussi pour perpétuer la gloire nationale, évoquent le souvenir moins du sang et des deuils que du triomphe. On fait dans la victoire sa part à la divinité, et on la lui consacre dans ce paysage sublime où les deux aigles, lâchés par Zeus aux deux extrémités du monde, se sont rencontrés pour fixer le siège de l'oracle. Certes, en même temps que l'on reçoit ici des impressions de beauté, on y voit le perpétuel émiettement, la richesse que donnent le commerce, les colonies et les mines, gaspillée comme la force guerrière pour une hégémonie inutile. Mais devant cet effort incessant pour rendre le domaine digne du dieu qui l'habite, pour entourer sa demeure d'une ville de temples et d'un peuple immense de statues, pour varier les formes d'art qui sont les manifestations du culte le plus noble, l'impression dernière, malgré toutes les tristesses, ne peut pas être celle du découragement.

# CHAPITRE I

L'ENTRÉE PRINCIPALE DU SANCTUAIRE D'APOLLON, LA VOIE
SACRÉE, LES GRANDES OFFRANDES JUSQU'AU TRÉSOR
DE SICYONE.

Nous aurons plus tard à dire quelques mots au sujet
des routes par lesquelles on accédait à Delphes dans l'antiquité. Aujourd'hui le plus grand nombre des visiteurs
arrivent par le golfe de Corinthe et l'échelle d'Itéa. Ils
ont donc à tourner, des deux promontoires qui se détachent
des Phédriades pour déterminer le cirque delphique,
celui qui est le plus à l'ouest.

La première vue qu'ils ont du sanctuaire (fig. 6) le leur
fait apparaître comme un grand champ de pierres, couchées sur une pente montagneuse, où se détachent quelques murailles qui soutiennent des terrasses, et où seul le
trésor d'Athènes reconstruit donne l'échelle en hauteur des
nombreux monuments dont les débris gisent sur le sol.

On continue, après avoir passé devant le musée, à suivre
la route moderne qui va d'Itéa à Arachova, on la quitte
pour monter à gauche par un raidillon et quelques marches,
on traverse des restes de maisons rebâties à l'époque



3

byzantine, souvent avec des matériaux empruntés à des monuments anciens, et on atteint le niveau d'une plate-forme dallée. C'est la grande place rectangulaire (fig. 8), de plus de quarante mètres de long, qui s'étendait devant l'entrée principale du sanctuaire. Des portiques la bor-

Fig. 7. — Apollon nu, avec la bulle et les sandales (bronze, 0ᵐ40).

daient, surtout du côté du nord, où des boutiques étaient installées : on y vendait des objets de piété, des « souvenirs », de petites statues d'Apollon ou de petits trépieds par exemple, que devait recher-cher la masse des pèlerins et des fidèles. Les bases de statues, retrouvées en place sur le dallage, attestent qu'à l'époque im-périale cette place a été très ornée, on n'a pas dressé l'image des empereurs seulement dans l'enclos du dieu, ces ima-ges se trouvaient aussi assemblées sur le terre-plein où l'on était obligé de se réunir avant d'entrer dans le sanctuaire. Sur ces pentes abruptes, les paliers spa-cieux n'abondent pas. Aux époques plus anciennes, nous le verrons, les proces-sions se formaient souvent à la place de l'aire, c'est-à-dire dans le sanctuaire mê-me, à l'endroit qu'avait marqué la religion primitive. Mais il est permis de penser que, de tout temps, cette plateforme plus propice aux réunions a été un pre-mier lieu de rassemblement pour les fidèles qui devaient monter en cortège jusqu'à la maison du dieu.

C'est de là qu'il faut déjà jeter un coup d'œil sur les murailles qui enserrent le domaine propre d'Apollon. Ces murs d'enceinte n'offrent pas partout le même aspect :

tantôt d'appareil régulier ou hellénique, les pierres d'une même assise ayant la même hauteur, comme à gauche de la porte principale et sur presque toute la face sud du grand quadrilatère qui forme le sanctuaire ; tantôt d'appareil polygonal, les pierres ayant jusqu'à cinq ou six faces

FIG. 8. — LA PLACE DEVANT L'ENTRÉE DU SANCTUAIRE (1896).

latérales, comme à droite de la porte. On aura à revenir sur ces assemblages qui présentent à Delphes la plus grande diversité. Il n'est pas toujours possible, disons-le tout de suite, d'assigner sa date exacte à une construction d'après le seul appareil des murs, ni de dire avec certitude pourquoi dans telle partie d'une construction on a employé des pierres polygonales, dans telle autre des pierres à section rectangulaire. Des murs qui escaladent les pentes, aussi bien que des murs transversaux qui soutiennent des terrasses, paraissent avoir eu indifféremment l'un et l'autre appareil. Ce qu'il importe maintenant de retenir, c'est que ce vaste quadrilatère d'environ 200 mètres sur 130, qui est la propriété du dieu, est fermé : c'est un *téménos*, une portion d'espace découpée, séparée du reste de la terre et close par des murailles. Plusieurs portes, percées sur les longs côtés est et ouest, correspondent à des rues et assurent à des niveaux différents la communication avec le dehors. On pouvait les fermer, mais nous savons déjà que cette enceinte ne fut à aucune époque une protection suffisante pour les richesses entassées.

*L'ENTRÉE ET LA VOIE SACRÉE*

Au fond de la place dallée cinq marches de calcaire gris permettent de pénétrer dans l'enceinte (fig. 9). On n'entrait pas chez les dieux en char : nous le savions, cet escalier en a fourni une preuve de plus. Il marque le début de la voie sacrée qui par deux longs lacets mène au temple.

Les pentes sont assez escarpées pour qu'il ait été impossible de monter en ligne droite jusqu'à l'emplacement qui, depuis l'installation du culte d'Apollon à Delphes, a toujours été consacré par la religion pour que s'y élevât la demeure du dieu. Aussi faut-il dès maintenant remarquer le parti que les Grecs ont su tirer des difficultés du terrain. Le plan que leur imposait d'abord la pente naturelle s'est compliqué plus tard et à mesure enrichi, il a toujours été adapté avec adresse à ce que fournissait le sol. Ils ont créé des terrasses, tantôt remblayant et construisant des murs de soutien, tantôt

creusant la roche pour trouver la place nécessaire à des
ex-voto monumentaux. Puis le moment de la ruine est
venu, les édifices sont tombés, les débris en ont roulé au
bas des terrasses, et ainsi une nouvelle pente a été sub-
stituée à celle qui existait primitivement. Le premier

Fig. 9. — Les marches de l'entrée et le commencement de la voie sacrée.

résultat de la fouille devait être de retrouver la succession de ces terrasses que la voie sacrée reliait.

La voie a en plan la forme d'un S ou d'un 5 retourné.
C'est autour d'elle et par rapport à elle, à part deux ou
trois exceptions, que tout, de l'entrée jusqu'au temple,
s'organise et se groupe, elle donne la vie à l'ensemble en
assurant, avec quelques sentiers de traverse qui viennent
s'y jeter, la communication des différents niveaux. Le
pavage en est conservé presque partout, mais nous ne fou-

lons pas les mêmes dalles que les Grecs du cinquième siècle : encore ici, nous avons affaire à une restauration de l'époque impériale.

Ce sont les Romains qui, en respectant le tracé de la voie, l'ont refaite d'une autre manière, à leur mode : en plusieurs endroits, devant la base des Arcadiens, au carrefour des trésors, sur les fondations de l'autel, il reste des traces qui prouvent que la voie plus ancienne était une suite de larges paliers : c'était comme un escalier de marches gigantesques qui prolongeait celui de l'entrée jusqu'au temple ; il a été remplacé par une rampe continue, quelquefois très glissante. Souvent sur ces dalles, dont la plupart ont été empruntées à des constructions antérieures, des stries ont été tracées pour retenir le pied des hommes et des victimes.

C'est cette voie que nous allons suivre, en énumérant les édifices et les bases qui se sont jadis pressés sur ses deux côtés, le plus près possible puisque l'on tenait à ce que les offrandes faites au dieu fussent admirées par les hommes.



Tenant à la muraille, immédiatement à droite de la porte dès que l'on est entré dans le sanctuaire, se dresse un socle rectangulaire assez imposant : on le voit au-dessus des cinq marches (fig. 9). Pausanias raconte que, tout au début de la voie sacrée, les Corcyréens, les habitants de la Corfou d'aujourd'hui, avaient consacré à Apollon un taureau de bronze pour le remercier d'une pêche presque miraculeuse de thons. Elle leur avait été en effet indiquée et comme conseillée par l'obstination d'un taureau à quitter le troupeau et à s'élancer vers la mer.

La pierre sur laquelle est gravée l'inscription dédicatoire avec la signature de l'artiste qui sculpta ce taureau, Théopropos d'Égine, a été retrouvée beaucoup plus haut, près de l'endroit où la voie sacrée tourne au coin du mur polygonal. Il est pourtant impossible de douter que ce bloc ait jadis appartenu à la base qui est près de l'entrée. On voit dès ce premier monument combien il est malaisé, à Delphes plus qu'ailleurs, de rapprocher les fragments d'un même ensemble. Que les pierres, les tambours de colonnes, les débris de sculptures tombées des édifices ou arrachées de leurs bases aient roulé le long de ces pentes raides, on pouvait le prévoir, et on en a de nombreux témoignages. Mais le bouleversement de ce sanctuaire a été tel qu'il faut souvent aussi aller chercher sur les terrasses supérieures des blocs ou des morceaux qui ont fait sûrement partie d'une construction située plus bas.

Ce taureau colossal dont il ne subsiste rien était probablement représenté en train de foncer, la tête en avant. Le socle a son axe le plus long parallèle à la voie : on voyait donc l'animal de profil, la tête tournée à gauche, et pour lire l'inscription placée sur le petit côté, pour savoir quelle cité avait dédié cette offrande au dieu et de quel sculpteur elle était l'œuvre, il fallait s'engager dans un sentier qui, entre cette base et le groupe de celles qui suivent, monte à une petite terrasse au-dessus, celle où était le trésor des Cyrénéens.

En face de la base du taureau, de l'autre côté de la voie sacrée, se trouve une excavation assez profonde. Elle a été laissée ouverte depuis la fouille parce que, tout au fond, un mur très ancien y est visible, composé de pierres assez irrégulièrement travaillées et assemblées. C'est sûrement un très ancien mur de soutènement, et peut-être une partie de l'enceinte avant qu'on eût donné au sanctuaire les limites que nous lui voyons. Au cinquième siècle avant J.-C., tout ce coin sud-est du domaine d'Apollon était remblayé, le terre-plein était à peu près au même niveau que la voie, et là se dressait une magnifique offrande des Athéniens. On n'a retrouvé que quelques pierres du soubassement, les statues ont disparu avec leurs socles, il ne reste même pas ici, comme pour le taureau de Corcyre, un fragment de la base inscrite.

*EX-VOTO DES ATHÉNIENS*

Dès le début nous avons donc à constater, ce que nous devrons trop souvent répéter, l'enlèvement des œuvres d'art qui décoraient le sanctuaire : je ne parle même pas encore de celles qui, nous le savons, ont été détruites. Mais quand on réfléchit à toutes les sculptures que des pillages méthodiques comme ceux des empereurs ont emportées de Delphes, on est étonné qu'il en soit resté assez pour remplir les salles du musée.

Tout signalait cette offrande à la rapacité des amateurs, le souvenir glorieux qu'elle rappelait et le nom illustre de l'artiste qui l'avait sculptée. C'était, d'après la description de Pausanias, une file de statues, dédiées sur la dîme du butin que les Athéniens avaient fait à Marathon : Miltiade y figurait à côté de la déesse nationale, Athéna, et du dieu de Delphes ; puis toute une série de héros attiques, parmi lesquels Thésée et plusieurs de ceux dont les tribus athéniennes portaient le nom. Et c'est à Phidias que ce groupe d'œuvres était attribué.

Il y a là une difficulté chronologique que Pausanias semble avoir vue : il avait, dès le début de sa description, rappelé le nom de Marathon, il le répète quand il arrive à la personne de l'artiste, il réunit dans la même phras le nom de Phidias et la mention de la victoire dont le groupe des dieux, de Miltiade et des héros est bien, selon une tradition vraie, la dîme. Phidias ne peut pas avoir sculpté, immédiatement après la bataille, l'ex-voto des Athéniens, mais il ne semble pas que ce soit une raison suffisante pour douter de ce qu'affirme Pausanias. Il se sert à peu près des mêmes termes quand il parle dans son livre I (chap. 28,2) de la statue en bronze d'Athéna qui avait été consacrée par les Athéniens à l'Acropole. Pausanias dit de cette statue aussi qu'elle était la dîme du butin fait sur les Mèdes qui avaient débarqué à Marathon ; il ajoute : « c'était une œuvre de Phidias », et on accepte ici un intervalle de quarante ans entre la bataille et l'œuvre qui la célébrait. On peut sans doute en admettre un moindre à Delphes : je persiste à croire que, trente-cinq ans environ après Marathon, l'œuvre de Phidias, réparation nationale faite à la mémoire du général victorieux, se dressa près de l'entrée du sanctuaire pour attester la gloire d'Athènes.

En face de l'endroit où était la file des statues athéniennes et à droite de la voie sacrée, s'ouvre sur une solide fondation en conglomérat rouge une grande chambre rectangulaire, longue de 20 mètres, dont le mur de fond et le mur de retour ouest sont conservés (fig. 10). C'est là que Lysandre, le général spartiate et les Lacémoniens vainqueurs d'Athènes à la bataille navale d'Ægospotamos avaient dressé le trophée somptueux de cette victoire.

Nous connaissons maintenant fort bien les dispositions générales de cette offrande considérable. Ce n'est certes pas une compensation suffisante pour la perte des

*BASE DES LACÉDÉMONIENS*

œuvres d'art elles-mêmes, que Plutarque et Pausanias admirèrent encore au deuxième siècle ap. J.-C. Cette base dépouillée a pourtant un grand intérêt : on peut voir dans un résumé très rapide de quelle utilité sont les écrits de ces auteurs pour l'étude des ruines, et aussi comment l'état actuel permet de contrôler, de vérifier et parfois de compléter les témoignages anciens.

Nous savons que dans cette chambre étaient dressées trente-sept statues de bronze : un groupe principal comprenait les dieux auxquels Sparte avait dû le triomphe, Zeus, Poseidon, et tout à côté d'eux, presque à leur rang, Lysandre couronné par la Victoire et assisté de son pilote. C'était un ensemble de neuf personnages. Les vingt-huit autres statues étaient celles des amiraux Lacédémoniens et alliés qui commandaient l'escadre le jour de la bataille : on a retrouvé les piédestaux de quelques-uns. Pour le Lacédémonien Aracos comme pour Lysandre lui-même, une épigramme, c'est-à-dire une petite pièce dédicatoire en vers, glorifiait son nom : pour les autres, comme le Béotien Erianthios, le nom du commandant, celui de son père et la mention de sa patrie suffisent. Au-dessous de ces indications, par endroits, était inscrite la signature des sculpteurs. Selon l'usage archaïque, les noms des généraux et ceux des artistes avaient d'abord été gravés sur la face supérieure, à côté des pieds des personnages, mais on n'attendit pas longtemps pour se conformer à la mode nouvelle : on les écrivit aussi sur le devant du piédestal. Les piédestaux se trouvaient assez haut, à 1 m. 20 au-dessus du dallage de la chambre, parce que la voie sacrée monte rapidement le long de la fondation. Il fallait que l'on pût voir de la voie les statues et leurs inscriptions, sans qu'il fût nécessaire de s'approcher pour lire sur le dessus des bases. La hauteur du niveau où étaient les statues, les mentions répétées que portent les piédestaux, tout s'explique par les conditions du terrain où l'on a dressé cette offrande, par la conception d'ensemble dont

Fig. 10. — La base de l'offrande lacédémonienne.
(Appuyée contre le soubassement, la base des Arcadiens.)

tous les détails ont été, comme on va le voir, combinés avec un art très sûr.

Pausanias raconte que les vingt-huit capitaines de marine étaient rangés *par derrière* le groupe principal. Il ne semble pas s'être exprimé ici avec exactitude. Le long du mur du fond une banquette longue de 9 mètres portait le groupe principal des divinités et de Lysandre. A chacune des deux extrémités de cette banquette, était un socle massif (les fondations de celui de gauche existent, celui de droite a presque entièrement disparu, mais la restauration telle que l'indique la figure 11 est certaine). Chacun de ces socles avait 5 mètres sur 4 : la surface supérieure en était donc plus que suffisante pour supporter quatorze statues humaines. Un des piédestaux conservés a porté deux personnages ; le nom de l'amiral béotien commençait sur une pierre et finissait sur une autre ; enfin l'étude minutieuse de tous les restes de cette construction nous a donné la preuve formelle que toutes les statues des commandants alliés n'étaient pas au premier rang, alignées comme à la parade. Elles étaient au contraire massées, groupées d'une manière que chacun peut imaginer selon son goût : ici deux serrées tout près l'une de l'autre, là une troisième, au second plan, mais apparaissant dans le vide qui en séparait deux autres près du bord.

Ces statues étaient célèbres dans l'antiquité par leur patine d'un vert bleu ; « tous ces commandants de navires ont l'air de sortir de la mer », dit Plutarque. Quelques bronzes retrouvés dans les fouilles peuvent nous donner l'impression de cette belle couleur profonde que le même auteur attribuait à l'air de Delphes. Une particularité de la construction explique comment cette patine s'était si bien conservée.

Plusieurs dalles à la surface desquelles subsiste une trace circulaire avec l'indication des cannelures ont fait sûrement partie du pavage de la chambre. Tandis que nous avons, en d'autres points du sanctuaire, des groupes de statues qui étaient à l'air libre, l'offrande des Lacédémoniens se trouvait sous un toit que portait une colonnade alignée au bord de la chambre, le long de la voie sacrée et la dominant. Si l'on avait hésité à l'admettre,

une phrase du même Plutarque eût levé tous les doutes.
Dans la petite discussion de physique qu'il rapporte, précisément au sujet de cette patine de l'offrande lacédémonienne, il dit expressément : « Toutes les fois que des
quatre éléments, air, eau, terre, feu, *un seul, l'air*, est
en contact avec le bronze... » Si l'eau ne touchait pas les
statues d'Ægos-potamos, c'est qu'elles étaient sous un
toit.

Ce toit s'appuyait en avant sur huit colonnes. Et l'on
retrouve ici un exemple saisissant de la souplesse avec

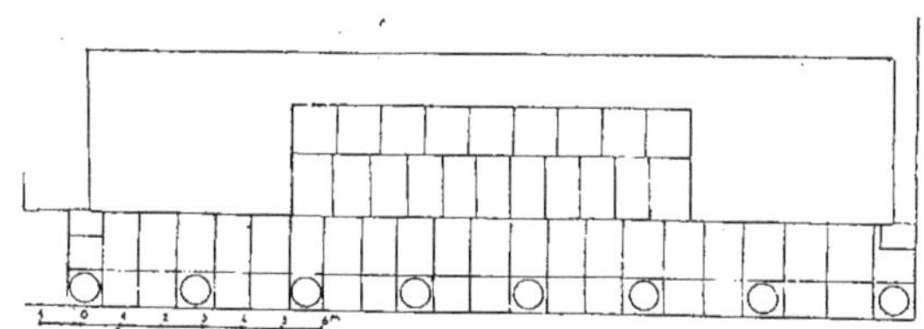

Fig. 11. — L'offrande lacédémonienne (plan restauré).

laquelle les Grecs adaptaient une construction, en vue
de l'effet qu'ils voulaient produire, à ce que leur fournissait la nature. Le niveau de cette chambre surplombe
la voie sacrée beaucoup plus à droite qu'à gauche
(fig. 10). Aussi la distance entre les colonnes augmente-
t-elle à mesure que la hauteur du soubassement grandit :
la différence entre les deux entrecolonnements extrêmes
ne dépasse pas quelques centimètres, mais il n'était pas
nécessaire qu'elle fût plus sensible ; on évitait ainsi que
les colonnes parussent plus rapprochées quand elles se
dressaient sur un socle plus haut.

Ce que nous avons d'abord plus de peine à admettre et
ce qui pourtant est assuré, c'est que cette magnifique

offrande, comme beaucoup d'autres, n'était pas accessible.
Il n'y a pas d'escalier, pas plus ici qu'à la base des rois
d'Argos ou au trésor d'Athènes par exemple. Quand il
était nécessaire d'entrer dans un de ces édifices, de monter sur une de ces plateformes, un escabeau de bois suffisait. Mais en temps ordinaire on les admirait du dehors.

Pour ménager dans un sanctuaire au sol inégal une si
vaste terrasse, il avait fallu creuser en arrière la roche
tendre. Nous avouerons sans peine que cet ensemble
de statues groupées sous un portique eût produit une
impression plus grande, s'il avait été possible de le
regarder avec plus de recul. La voie n'est pas très large,
le côté gauche en était bordé d'offrandes plus anciennes :
on ne pouvait bien voir les capitaines de marine que
de biais, quand on était presque à l'une ou à l'autre des
extrémités de la chambre. Si pourtant les Lacédémoniens
ont accepté ces inconvénients à pallier et ces difficultés
à vaincre, c'est qu'à cette place le monument de leur victoire était une insulte à la gloire d'Athènes, que célébrait
en face l'offrande de Marathon.

BASE<br>DES ARCADIENS

La réponse ne s'est pas fait attendre longtemps.
Trente-cinq ans après Ægos-potamos, les Arcadiens alliés
du Thébain Épaminondas refoulaient les Lacédémoniens
et campaient devant Sparte, dont les femmes n'avaient
pas vu encore la fumée d'un camp ennemi. Pour consacrer
ce succès et affirmer l'indépendance de la jeune confédé-
ration arcadienne, l'ex-voto se dressa tout contre le soubassement de l'orgueilleux monument de Lysandre (fig. 10).

Sur une fondation en conglomérat rouge, deux assises
de calcaire gris très fin portent une longue assise de
marbre noir sur laquelle étaient posées les statues. La

première à droite, pour laquelle le piédestal forme en arrière une saillie, était plus grande que les autres, c'était celle d'Apollon. Une pièce de vers, gravée sur ce piédestal, célèbre la filiation mythologique des héros qui avaient donné leur nom aux principaux cantons de l'Arcadie. Après la statue de la nymphe Callisto, aimée d'Apollon, après celle de la Victoire, les inscriptions attestent que les images de ces héros, comme Arcas, Triphylos, Azan, se succédaient. Aucune de ces sculptures n'a été conservée, il ne reste ici encore que la base de l'offrande.

Avec ses assises de couleur différente superposées, cette base a sûrement plu, puisque nous en retrouverons, plus haut sur la voie sacrée, deux autres de dimensions moindres, mais exactement du même modèle.

C'est un fait dont on doit tenir compte dans l'étude des innombrables offrandes qui ont été dédiées au dieu, et nous en verrons des exemples plus étonnants : en même temps qu'une originalité sans cesse en quête, une recherche libre, qui allait parfois jusqu'à la fantaisie la plus curieuse, s'ingéniait à présenter d'une manière nouvelle les œuvres d'art, en même temps le succès d'une de ces inventions se témoigne par un groupe entier d'offrandes qui en emprunte l'idée première et en imite de près ou de loin la forme.

Que les Arcadiens aient veillé pendant des siècles sur leur monument national, c'est ce que prouvent les inscriptions dont la base est couverte. On sait que tous les monuments de Delphes ont servi à ce que nous appellerions l'affichage de documents officiels, de décrets, d'actes de toutes sortes. Mais il arrive assez souvent que les textes gravés sur une base ou un édifice ne concernent pas des compatriotes de ceux qui ont consacré cet édifice ou cette base. Les murs du trésor qu'avaient élevé les habitants de l'île de Siphnos sont couverts de décrets pour des gens d'Asie-Mineure. Au contraire, le piédestal de l'un des amiraux lacédémoniens a été choisi, plus d'un siècle après, par une des tribus, un des bourgs dont était formée la ville de Sparte : cette tribu a voulu perpétuer le souvenir d'un sacrifice magnifique de cinquante bœufs offerts par elle, et la mention en fut inscrite sur une des pierres de l'offrande de Lysandre. De même les actes que l'on lit sur le monument arcadien nomment tous des gens de Mantinée, de Tégée, de Mégalopolis. De même encore, près de deux siècles plus tard, c'est tout auprès de leurs héros éponymes, sur l'un des paliers de la voie sacrée après leur longue base, que les Arcadiens élevèrent la statue équestre de leur glorieux Philopémen.

*UN PORTRAIT*  Je demande à interrompre ici pour un instant cette promenade le long de la voie. L'œuvre d'art très intéressante dont je voudrais dire quelques mots ne faisait sûrement partie d'aucun des ensembles qui viennent d'être énumérés et dont il ne reste, on l'a vu, que des substructions. Elle a été trouvée dans la région que nous avons parcourue, en contrebas de la voie ; elle y a sûrement roulé de l'une des terrasses supérieures, mais il est impossible de dire d'où elle venait. On ne sait pas non plus de qui cette tête étrange (fig. 12) est le portrait.

Que ce soit un portrait, personne ne le mettra en doute. Il frappe dès le premier regard par une expression singulièrement moderne. Cette physionomie intelligente, un peu lasse, cette bouche au pli d'ironie laisse deviner une expérience désabusée et quelque amertume. Les cheveux

fins aux mèches adroitement arrangées, le front haut, serré
aux tempes, les yeux assez grands et écartés, le nez fort,
la moustache et la barbe taillées court : tous ces traits individuels sont marqués avec le souci évident de donner
l'image la plus ressemblante. Mais le détail caractéristique
entre tous, celui auquel on revient sans cesse quand on
étudie cette tête, c'est la bou-
che. Très sensiblement oblique par rapport à la ligne des
yeux, et sans que le désé-
quilibre soit racheté par le
pli creusé plus profondé-
ment à la commissure droite,
elle donne à la figure, avec
ses lèvres épaisses et comme
tirées d'un côté, un caractère inquiet, presque tour-
menté. Et pourtant, à connaître si bien la vie, il semble que cet homme n'ait pas
gagné que des souffrances,
il y a aiguisé son arme défen-
sive, l'ironie. Que ce soit le

Fig. 12.

portrait d'un Romain très intelligent ou d'un Oriental
hellénisé, c'est une œuvre attachante, parce que l'on y
sent une vie intense et très au-dessus de l'existence vulgaire. Peut-être même, pour certains, le mystère dont
cette tête est enveloppée sera-t-il un attrait de plus.

Revenons à la voie sacrée et avançons de quelques pas.
Nous nous trouvons dans une région qui était jadis peuplée
d'offrandes dédiées par un même peuple, les Argiens.



4

Pausanias nous en a transmis la liste, mais il n'est pas possible d'indiquer avec certitude l'emplacement de toutes. A gauche de la voie, au-dessus de la base qui supportait les statues athéniennes du monument de Miltiade, s'élevait un cheval colossal en bronze : c'était un souvenir du cheval de Troie, comme celui qui fut consacré sur l'Acropole d'Athènes en 414 av. J.-C. Tout auprès, le char du devin argien Amphiaraos, l'un des sept qui assiégèrent Thèbes, se trouvait sans doute sur cette plateforme dont on voit encore quelques dalles en place (fig. 13, à droite en bas). Le groupe des sept chefs avait été aussi offert par les Argiens, peut-être se trouvait-il au-dessous du char d'Amphiaraos le long de la voie sacrée.

Deux grandes bases en hémicycle, se faisant face d'un bord à l'autre de la voie sacrée, sont aujourd'hui, de cet ensemble d'offrandes, ce qui subsiste de plus sûr. Celle de gauche, dont le diamètre, 12 m. 70, est plus petit d'un mètre, a été construite presque un siècle avant l'autre : les Argiens, pour commémorer le succès qu'ils avaient remporté à Œnoé, avec l'aide d'Athènes, sur les Lacédémoniens (456), y consacrèrent les images des Épigones, c'est-à-dire des successeurs des sept chefs qui avaient mis le siège devant Thèbes. Il semble difficile de supposer qu'il y ait eu seulement sept statues au bord extrême de ce demi-cercle (fig. 13), elles auraient laissé entre elles un trop grand vide. Mais je ne veux pas revenir à une hypothèse aujourd'hui abandonnée, et selon laquelle les sept auraient figuré à côté de leurs descendants sur la même base. Ce qui est certain, c'est que les personnages se découpaient sur le fond lointain de la montagne qui se dresse en face de Delphes, le Kirphis, tandis que, dans l'hémicycle de droite, les statues se détachaient sur le mur

qui, derrière elles, formait le fond de la niche (fig. 14).
C'est que les offrandes du côté droit de la voie ont été
construites après les autres. Dès le milieu du cinquième
siècle, tout le côté gauche était déjà occupé. Pour ménager

Fig. 13. — L'hémicycle des Argiens (à gauche de la voie sacrée).

une place aux ex-voto qui se multipliaient, aux grands
ensembles décoratifs qui ne pouvaient plus s'étendre
librement à gauche, on a dû creuser sur l'autre bord de
la voie la roche tendre, qui est du conglomérat en forma-
tion. Les Lacédémoniens, on l'a vu, avaient déjà procédé
ainsi à la fin du cinquième siècle, après 404. Peu après

369, en même temps que les Arcadiens appliquaient leur monument contre le socle du portique lacédémonien, les Argiens ont dressé tout à côté de ce portique, pour humilier Sparte à l'occasion de la fondation de Messène, un hémicycle où s'alignaient les effigies de leurs rois mythiques.

LES
ROIS D'ARGOS

Combien de statues renfermait cette seconde base demi-circulaire ? Ici encore nous ne pouvons pas donner de réponse précise. Huit piédestaux inscrits nous ont été conservés; les textes, aussi bien que les traces laissées sur la face supérieure par les pieds des statues, attestent que huit personnages de la lignée royale, de Lyncée à Héraclès, se succédaient dans la moitié gauche de la niche. De plus, le système qui avait été suivi pour la mise en place de ces piédestaux nous a prouvé d'une manière sûre que ces huit piédestaux formaient une série ininterrompue, et que celui qui portait Héraclès, le dernier de la série, venait au bord même de la voie, du côté gauche de l'hémicycle. Nous avons enfin quatre piédestaux complets et des fragments de deux autres, où il n'y a aucune trace de lettres. Sauf un, ils appartiennent tous à la moitié droite où ils ont été remis à leur vraie place, comme l'indique la figure 14. Il faut donc en conclure que, dans la partie droite, les statues n'étaient pas aussi serrées que dans la partie gauche de l'hémicycle. C'est un fait qu'on expliquera peut-être, je me borne à le constater comme certain.

Les inscriptions présentent une particularité curieuse : le nom de l'artiste argien qui a sculpté les statues, Antiphanès, est écrit, ainsi que la formule par laquelle il a signé : « Antiphanès d'Argos a fait » (ces œuvres), de gauche à droite comme il est naturel dans un texte du quatrième siècle; au contraire les noms des personnages sont écrits de droite à gauche, suivant l'ordre de filiation. En effet le plus ancien était à l'extrémité droite de l'hémicycle et le plus récent, Héraclès, à l'extrémité gauche.

De plus, deux fois Zeus est intervenu dans la série royale : après le nom de Danaé on lit, à sa gauche, celui de Persée, « fils de Danaé et de Zeus » ; après le nom

Fig. 14. — Le second hémicycle des Argiens (à droite de la voie sacrée).

d'Alcmène, celui d'Héraclès, « fils d'Alcmène et de Zeus ».

Cette base est assez bien conservée dans la moitié gauche, la moitié droite au contraire en partie détruite. On a constaté le même fait dans le portique des Lacédémoniens. L'explication pour les deux monuments est la même : c'est que, tandis que la partie gauche a été d'assez bonne heure cachée sous la terre, la partie droite restait visible, exposée aux outrages des hommes. Nous savons que la partie droite de la chambre de Lysandre a été habitée au moyen-âge. Au quinzième siècle, Cyriaque d'Ancône a copié le commencement d'une inscription, gravée sur une des dalles posées de champ qui forment le soubassement de l'hémicycle des rois argiens, et cette dalle est près de l'extrémité droite. Il dit l'avoir vue dans un temple rond, et des voyageurs anglais du commencement du dix-neuvième siècle, Dodwell, Hughes, Gell, parlent aussi de ce monument rond. C'est que, ne connaissant pas l'existence de la voie sacrée qui sépare les deux hémicycles, ils ont réuni ce qu'ils voyaient de ces deux bases en un seul monument. Mais ils n'en avaient aperçu qu'une partie, qui a été, elle aussi, recouverte par la terre au cours du dix-neuvième siècle, après avoir été en butte pendant de nombreuses générations à toutes les causes de ruine.



Quand on vient de dépasser l'hémicycle gauche des Argiens, on aperçoit du même côté de la voie (fig. 15) les restes d'une construction en conglomérat qui sortent de terre : c'est le coin des fondations qui supportaient une terrasse longue de dix-sept mètres. Les Tarentins y avaient aligné, parallèlement à la voie sacrée, une file de statues de bronze, qui représentaient les prisonnières et les chevaux qu'ils avaient conquis sur leurs ennemis.

Le premier quart du cinquième siècle est marqué par la lutte triomphante des Grecs contre les « barbares », aussi bien dans les colonies de l'ouest que dans la Grèce propre. Presque en même temps que les Perses sont vaincus à Salamine, Gélon, tyran de Syracuse, bat les Carthaginois à Himère ; un peu plus tard, les Grecs de Tarente repoussent

les peuples de l'extrême sud de l'Italie auprès desquels ils
étaient venus s'établir, les Peucétiens et les Messapiens,
et la colonie cnidienne des îles Lipari lutte avec succès
contre la puissante marine des Étrusques. Les Tarentins
ont tenu à consacrer le souvenir de leurs victoires dans

Fig. 15. — La voie sacrée, de l'hémicycle des Épigones au tournant.
(Le coin de la base des Tarentins est à peu près au centre de la figure.)

le sanctuaire du dieu qui avait présidé à l'expansion des
colonies. Nous trouverons près du temple la base qui
rappelait la défaite des Peucétiens : ici ce sont les cap-
tives messapiennes et les chevaux, butin de la campagne, dont le célèbre Agéladas d'Argos avait sculpté
les statues pour les Tarentins. C'était encore un de ces
ensembles en file, en ligne droite, dont les offrandes

athénienne et arcadienne nous ont déjà montré des exemples, et dont les deux hémicycles argiens n'étaient qu'une adaptation originale. Il reste seulement quatre blocs de l'assise qui portait les statues, ils sont le long de la voie, en avant du coin des fondations qui subsiste. Et ici encore des traces fort effacées, sur la face supérieure de ces blocs, prouvent qu'au début du cinquième siècle l'habitude était de graver la dédicace au dieu en avant des statues mêmes, sur le dessus des piédestaux. Quand on a procédé, dans la seconde moitié du siècle suivant, après les désastres de l'occupation phocidienne, à une restauration complète du sanctuaire, les Tarentins se sont empressés, comme d'autres peuples, de remettre leurs offrandes en état, ils les ont ornées d'une inscription plus conforme au goût du jour, gravée sur la face antérieure des pierres qui portaient les statues.

En face de l'ex-voto des Tarentins, de l'autre côté de la voie, se succèdent quelques niches, creusées dans la roche tendre. Demi-circulaires ou carrées, tantôt elles se suivent immédiatement, tantôt elles sont réunies par un mur qui soutient la poussée des terres  On voit la plus grande qui est à peu près carrée, figure 15, à droite ; les murs dans la partie droite portent beaucoup de décrets, mais ils se rapportent à des gens de pays très différents, et ils n'apprennent rien sur ceux qui ont dédié, dans cette chambre, une statue ou un groupe. Quelques détails de la construction de cette niche sont à retenir : pour le mur de gauche, l'architecte a tiré parti d'un rocher qu'il s'est contenté d'aplanir et d'entailler afin d'y joindre étroitement les assises. Comme cette chambre a été bâtie en même temps que l'hémicycle contigu des rois d'Argos — la liaison en façade le prouve amplement (fig. 14, à gauche) — on a couronné les murs des deux offrandes, rectilignes dans l'une, demi-circulaires dans l'autre, par le même ornement terminal, une ligne de pierres dressées de champ dans une rainure.

A l'autre extrémité de cette série de niches, la voie sacrée s'élargit sur une longueur de quelques mètres. Des glissements de terrain se sont produits en cet endroit, on y a remédié par une réfection du mur qui soutient la terrasse supérieure ; et dans le renfoncement qui élargit la voie, on a élevé au second siècle av. J.-C. une base en calcaire à trois degrés, sur laquelle se dressaient trois statues féminines, peut-être trois déesses ou trois héroïnes. C'est un souvenir de l'époque où les Étoliens étaient les maîtres de Delphes : leur domination n'existait plus, quand la base fut réédifiée là où nous la voyons, mais cette base en remplaçait une autre qu'ils avaient jadis dédiée, très probablement à cette même place, et ils firent recopier sur les degrés inférieurs des actes qui avaient été autrefois inscrits sur le monument primitif en l'honneur de quelques compatriotes notoires.

# CHAPITRE II

## LES TRÉSORS DE SICYONE, DE SIPHNOS ET DE CNIDE

En face de cette base, de l'autre côté de la voie sacrée
et en contrebas, des substructions rectangulaires en tuf
dessinent le plan du premier édifice fermé, du premier
*Trésor* que nous ayons rencontré jusqu'ici.

Ce nom de trésor, qui pouvait désigner simplement
un tronc destiné à recevoir les offrandes monnayées des
fidèles, s'appliquait surtout à des petits temples, élevés
quelquefois par un prince, le plus souvent par une cité,
dans les grands sanctuaires, à Olympie comme à Délos et à
Delphes. Les trésors servaient surtout à attester la générosité magnifique des villes grecques. Elles rivalisaient
dans la construction et la décoration de ces édifices dédiés
en leur nom, à l'intérieur desquels leurs citoyens pouvaient amasser les objets d'art précieux offerts à la divinité,
et où elles-mêmes déposaient parfois, aux époques tran-
quilles où le dieu assurait la sécurité des opérations de
banque, des sommes importantes pour un placement
avantageux. Mais ces époques à Delphes ont été rares.
Strabon et Pausanias assurent qu'ils n'ont vu aucune ri-

chesse dans les trésors, et le premier ajoute avec mélancolie : l'or excite la convoitise, il est difficile à garder, même quand il est sacré. Pour plusieurs trésors, à peine quelques pierres nous ont-elles été conservées. Pour d'autres, les fouilles nous ont rendu tous les éléments de la construction, et il a été possible de rebâtir sur ses fondations anciennes l'un d'eux, celui qu'avaient dédié les Athéniens.

Nous approchons du premier tournant de la voie sacrée, aux environs duquel Cnide et Siphnos, Athènes et Thèbes, d'autres encore ont groupé leurs trésors, depuis le milieu du sixième jusqu'au premier tiers du quatrième siècle av. J.-C. Un peu plus loin, nous arriverons aux misérables restes du trésor le plus ancien de tous, celui de Corinthe. Et on peut dire que chacun de ceux qui vont être énumérés avec quelque détail nous a appris beaucoup de particularités nouvelles. Le premier que nous trouvions sur notre chemin, encaissé dans une excavation à gauche de la voie, ne fait pas exception : il présente un intérêt très vif, et tous les problèmes auxquels il a donné lieu ne sont pas encore résolus.

Il a été dédié par les habitants de Sicyone près de Corinthe ; c'est un pays où l'on exploitait un tuf de qualité excellente avec lequel beaucoup de monuments ont été construits dans le sanctuaire. Il est naturel que les Sicyoniens aient bâti en tuf leur trésor, très probablement au cinquième siècle. La figure 16 en montre les dispositions essentielles : on voit les substructions des murs extérieurs (en haut les grosses pierres, au revers irrégulier, appartiennent au mur d'enceinte), et du mur intérieur qui sépare la salle fermée ou *cella* du vestibule à deux

TRÉSOR<br>DE SICYONE

colonnes ou pronaos. Mais cette figure laisse voir aussi les pièces d'architecture, les architraves courbes, qui appartiennent à un édifice antérieur en tuf et qui ont été réemployées dans les fondations de celui-ci : elles avaient été évidées pour que le poids des parties hautes de cette construction évidemment ronde fût moins lourd.

Quand un monument était détruit par un de ces accidents si fréquents à Delphes, tremblements de terre, glissements, chute de rochers, et qu'on achevait de le démolir pour en élever sur place un autre, on utilisait souvent dans les fondations du nouvel édifice les matériaux du précédent dont on pouvait tirer parti. Cet usage est attesté par de très nombreux exemples : le plus illustre nous sera fourni par le temple.

Fig. 16. — Le trésor des Sicyoniens.

Sous le trésor de Sicyone, en même temps que les pièces courbes, on a trouvé d'autres architraves de tuf, droites celles-ci, avec des chapiteaux et des colonnes qui peuvent provenir de deux monuments, l'un circulaire dont il a été fait mention et l'autre rectangulaire.

Ce qui est venu compliquer le problème posé par cet

enchevêtrement de ruines, c'est que des plaques sculptées
ont été trouvées tout près du trésor. La matière de ces
œuvres étranges est un calcaire jaunâtre très fin et très
tendre. Or, si elles se sont brisées en tombant d'une hauteur de plusieurs mètres, sur les fragments les détails sont
conservés avec une extraordinaire netteté ; la peinture
d'un rouge sombre subsistait très vive, au moment de la

Fig. 17. — Métope du vieux trésor de Sicyone : l'enlèvement d'Europe.

découverte. L'état où ces sculptures nous sont parvenues
a fait supposer que le monument qu'elles décoraient
n'était pas resté debout très longtemps. D'autre part
il est sûr que ces plaques ne proviennent pas d'un édifice circulaire. Enfin leurs dimensions, la hauteur (0 m. 58)
petite par rapport à leur longueur (0 m. 88), interdisent
de penser qu'elles aient appartenu à ce qui est chronolo-
giquement le dernier trésor de Sicyone, l'édifice rectangulaire dont le plan se lit aujourd'hui en contrebas de
la voie sacrée.

La conclusion, c'est que probablement trois édifices se sont succédé à la même place : le plus ancien, un bâtiment rond, ce que les Grecs appelaient une tholos, qui remonterait au septième siècle ; le second, un petit trésor rectangulaire dont les métopes sculptées faisaient l'ornement, mais cet édifice a été remplacé au bout de peu d'années. A-t-il été détruit par un accident ? L'a-t-on trouvé trop petit ? Ne serait-il pas possible d'en expliquer la reconstruction par les événements de l'histoire politique de Sicyone ? On l'a rebâti bientôt après, en lui donnant des dimensions plus grandes, et aux éléments du premier qui avaient servi dans la construction du second, sont venus s'ajouter ceux du second démoli. On dut naturellement remanier les fondations pour un plan plus vaste, et ainsi les débris des deux édifices antérieurs se trouvèrent côte à côte dans les substructions du troisième.

*LES MÉTOPES* — Les plaques sculptées qui ont orné le second de ces édifices sont des œuvres péloponnésiennes du sixième siècle av. J.-C. Les figures 17-19 représentent trois d'entre elles : figure 17, l'enlèvement d'Europe, assise sur le taureau. Toute la partie droite manque, mais l'ensemble est très clairement disposé : le taureau, dont les fanons sont indiqués par des lignes ondulées parallèles, comme sur les sculptures archaïques de l'Acropole, a un mouvement de course assez rapide pour que la jeune femme soit obligée de se pencher en avant sur le cou de la bête en se retenant des deux mains. L'attitude est heureuse ; elle a de plus cet avantage que, la partie supérieure du corps d'Europe occupant en hauteur moins de place, l'artiste a pu donner au corps du taureau un plus grand développement. C'est la même proportion que l'on voit réalisée

dans deux autres de ces métopes, où sont figurés le san-
glier de Calydon et le bélier de Phryxos.

Figure 18 : le retour d'une expédition de brigandage.
Les Dioscures, Castor et Pollux, accompagnés des fils
d'Aphareus, Idas et Lyncée (celui-ci manque), sont allés
voler des bœufs en Arcadie. Les trois héros dont l'image a
subsisté, équipés pour une campagne, la double lance sur

FIG. 18. — MÉTOPE DU VIEUX TRÉSOR DE SICYONE : CASTOR, POLLUX ET IDAS
RAMÈNENT LES BŒUFS RAZZIÉS.

l'épaule, un troisième épieu à la main servant d'aiguillon,
les mèches de cheveux tressées, le manteau de guerre
ouvert pour le libre usage des bras et ne gênant pas la
marche, avec le ceinturon autour de la taille et les souliers
plats, ramènent le butin : les bœufs marchent trois par
trois, au même pas que les héros, dans chacun des trois
groupes, le plus rapproché du spectateur tourne la tête à
droite, les autres sont vus de profil : le travail des yeux,
des oreilles et des cornes, les touffes de poils indiquées

sur le sommet de la tête, tout témoigne de ce souci du détail exact et minutieux qui est le réalisme des primitifs. — Figure 19. Sur un bateau dont les précintes sont nettement visibles et où les boucliers ronds des guerriers, suspendus hors du bordage, forment la cuirasse de protection pour les rameurs, deux personnages debout jouent de la cithare : de chaque côté (à droite, il ne reste que l'indication des pattes du cheval), un cavalier vu de face est figuré comme venant du bateau. Le navire est l'*Argo* célébrée des poètes, les deux héros cavaliers sont les Dioscures, et les deux musiciens, Orphée et Linos. Les noms des personnages, sur cette métope et sur la précédente, étaient sans doute écrits en noir comme sur les vases peints, mais les traces de ces inscriptions sont peu nettes.

On voit ce que ces sculptures vénérables nous apprennent sur la puissance et la verve de celui qui les a modelées. Laissons de côté pour le moment la question toujours si discutée de l'invention des motifs. Les anciens n'entendaient pas l'originalité, on aura l'occasion de le redire, au sens étroit, presque matériel, que des critiques donnent parfois à ce mot. Un artiste se soucie peu que vingt autres avant lui aient traité le même sujet. C'est l'exécution qui donnera la mesure de sa personnalité. Le sculpteur à qui nous devons ces métopes avait devant les yeux des modèles à qui il a pu beaucoup emprunter, il est probable qu'il ne les a pas servilement copiés. Il a su multiplier les détails pittoresques que l'œil saisit vite et qui l'amusent, mais qui n'empêchent pas de constater des qualités plus profondes. Si, dans la métope des bœufs razziés, l'artiste s'est volontairement contraint à une uniformité toute militaire que le sujet imposait, le souci de variété se laisse voir déjà dans le mouvement de tête du premier bœuf dans chaque groupe. Quant à la métope du navire Argo, l'homme qui a su encadrer cette étonnante composition entre les deux cavaliers vus de face était un maître. On cherche souvent dans les œuvres grecques une symétrie matérielle qui n'y est pas : un équilibre harmonieux ne devient jamais chez de

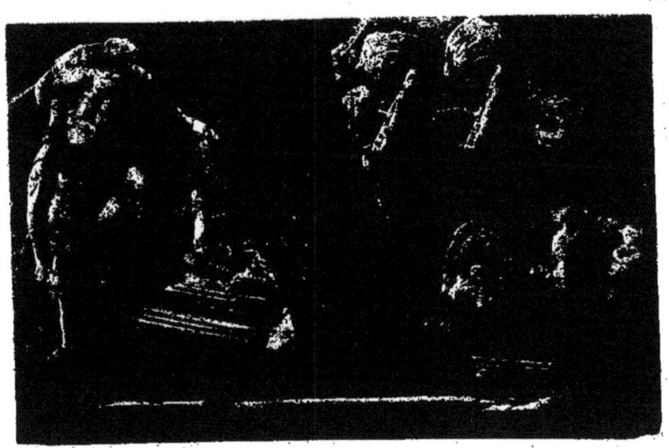

FIG. 19. — MÉTOPE DU VIEUX TRÉSOR DE SICYONE : LE NAVIRE ARGO.

vrais artistes un parallélisme mécanique. A Delphes en particulier, les exemples abondent de la libre recherche qui n'est pas asservie à ce balancement trop prévu. L'auteur de notre métope essaie de se dégager d'un arrangement symétrique : à l'éperon du navire, nettement visible dans la partie gauche, ne correspondait pas la poupe à droite.

Après le trésor des Sicyoniens, ce socle élevé que l'on

voit de loin et qui domine le fond de quelques-unes des vues qui précèdent (fig. 13 et 15), a supporté un autre trésor. La figure 20 présente cette substruction vue de l'ouest, quand on l'a dépassée et que l'on est arrivé au tournant de la voie sacrée. Le langage des « Delphiens » désigne ce socle par un mot commode : le bastion.

Dans les environs immédiats, ont été trouvés en abondance des fragments d'une très riche ornementation en marbre des îles : rangs de palmettes, d'oves, de perles et de rais de cœur. Les morceaux considérables d'une frise elle aussi en marbre, et dont les sculptures ont dès le premier moment attiré l'attention des savants et des gens de goût ; un fronton sculpté ; des débris souvent mutilés de statues féminines plus grandes que nature ; des restes de chapiteaux étranges sont sortis de terre tout auprès. De minutieuses études ont permis d'arriver à la reconstitution d'un trésor ionique, élevé au sixième siècle av. J.-C., d'un ancien chef-d'œuvre de cette architecture ionique dont le type à peu près parfait est l'Erechthéion. La tête de ces statues féminines était couronnée d'une haute coiffure cylindrique, et au-dessus de cette coiffure, de ce *polos*, s'ajustait exactement un chapiteau sculpté : sur l'un, deux lions sont représentés dévorant un animal (fig. 21). On a donc à Delphes l'un des premiers exemples de ces figures de femmes soutenant un entablement, que l'on connaissait surtout par la tribune des Caryatides, postérieure d'un siècle. Mais ici une question se pose, qui a été très longuement discutée.

LA QUESTION SIPHNOS-CNIDE

Pausanias, presque tout de suite après avoir mentionné le trésor des Sicyoniens, parle du trésor que les habitants de Siphnos, enrichis par des mines d'or découvertes dans leur île, offrirent au dieu. Hérodote avait raconté aussi la construction de cet édifice, il dit expressément qu'il était « tout à fait semblable aux plus riches », et certes l'architecture et la sculpture semblent avoir riva-

Fig. 20. — Le trésor des Siphniens.

lisé pour décorer ce trésor de la manière la plus somptueuse. On n'hésita pas, pendant la fouille même, à suivre l'indication topographique de Pausanias et à attribuer aux Siphniens ce magnifique présent.

Mais le même Pausanias, parmi les trésors qu'il énumère ensuite et sans en indiquer précisément la place, se donne les airs d'un critique au goût sévère, épris de simplicité par-dessus tout, quand il arrive au trésor des Cnidiens : on peut se demander, dit-il, si c'est à l'occasion d'une victoire ou simplement par ostentation que les Cnidiens ont construit leur trésor. C'est cette phrase, assez juste si on l'applique au trésor des Siphniens, doublement absurde si on l'applique à celui des Cnidiens, qui a causé tout le mal.

Parmi les fragments découverts, on avait bien vu que quelques-uns pouvaient être rapportés à un second trésor ionique assez semblable au premier. Mais la distinction n'avait pas été faite encore en toute rigueur. Comme on cherchait sans la trouver — elle n'est pas connue d'une manière sûre, même maintenant — la place du trésor de Cnide, on fut amené à donner plus d'importance au monument offert par la puissante ville d'Asie mineure, qu'à celui qu'avaient consacré les habitants d'une île qui n'a joué aucun rôle dans l'histoire.

Or il faut revenir au nom que ce trésor reçut d'abord, et ce sont les inscriptions qui, ici encore, ont aidé les archéologues à trouver la solution.

Nous possédons en effet la dédicace de l'un des deux trésors ioniques ; la forme des lettres en indique l'origine incontestable, c'est l'alphabet de Cnide qui est employé. Les morceaux de marbre qui ont conservé les restes de ce texte sont travaillés avec un soin minutieux. Quelques détails sur la construction sont ici nécessaires. On sait que les Grecs ne posaient les blocs d'une même assise qu'après avoir préparé les faces latérales : au centre, une partie seulement piquée à la pointe ou au marteau, et tout autour un cadre poli qui assurait la perfection du joint. De même pour les faces supérieure et inférieure des blocs qui devaient poser sur l'assise du dessous et recevoir l'assise du dessus. Or la dédicace cnidienne est gravée sur des pierres dont le cadre poli pour le joint est extrêmement étroit : 2 à 3 centimètres, 4 au plus. Au contraire, toutes les pierres, inscrites ou non, qui ont été trouvées autour du bastion, ont un cadre très large, 9 à 10 centimètres au moins.

De plus, les pierres étaient assemblées avec leurs voisines au moyen de crampons de bronze scellés au plomb. Or celles qui appartiennent sûrement au trésor de Cnide ont porté des crampons dont le trou de scellement existe : nous savons qu'ils étaient aussi très étroits : 3 à 4 centimètres, tandis que tous les blocs trouvés autour du bastion et des morceaux de la frise sculptée portent un scellement très large : la queue d'aronde s'évase jusqu'à 14 centimètres.

En même temps que ce principe de distinction, on en trouvait un autre. On avait réussi à recomposer des inscriptions gravées sur des blocs à joint très large : elles passaient d'une assise sur une autre, si bien qu'on

Fig. 21. — Caryatide du trésor de Siphnos.

a pu remonter sur le papier une partie des murailles du trésor de Siphnos. Or ces murs présentent un caractère étrange : en contraste avec l'admirable décoration qu'ils supportent, quelques irrégularités dans le travail, dans l'assemblage des pierres, frappent d'autant plus.

L'épaisseur de ces murs est aussi notable : tandis que les quelques blocs retrouvés du trésor de Cnide ont 0 m. 49, ceux du trésor de Siphnos dépassent 0 m. 60. Le bastion seul, avec ses substructions qui ont traversé les siècles, était capable de supporter une masse aussi lourde.

Une partie de la question est donc résolue, il semble, définitivement. Ce socle élevé a jadis supporté le trésor dédié par les habitants de Siphnos.

Il n'a été bâti qu'après l'autre, celui de Cnide, qui lui a servi de modèle. Autant qu'on peut s'en rendre compte d'après les morceaux peu nombreux qui nous restent du monument cnidien, le plus ancien était aussi le plus fin, celui dont tous les détails avaient été travaillés avec un goût parfait ; il avait sûrement une fort belle décoration, mais proportionnée à ses murs moins épais : ces murs eux-mêmes avaient des assises alternativement hautes et basses. C'était vraiment le premier chef-d'œuvre de l'architecture ionique. Même si l'on n'avait pas trouvé des débris de caryatides en trop grand nombre et trop différents pour qu'on pût les restituer à un seul trésor (1), un mot de la dédicace cnidienne nous eût assuré que le portique d'entrée était, pour la première fois sans doute dans l'histoire de l'art grec, orné de statues féminines qui en supportaient l'entablement : « Les Cnidiens ont dédié, comme dîme à Apollon Pythien, le trésor *et les statues*. » On s'est donné beaucoup de peine pour reconnaître dans ces derniers mots un groupe séparé que les Cnidiens avaient aussi consacré dans cette région. En quelque en-

---

(1) Nous avons bien retrouvé deux têtes de Caryatide, mais je ne suis pas sûr, malgré des différences de dimensions et de travail, qu'elles ne proviennent pas toutes deux du trésor des Siphniens.

Fig. 22. — Fragments, pour la plupart du trésor de Siphnos.

droit que l'on replace le trésor des Cnidiens (1), il n'était
pas assez près de ce groupe pour que la même inscription
pût se rapporter aux deux offrandes. Il est au contraire
tout simple que les Cnidiens aient fait comprendre par
une mention spéciale qu'ils se rendaient compte de l'originalité du présent qu'ils offraient au dieu.

Les Siphniens vinrent ensuite, avec l'intention de
faire aussi bien que les plus riches; le mot d'Hérodote a
tout son sens, ils élevèrent le trésor le plus semblable
possible à celui qui avait évidemment excité tout de suite
l'étonnement et l'admiration. Mais, s'ils avaient pour eux
les abondants revenus de leurs mines d'or, il leur manquait sans doute cette longue tradition de culture fine, de
civilisation et d'art qui avait comme naturellement abouti
chez les Cnidiens à la création d'un chef-d'œuvre nouveau. Ils voulurent imiter les Cnidiens, ils comman-
dèrent le trésor le plus somptueux et, s'il est sûr que
les sculpteurs de la frise ne trompèrent pas leur attente,
il est aussi évident que cette profusion un peu lourde
dans les ornements, cette richesse trop volontiers étalée,
ce souci moindre du détail dans les parties non vues de
la construction témoignent d'un goût moins pur. Je ne
cherche pas à me gâter mon plaisir, j'admire autant qu'un
autre la vigueur et la souplesse grasse, si je puis dire, des
décorations architecturales qui faisaient à la porte et aux

---

(1) Même si on le restitue à l'endroit qu'a proposé en dernier lieu M. Dinsmoor (*Bull de corr. hell.*, 1912, p. 458) et qui est marqué sur le plan joint à ce
volume : *Tr. des Cnidiens ?*, il sera impossible de rapporter les mots « et les
statues » de la dédicace à un groupe séparé. Si [l'on plaçait le groupe en contrebas du trésor le long de la voie sacrée, à droite et parallèlement au trésor
de Sicyone, il faudrait supposer que le voyageur ancien avait fait le tour par la
boucle de la voie avant de savoir quel peuple avait dédié les statues qu'il avait
vues : la dédicace est gravée, c'est un fait certain, sur une assise du trésor.

sculptures de la frise un cadre opulent (fig. 22, 23, 25).
Mais je crois que le mot d'Hérodote, tout discret qu'il est,
indique une réserve assez ironique : les Siphniens ont
voulu faire riche, ils ont fait cossu, c'est une élégance de
parvenus.

Si jusqu'ici la question paraît assez nettement décidée,
il est un point où l'obscurité subsiste : où était autrefois
le trésor de Cnide ?



Non seulement le
texte de Pausanias,
mais toutes les vrai-
semblances indiquent
qu'il faut le chercher
assez près de celui qui
est venu, quelques an-
nées après, tenter de
l'éclipser en le copiant.
On a jadis proposé de
le replacer sur ce haut
soubassement de cal-
caire qui est parallèle

FIG. 23. — PLAQUE DE CORNICHE DU TRÉSOR DES
SIPHNIENS, VUE PAR DESSOUS (1).

à celui des Siphniens, de l'autre côté de la voie sacrée.
Cette hypothèse est séduisante, et quelques savants l'ont
adoptée : ces deux trésors tout semblables auraient
eu leur façade, ornée de caryatides chez l'un et chez
l'autre, tournée vers l'ouest. Le visiteur arrivé à ce premier
tournant de la voie aurait pu comparer en se retournant
et embrasser d'un même coup d'œil ces deux monuments
rivaux entre lesquels il venait de passer. L'effet eût été

(1) C'est la même plaque qui, dans le figure 25, est en partie visible au-dessus des rais de cœur.

plus grand, mais précisément il faut se défier de cette tendance à établir partout une symétrie régulière et concertée. Un détail suffit à faire rejeter cette hypothèse presque trop ingénieuse : on a vu que, sur toutes les pierres qui proviennent sûrement du trésor de Cnide, le scellement du crampon étroit a laissé sa trace. Or une pierre en place dans le mur transversal, à l'intérieur de cette substruction où on voulait restituer le trésor de Cnide, a conservé un scellement presque aussi large que ceux du trésor des Siphniens. Dans un monument que l'on a mis des siècles à construire, il n'est pas étonnant de trouver des scellements de forme différente ; mais un trésor, pour lequel un ou deux ans tout au plus étaient nécessaires, présentait partout les mêmes procédés de travail. Surtout quand il s'agit d'un édifice qui fut un modèle de perfection, fini avec un soin exquis jusque dans le détail le plus minutieux, on est sûr que de pareilles disparates, même dans une assise de fondation, n'avaient pas été laissées.

L'explication suivante paraît moins invraisemblable. Il reste peu de morceaux du trésor de Cnide, et à peu près tous ont été trouvés fort loin du carrefour des trésors : un morceau de la dédicace était près de la Lesché, tout en haut du sanctuaire, beaucoup de fragments avaient servi à construire des murs de maisons à l'époque impériale, près de la place devant l'entrée. Il semble que cette disparition presque totale amène nécessairement à la conclusion que le trésor de Cnide a été détruit d'assez bonne heure, et on eût admis cette conclusion sans difficulté si Pausanias, au deuxième siècle après J.-C., n'avait pas parlé de cet édifice. Mais il est temps de revenir à cette dédicace cnidienne où le lecteur a remarqué le mot de *dîme:*

on ne l'employait que quand on tenait à spécifier la dixième
partie du butin fait sur les ennemis. C'est donc à la suite
d'une victoire, vers le milieu du sixième siècle, que les
Cnidiens ont élevé leur trésor à Delphes, et, si Pausanias
avait lu la mention expresse du butin de guerre, il n'aurait pas pu se demander si c'était pour un succès militaire ou par ostentation de luxe que ce trésor avait été
consacré. Pausanias a vu le sanctuaire, mais il n'a pas
écrit son livre à Delphes : il est permis, en tenant le plus
grand compte des services qu'il nous rend, de relever ses
inexactitudes, les confusions qui ont pu se produire dans
ses notes et dans ses souvenirs. Il lui est resté l'impression d'un trésor surchargé, aux ornements excessifs ; ses
livres, peut-être aussi les ciceroni delphiens lui avaient
dit qu'il y avait eu un trésor de Cnide. S'il n'a pas un mot
pour dire de celui des Siphniens ce qu'on attendrait de sa
critique sévère et de son goût si pur, c'est qu'il a dit de
l'un des deux monuments ce qu'il eût dû dire de l'autre,
son hésitation au sujet de la dédicace cnidienne prouve
simplement qu'il ne l'a pas vue, et il ne pouvait la voir si
le trésor était, comme je le crois, tombé en ruines à ce
moment, et depuis plus d'un siècle.

Les pluies d'hiver sont terribles dans cette montagne
aride et dénudée : des torrents se forment en quelques
instants, qui dévalent les pentes, s'ouvrent par la force
des passages et détruisent tout ce qui fait obstacle. Le
carrefour des trésors est un des points les plus exposés :
le torrent pour lequel la voie sacrée, depuis les terrasses
supérieures, était un lit tout fait, s'y rencontrait avec un
autre torrent qui descendait directement de la plateforme
de l'opisthodome et passait par derrière le trésor
d'Athènes : la violence de leurs eaux réunies venait battre

contre le terre-plein qui s'étendait jadis à l'ouest du trésor des Siphniens, et, si quelque édifice s'élevait en cet endroit, on ne s'étonnera pas qu'il n'en soit rien resté. Or deux indices permettent de supposer qu'une construction a existé là : d'abord, tout près de la petite terrasse par laquelle on accède au trésor de Siphnos, plusieurs dalles de pavage peuvent avoir appartenu à ce terre-plein sur lequel rien n'empêche d'accepter qu'un monument se soit élevé. D'autre part, tout a été détruit par les affouillements dans cette région, même le mur d'enceinte : pourtant il en subsiste assez pour que l'on affirme qu'il a été doublé par un second mur, composé de blocs de tuf. Cette précaution n'a été prise sans doute que parce qu'on voulait appuyer sur cette solide fondation un édifice plus lourd qu'une simple base. L'exemple a été suivi à l'ouest de la région que nous étudions en ce moment : quand les Thébains ont voulu donner une assiette suffisante à leur trésor, ils ont eux aussi doublé le mur d'enceinte par un mur de tuf. Je ne suis pas sûr que le trésor de Cnide se soit élevé là, entre celui de Siphnos et celui de Thèbes qui sont venus plus tard se placer à ses côtés, mais je le crois possible, et ainsi s'expliquerait la ruine prématurée de ce monument.

Avant d'examiner rapidement la décoration sculptée qui faisait la luxueuse parure du trésor des Siphniens, il faut dire un mot de la façade reconstituée en plâtre qui, après avoir figuré à l'Exposition de 1900, est aujourd'hui au Louvre et au musée de Delphes. Elle a été critiquée avec une violence très injustifiée. On a recomposé cette façade avec les morceaux les mieux conservés : si on a fait entrer dans la restauration de la façade d'entrée, par conséquent

de la face ouest, un fronton que tous savaient avoir été
celui de la face est, et s'il en a été de même pour la portion de la frise sculptée que l'on a transportée de l'est à
l'ouest, c'est que ce fronton, le seul qui ait subsisté, et
cette frise donnaient une idée plus complète du système
décoratif. Rendez aux murs, qui n'ont que 0 m. 49 comme
ceux du trésor de Cnide, leur vraie épaisseur, et à l'ensemble son nom véritable : trésor de Siphnos, vous aurez

FIG. 24. — FRONTON DU TRÉSOR DES SIPHNIENS : LA DISPUTE DU TRÉPIED.

une image en somme juste, non pas du premier chef-
d'œuvre de l'architecture ionique, mais du trésor qui re-
produisit ce chef-d'œuvre avec quelque exagération.

Le fronton (fig. 24) représente un sujet qui a été souvent traité, et en particulier à Delphes : c'est un sujet
local par excellence que la dispute du trépied. Héraclès
(à droite) tente d'enlever par la force à Apollon, qui vient
de s'emparer du sanctuaire de l'oracle, le trépied prophétique. Au milieu, la déesse qui intervient entre les combattants et qui essaie de les séparer est Athéna; à gauche,
Artémis retient son frère. Des deux côtés du groupe prin-

cipal, comme dans les représentations contemporaines de combats entre les héros, les chars des deux dieux en lutte attendent, les attelages maintenus par les conducteurs. Enfin, aux extrémités, là où l'espace diminuant de plus en plus n'avait permis aux sculpteurs primitifs de l'Acropole que d'étendre des corps de serpents et de monstres, l'auteur de notre fronton a disposé deux figures couchées, comme on devait le faire, à Égine par exemple, de longues années après.

Au premier aspect, cet ensemble paraît être, de toutes les sculptures qui ont orné le trésor, l'œuvre la plus archaïque. On ne peut pourtant pas supposer que la construction de l'édifice ait duré longtemps. L'artiste qui exécuta ce fronton en même temps que d'autres, plus jeunes ou plus modernes, travaillaient à la frise, se rattachait sans doute à une école, à des traditions plus anciennes. Si certains personnages de la frise ouest, comme l'Hermès qui est à la tête des chevaux ailés du char d'Athéna (fig. 25) sont aussi lourds dans leur musculature épaisse que l'Héraclès, en revanche les chevaux du fronton sont d'une facture gauche et presque puérile : l'allure plus noble des chevaux de la frise, la liberté et déjà la largeur avec laquelle ils sont traités font un contraste saisissant. On pourrait insister sur l'attitude encore raide et gênée des personnages. Mais je préfère signaler un détail de cette œuvre, le plus étonnant qu'elle nous ait fait connaître. Les figures principales, jusqu'au milieu du corps, se détachent en ronde-bosse sur le fond évidé du fronton, tandis que la partie inférieure de leur corps est sculptée en haut relief. C'était sans doute une habileté pour que l'ombre projetée par les rampants du fronton sur le haut du groupe central parût moins opaque : la violence

des contrastes de lumière et d'ombre était d'ailleurs atté-
nuée par la polychromie. Ce qui frappe surtout, c'est que ce
passage du relief à la ronde-bosse, ce moyen terme naïf,
est la première indication des progrès que l'art a dû accomplir avant d'arriver aux figures des frontons du Parthénon.

Les places, tout autour du trésor de Siphnos, où ont été
découvertes les diverses plaques de la frise, ne permettent guère d'en révoquer en doute l'attribution respective
aux quatre faces du monument. La décoration sculptée des
façades est (celle que l'on voit presque depuis l'entrée) et
nord (le long de la voie sacrée), est de beaucoup la mieux
conservée : du côté de l'ouest, on sait déjà que les torrents
ont ravagé tout ce qui était en dehors de la terrasse du

trésor, et au sud les plaques sont tombées en dehors du mur d'enceinte, les paysans n'avaient pas à remuer profondément la terre en cette région pour trouver des « antiquités », plusieurs morceaux ont pu disparaître : une plaque représentant un char ainsi que le corps d'une Caryatide avaient été trouvés avant que l'exploration scientifique eût été commencée.

La frise du côté sud représentait l'enlèvement des filles de Leukippos, prince de Messénie, par les Dioscures. L'autel figuré sur le fragment connu avant la fouille, et vers lequel se dirige le char, est celui où va être célébré le sacrifice pour le mariage des Leukippides. Il semble qu'ici, comme sur la frise nord, la composition était divisée par les trois chars de Leukippos, de Castor et de Pollux en plusieurs groupes qui se faisaient équilibre. De jeunes cavaliers qui escortent les ravisseurs et d'autres qui font partie du cortège nuptial sont déjà une première ébauche des éphèbes des Panathénées.

Sur la façade ouest, au-dessus du portique d'entrée, le sujet est emprunté à l'*Iliade*. Il ne nous reste rien de la lutte des Grecs et des Troyens au moment où Achille sort pour venger la mort de Patrocle. Ce groupe central était encadré : de chaque côté, une déesse descendait de son char : à gauche Athéna, qui est du parti des Grecs, assistée d'Héphaistos, Hermès est à la tête des chevaux ailés de la déesse (fig. 25); à droite du côté troyen, Aphrodite assistée d'Apollon et d'Artémis : Arès contient l'attelage.

LA GIGANTO-
MACHIE

La frise nord nous a été conservée presque entière. Il est probable qu'ici encore la composition était divisée en quatre grands groupes par trois chars : deux de ceux-ci ont

particulièrement souffert, mais l'ensemble de cette scène
de bataille n'en est pas moins clair (fig. 26 et 27). La Gigantomachie, combat des dieux olympiens contre les
géants, nés de la Terre, qu'ils ont dépossédés, met aux
prises, dans une mêlée violente qui est pourtant rendue par
une disposition régulière, les deux troupes ennemies. Tous
les dieux, sauf une exception,
marchent vers la droite, tous
les géants vers la gauche.
Tantôt un dieu lutte contre
un géant; tantôt ce sont deux
ennemis qui lui sont opposés : ici encore le souci de la
symétrie, de l'heureux équilibre des groupes en lutte
n'a pas dégénéré en une recherche puérile du parallélisme. Ce qu'il faut signaler
au contraire, c'est un désir de
varier le plus possible cette
représentation de bataille qui
eût pu si aisément devenir
monotone et fatiguer par des

Fig. 26. — Frise du trésor des
Siphniens : extrémité de la Gigantomachie.

répétitions. Analysons une partie tout au moins de cette
vaste scène.

D'abord, à l'extrémité gauche (fig. 26), un dieu barbu,
assisté de deux déesses, appuie les deux mains sur deux
objets mystérieux, qui ressemblent à des outres, l'une
gonflée, l'autre dégonflée : ce n'est pas, comme on l'avait
cru d'abord, Éole lançant hors des outres les vents de
tempête contre les géants, c'est le dieu forgeron, Héphaistos, qui appuie alternativement sur les deux soufflets de sa

forge : il fait chauffer ces masses de fer qui, rougies au feu, lui serviront de projectiles contre les ennemis.

Contre ce groupe de trois divinités marchent deux géants : on les voit figure 27, en haut à gauche. Puis Héraclès, reconnaissable à sa peau de lion, et Cybèle dans son char traîné par deux lions luttent chacun contre un ennemi : celui qui s'est attaqué à la déesse est saisi au milieu du corps par l'un des lions, tandis que l'autre se dresse au-dessus de lui, le prenant aux épaules. Viennent alors trois dieux opposés à trois géants, le corps d'un quatrième géant, déjà dépouillé, gît à terre. Les trois dieux sont de gauche à droite : Apollon dont le visage a presque entièrement disparu, Artémis qui, comme son frère, tire de l'arc, et Dionysos armé de l'épée et du bouclier, le casque orné d'un attribut caractéristique, le vase à boire appelé canthare, et qui se retourne vers les deux autres dieux pour les exciter à la lutte (1). On arrive ainsi au char de Zeus, qui occupait le centre de la composition : il ne reste qu'une partie de l'attelage, on voit les têtes et l'extrémité des pattes des chevaux cabrés. Deux géants armés, l'un de la lance, l'autre d'une pierre, attaquent le dieu. En avant du char, Héra penchée, le genou droit touchant presque le sol, se retourne (c'est la seule figure divine dirigée vers la gauche), et transperce avec sa lance un géant nu qui rampe et essaie de fuir. A côté d'elle, Athéna dont l'égide est aisément reconnaissable se défend contre deux ennemis : l'un est déjà tombé sur un genou. Plus loin, deux dieux, le premier barbu, le second coiffé d'un bonnet pointu qui permet d'identifier le personnage avec Hermès, luttent eux aussi, chacun contre deux

(1) Les têtes des trois personnages divins sont reproduites à une échelle plus grande sur la page de titre.

Fig. 27. — Frise du trésor des Siphniens : la Gigantomachie.

géants : l'un de ces êtres primitifs, fils de la Terre, qui
ne reculent pas devant l'emploi d'armes moins civilisées,
s'est armé d'une grosse pierre qu'il tient des deux mains
à la hauteur de sa tête : on voit nettement que sur le fond
du relief a été ménagée une place, qui n'a pas été polie et
qui figure le fragment de roc. Enfin, au delà du troisième
char, le dernier des groupes en bataille était formé par
un dieu barbu qui achève l'un de ses adversaires déjà
abattu sur les genoux, tandis que l'autre, debout, le bras
devant la figure, essaie de porter un coup de revers.

LES DIEUX<br>REGARDANT UN<br>COMBAT

Enfin la frise de la façade est représentait les Grecs et
les Troyens se disputant le corps d'Euphorbos ou de
Patrocle devant les dieux assemblés. Il semble d'abord
que l'action figurée soit double : à gauche, neuf dieux
assis paraissent discuter avec animation ; à droite, deux
héros de chaque peuple, plus petits que les dieux, luttent
autour du cadavre étendu, pendant que les chars sont
gardés par leurs écuyers et leurs cochers. Mais cette
interprétation ne serait pas juste. On se souvient que,
pour la Gigantomachie (sauf une exception), les personnages, figurés simplement dans deux directions opposées, les dieux allant tous vers la droite, tous les
géants vers la gauche, devaient nous donner l'idée d'une
mêlée furieuse dont il était impossible de représenter en
bas-relief les différents plans. De même ici le fait que, parmi les dieux assis, plusieurs sont tournés vers la droite
et les autres vers la gauche (fig. 28) doit être interprété
comme la projection sur un plan vertical d'un groupe
d'assistants disposé en demi-cercle : la perspective de ce
demi-cercle ne pouvait pas davantage être indiquée par
un bas-relief. Donc les dieux qui tournent le dos au com-

bat des héros, il faut supposer qu'ils le voient, et qu'ils
s'y intéressent aussi passion-
nément que ceux dont le regard est dirigé vers ce spectacle. En allant de gauche à
droite, les dieux représentés
sont Arès, avec son armure,
son casque et son bouclier;
Aphrodite, Artémis et Apollon; puis Zeus, assis sur un
trône dont le bras est soutenu par deux personnages,
un satyre poursuivant une
nymphe; auprès de Zeus,
était sans doute Héra (c'est
le seul personnage de cette
scène qui manque à peu près
entièrement), elle mettait une
main sur les genoux de Zeus;
enfin viennent trois divinités,
parmi lesquelles Athéna est
seule reconnaissable. Les
deux héros troyens, dont le
bouclier rond est vu du côté
intérieur, sont Énée et Hec-
tor, les deux Grecs dont le
bouclier a la convexité tournée vers le spectateur (celui
du premier porte au centre,
comme marque distinctive et
en même temps pour effrayer

Fig. 28. — Frise du trésor des Siphniens : l'assemblée des dieux.

l'ennemi; une tête de gorgone, celui de l'autre avait sûrement un attribut peint) sont Ménélas et sans doute Ajax.

Cette énumération des scènes représentées est trop sèche pour laisser même entrevoir le talent robuste et le don de vie puissante avec lesquels l'artiste les a traitées. Les photographies ci-jointes, mieux que de longues pages de descriptions, permettront de sentir vivement ces fortes qualités. Qu'il y ait même un peu d'excès, que la surabondance des masses musculaires donne aux dieux et aux héros quelque chose de trapu, de ramassé, je l'accorde sans peine, mais j'avoue que je ne trouve pas leur « courte grosseur » aussi flasque et molle que quelques juges sévères voudraient nous le faire admettre. On peut être plus frappé encore de cette variété des mouvements et des groupes : il n'y a aucune monotonie, mais il n'y a non plus, dans cette richesse, aucune confusion. Je ne sais pas si c'est l'auteur de la frise qui a trouvé le premier, dans une scène de la Gigantomachie, ces lignes divergentes des deux déesses, Héra et Athéna, complétées par l'équilibre du géant tombé sur le coude à gauche et essayant de fuir, du géant tombé sur un genou à droite et se défendant encore. Même si un modèle antérieur lui offrait cette heureuse combinaison d'attitudes et de masses, nous devons à notre sculpteur de la reconnaissance pour avoir su la garder avec un goût si sûr.

Je ne songe pas non plus à nier tout ce qu'il y a encore de gaucherie naïve dans cet art pourtant très savant : quand l'artiste veut représenter de face le corps d'un guerrier tué, géant ou héros, il traite les bras, repliés sous la tête ou étendus sur le sol, et surtout la figure, avec une maladresse presque choquante. Les dieux assemblés pour regarder le combat des héros suivent les phases du spec-

tacle avec un très vif intérét : ils le témoignent par des
gestes de surprise, ils appellent l'attention les uns des
autres. Certes les bras ne sont pas toujours levés de
même, il ne serait pas difficile d'analyser les différences
de pose et d'attitude, mais il y a ici encore quelque raideur, les plis des vêtements ont une sécheresse presque
métallique. Et pourtant on ne peut pas dire que l'ensemble du groupe divin manque de souplesse et de vie.
Si nous supposons Héra à la place où elle était en effet, à
droite de Zeus son époux, le souverain des hommes et des
dieux est au centre du groupe : quatre personnages sont de
chaque côté, mais ici encore quel souci de varier les
masses en équilibre sans tomber dans la symétrie banale
des « pendants » ! Arès seul, plus un groupe de trois divinités correspondent à Héra seule, tournée vers Zeus au
centre, plus Athéna seule, plus un groupe de deux.

Ce mélange d'une naïveté qu'il est impossible de dissi-
muler et d'une habileté qui n'est que la conscience de la
force fait la saveur vigoureuse de cet art. On s'en rend
compte en examinant les figures ci-jointes. Ce qu'elles ne
permettent guère, ce qui n'est possible que devant les
originaux ou devant des moulages, c'est l'étude des
détails. Beaucoup de pièces étaient rapportées en métal :
pointes des lances, roues des chars, ornements des vêtements et des cuirasses ; nous savons comment tel guerrier a été tué, la pointe de l'arme est encore dans la bles-
sure. Les particularités caractéristiques de l'armement,
de l'équipement, plus encore les traits et les attributs
consacrés de chaque divinité étaient achevés et soignés
avec une précision parfaite. J'ai dit plus haut que l'artiste avait tourné ingénieusement les difficultés de la
perspective, il serait injuste de ne pas ajouter que, quand

il a voulu représenter trois guerriers l'un derrière l'autre
par rapport au spectateur, sur trois plans différents, il a
fort bien su creuser dans le fond le bouclier du personnage
le plus éloigné et arrondir dans une saillie du relief celui
du plus rapproché. Et puis, tout ce qu'il n'avait pu réussir
à indiquer grâce aux ressources de la pierre et aux accessoires métalliques, la peinture était chargée de le montrer.

Cette frise était toute peinte. Au moment où les fragments sortirent de terre, les couleurs en étaient déjà fort
effacées : on a pourtant pu noter avec certitude le fond
bleu, des traces de rouge à l'intérieur des boucliers et sur
les chevelures, sur le cimier des casques, la queue des
chevaux et la caisse des chars. Elles sont tout à fait indistinctes aujourd'hui. Et sur le fond s'enlevaient en grandes
lettres, comme sur les vases, les noms des personnages.

Ce bel ensemble annonce les plus glorieuses œuvres de
l'art grec. Il n'est pas question d'instituer une comparaison disproportionnée ; mais qu'il soit permis, sans heurt
trop brusque, d'évoquer ici, à un siècle de distance, l'assemblée des dieux au Parthénon, et le cortège des Panathénées, et la tribune de l'Erechthéion, c'est sans doute
le plus digne éloge que l'on puisse faire de la frise et des
caryatides du trésor de Siphnos. Elles ont l'honneur
d'être la première et, si l'on veut, lointaine esquisse des
chefs-d'œuvre de l'art attique. Mais, à les étudier en elles-
mêmes, et sans plus les accabler par le voisinage de la
« perfection désespérante », il me semble que l'on peut en
admirer la fraîche et vigoureuse jeunesse.


Si l'on quitte le carrefour des trésors, pour prendre à gauche le chemin qui mène à la porte A′ ouverte dans le
mur d'enceinte, on arrive à un long soubassement en tuf.

Il est en partie démoli, mais il suffit de le regarder avec attention pour s'apercevoir qu'il se divise en deux parties, très inégales, qui n'ont de commun que la matière et aussi la hauteur des assises, mais ces assises ne se pénétrent pas de part et d'autre, la séparation est nettement marquée. Il y eut là d'abord, à l'est, du côté du trésor de Siphnos, et aussi du trésor de Cnide s'il a jadis existé sur ce point, une base ; puis, à l'ouest, sur une longueur de plus de 11 mètres, la fondation d'un trésor. La fondation parallèle était formée par le mur d'enceinte méridional, doublé ici encore, on s'en souvient, par un mur de tuf. Des murs transversaux, il ne reste rien en place, mais deux rochers en ont supporté les substructions, et on ne peut pas mettre en doute l'amorce encore visible, à l'ouest, du mur qui séparait le pronaos de la cella. Ceux qui élevèrent leur trésor dans ce coin du sanctuaire ont voulu qu'il fût le plus solide possible ; ils redoutaient la violence des torrents et les glissements de terrain qui ont été pour les édifices delphiques une cause de ruine au moins aussi décisive que les tremblements de terre. Toutes les précautions ont été prises : pour mieux lier ces fondations robustes assises au nord sur le roc, au sud sur le mur d'enceinte élargi, de longues poutres de bois assemblaient entre eux les blocs de tuf, et elles se croisaient à angle droit aux quatre coins de la construction. C'est sur ce socle que se dressa un des trésors les plus curieux du sanctuaire, non pas par sa décoration sculptée, il n'en eut aucune, mais par la matière qui a été employée, par les textes qui ont été inscrits sur ses murs, par la place même qu'il occupe et par le peuple qui l'a dédié.

En effet, au coin sud-ouest du sanctuaire, en dehors du mur, ont été découverts de grands blocs en calcaire gris sur lesquels sont gravés des décrets pour des Thébains ; une série d'actes officiels qui intéressaient une . corporation d'artistes, musiciens, acteurs, chanteurs, dont le siège était Thèbes ; deux pièces relatives à une réclamation des Thébains pour une maison où ils étaient logés quand ils venaient à Delphes (la réclamation elle-même est écrite en dialecte béotien) ; enfin un texte qui s'étendait sur plusieurs mètres de long, et où les frontières de deux bourgs étaient fixées dans un territoire qui a toujours été contesté entre la Béotie et la Locride de l'est ; l'arbitrage de cette délicate affaire avait été confiée à Thèbes. [Toutes ces pierres, il est facile d'en connaître la place exacte dans le trésor qui occupe l'emplacement décrit plus haut, et il est certain que ce trésor a été consacré par les Thébains.

Ils l'ont construit comme trophée de leur victoire à Leuctres, 371 av. J.-C. Ils venaient donc les derniers, après toutes les villes grecques, petites ou grandes, qui avaient déjà leur emplacement national dans le sanctuaire et un trésor à elles. Ils durent se contenter de ce coin sud-ouest, où il restait une place suffisante, et ils en tirèrent le meilleur parti. On a hésité à admettre que leur monument tournât délibérément le dos à la voie sacrée, à toutes les autres constructions du sanctuaire. Mais d'autres trésors antérieurs, celui de Corinthe sur l'aire, ou encore celui de Cyrène près de la porte B étaient disposés d'une manière analogue. Les Thébains ont voulu que leur façade fût aperçue de loin, dominant les constructions plus basses de la ville qui venaient entourer le sanctuaire. Du côté de l'est, les constructions qui s'élevaient entre leur trésor et le tournant de la voie auraient empêché de voir cette façade entière. Au contraire, appuyée sur le mur d'enceinte et le dominant, tout près de la porte la

plus importante après celle de l'entrée principale, le premier édifice du sanctuaire que l'on voyait quand on arrivait par l'ouest était cette construction robuste, très sobre
d'ornements, à l'élégance un peu sèche.

C'est, avec le temple, l'édifice le plus intéressant que
l'on ait bâti à Delphes en calcaire de Saint-Élie : cette
.pierre grise, qui, selon les filons, a des teintes bleutées
ou roses, doit compter parmi les plus beaux matériaux de
construction, et aussi parmi les plus difficiles à travailler :
elle est très dure et éclate facilement. Les morceaux qui
en ont longtemps séjourné dans la terre ne résistent pas
aux intempéries quand ils y sont de nouveau exposés,
et on a pu constater d'année en année la destruction pro-
gressive de quelques blocs par la chaleur excessive ou le
gel. Quand elle sortait de ces carrières sur lesquelles
j'aurai à revenir, elle était plus consistante ; mais il fallait
toujours craindre les éclats et les cassures de la surface,
surtout quand on en était arrivé au moment des derniers travaux qui précédaient la peinture, au ravalement et au polissage des bandeaux : ici il ne s'agit
plus de décoration surchargée, de moulures, mais ces
canaux des triglyphes, avec leurs arêtes vives, ces joints
d'une perfection qui n'a été atteinte que rarement, même
à Delphes où il y a tant de monuments soignés avec
la conscience la plus scrupuleuse, ces cadres polis des
faces latérales, et la partie centrale linie avec presque
autant de régularité et de précision, donnent l'idée de
la difficulté vaincue pour un effet qui n'avait pas été
obtenu encore et qui souvent n'était pas vu. Ce trésor est
un exemplaire précieux, par sa nudité même, du travail
achevé de la construction en calcaire au quatrième siècle
avant J.-C.

# CHAPITRE III

## LE TRÉSOR D'ATHÈNES

Revenons au carrefour des trésors, que nous avons quitté pour examiner les fondations du monument thébain. Avant de regagner le pavé de la voie sacrée, nous longeons les soubassements d'un édifice, jadis rectangulaire, en tuf : tout le mur sud de cette construction est aujourd'hui tordu et incurvé par les glissements de terrain.



On a pensé depuis longtemps que c'était l'ancien trésor des Béotiens, et plusieurs des noms gravés en lettres très archaïques sur beaucoup de pierres d'assise, qui du reste ne sont pas toutes en place, ne démentent pas cette attribution. Il est tout à fait impossible de reconnaître dans ces noms des graffites tracés par des visiteurs : sans chercher d'autres arguments, il suffit de constater que quelques-uns sont écrits sur des assises que l'on ne pouvait pas voir autrefois : elles étaient cachées sous la terre, le chemin par lequel nous retournons à la voie sacrée était à un niveau plus élevé. Ces blocs de tuf portent chacun le nom de celui qui l'offrit pour construire le trésor : offrande modeste, destinée à rester ignorée, tandis

que deux siècles plus tard on publiera les noms des
fidèles qui donneront, ne serait-ce qu'une obole, pour la
reconstruction du temple. Si ce monument fut vraiment
dédié par toutes les cités béotiennes, on expliquera volontiers, par la diversité d'origine des donateurs, les quelques
différences qui ont été relevées entre les alphabets em-
ployés pour écrire ces noms.

Quand nous reprenons pied sur les dalles de la voie,
au premier tournant, nous nous trouvons en contre-bas
d'un édifice remonté sur ses fondations. C'est le trésor
d'Athènes, dont la reconstruction nous permet d'admirer
dès le premier regard un ensemble complet : nous avons
sous les yeux un être vivant debout. Il est bon de goûter
cette impression avant d'étudier les abords et les détails
du monument : la nudité et presque la sévérité du style
dorique est ici d'un contraste particulièrement heureux
avec la luxuriance et la surcharge d'ornements que nous
venons de voir. Ajoutez cette patine chaude et dorée qui
colore le marbre des tons de la vie.

La terrasse sur laquelle pose le trésor domine la voie
sacrée qui en côtoie le mur sud. A l'ouest, un ravin étroit
sépare cette terrasse de deux constructions, où le texte
de Pausanias nous invite à reconnaître les deux trésors
de Syracuse et de Potidée. Cette dernière ville, devenue
une des plus riches colonies d'Athènes, avait tenu à être
représentée à côté de sa métropole dans le sanctuaire. Si
les Syracusains, au contraire, ont bâti leur trésor près de
celui d'Athènes, c'est par le même sentiment de ven-
geance satisfaite, le même désir d'humilier l'ennemi
vaincu qui a poussé les Lacédémoniens, quelques années
plus tard, à dresser leur trophée d'Ægos-potamos en face

de l'ex-voto de Marathon (1). Le trésor de Syracuse a été

FIG. 29. — DÉCOUVERTE DE L'UN DES « APOLLONS ARCHAÏQUES » (30 mai 1893).

élevé à la suite du désastre des Athéniens en Sicile (413).

(1) M. Dinsmoor a proposé dernièrement de replacer le trésor de Syracuse
sur la fondation en calcaire qui longe la voie sacrée parallèlement au trésor
de Siphnos. Cette identification est très vraisemblable. L'effet voulu par les

Le torrent qui, descendu des terrasses supérieures, passait par le ravin entre ces trésors et celui d'Athènes a causé, dans la région située au-dessous, les ravages que l'on sait. Au moyen âge une population assez misérable vivait parmi les ruines, à en juger par les quelques sépultures que l'on a trouvées, au-dessus du sol antique, à la boucle de la voie sacrée. Ce sont ces habitants de l'époque byzantine qui nous ont conservé, sans le vouloir, l'une des deux statues archaïques qui valent qu'on les regarde un instant. Ils s'en étaient servis comme d'un étai, pour appuyer le mur transversal qui coupait le ravin et les protégeait contre le torrent (fig. 29). L'autre statue — tout au moins la partie supérieure, tête et torse — a été découverte quelques mètres plus bas, au tournant même de la voie, devant l'ancien trésor des Béotiens.

Fig. 30. — Cléobis.

Avec leurs muscles puissants d'athlètes, leur large face souriante, mais d'un sourire figé et sans expression, les cheveux tressés et pendant de chaque côté de la figure en trois mèches symétriques, les poings collés aux cuisses, dans l'attitude de la marche comme tant de statues primitives, ces deux hommes ont pourtant une place à part dans la série de ces

Syracusains était aussi bien obtenu à cette place, où leur trésor était à peu près parallèle à celui d'Athènes, de l'autre côté et à la boucle même de la voie, qu'à l'endroit où on le restituait jusqu'ici.

images viriles qu'on a pris l'habitude d'appeler les Apollons archaïques. D'abord ils sont deux, ils se ressemblent comme deux frères, mais ce n'est pas la double représentation d'un même personnage. De plus, leurs attitudes sont parallèles, tous deux ont la tête un peu levée et en avant, quelque chose de tendu dans l'effort (fig. 30). L'hypothèse ingénieuse que cette analyse rendait vraisemblable a été confirmée par la lecture des bases qui ont, elles aussi, subsisté toutes deux. Ce sont les statues de Cléobis et de Biton, ces frères d'Argos qui traînèrent le char de leur mère, prêtresse d'Héra, jusqu'au sanctuaire de la déesse, l'Héraion distant de 45 stades (8 kilomètres). Hérodote raconte leur histoire (I, 31). Ils s'endormirent dans le temple et ne se réveillèrent plus. Leur mère avait demandé à la déesse de les récompenser de leur pieux exploit en leur donnant ce qui vaut le mieux pour l'homme. Ceux qu'aiment les dieux meurent jeunes.

*LE TRÉSOR D'ATHÈNES* — Le trésor des Athéniens est un petit temple de 10 mètres de long sur 6 de large, dorique, avec deux colonnes entre les antes à la façade est. La terrasse qui s'étend sur deux côtés, au sud et à l'ouest, est à un niveau plus bas que celle de l'est sur laquelle ouvre le trésor. C'est que, ici encore, la voie sacrée monte très rapidement : elle n'est plus qu'à quelques centimètres au-dessous de la plateforme triangulaire par laquelle on accédait au monument (fig. 31), quand elle arrive à l'extrémité de cette plateforme. Enfin un mur fermait complètement la terrasse du côté nord : avec le ravin à l'ouest et la voie sacrée, il délimitait et isolait le terrain où les Athéniens étaient chez eux.

*LA DATE* — A quelle époque ont-ils consacré au dieu ce monument ? Pausanias dit bien que c'est une offrande qui devait commémorer la victoire de Marathon, mais il a déjà rapporté à ce même succès le groupe des divinités, de Miltiade et des héros, qui se trouvait en bas du sanctuaire, tout près et à gauche de l'entrée. D'autre part,

Fig. 31. — Le trésor des Athéniens.

plusieurs blocs, aujourd'hui remis à leur vraie place, sur la terrasse méridionale du trésor, ont porté en plein air, se détachant sur la façade sud comme sur un fond, l'amoncellement des trophées qui représentaient une partie du butin de cette bataille : l'inscription qui l'atteste a été recopiée deux siècles plus tard, mais on distingue encore quelques restes très effacés du texte primitif. Il est donc prouvé que ce socle des trophées et le groupe de l'en-

7

trée ont été dédiés tous deux à l'occasion de Marathon. Le trésor lui-même a-t-il été dédié en même temps que le long socle où est gravée l'inscription ? La question reste entière.

Des raisons d'ordres divers ont été alléguées pour nous amener à croire que le trésor était très antérieur, d'environ vingt ans ; qu'après la victoire on se contenta de dresser contre la façade sud le socle inscrit avec les trophées, et que Pausanias s'est trompé en appliquant à tout l'ensemble des offrandes athéniennes ce qui n'était vrai que du socle seul. Je ne reculerais pas devant cette dernière conclusion : si une erreur ou une inexactitude de plus chez Pausanias m'était prouvée, je l'accepterais sans joie, mais aussi sans scandale. Encore faudrait-il qu'elle fût vraiment prouvée.

On dit d'abord : Athènes était épuisée après Marathon : la cité, sans ressources, ne pouvait penser à une offrande aussi coûteuse que le trésor. C'était déjà une assez lourde dépense que celle du groupe de Miltiade, on a dû se borner à dresser, en avant du trésor, déjà consacré depuis plusieurs années, un socle qui supportait les trophées. — Mais on a vu précédemment que rien ne nous empêchait d'admettre que Pausanias avait dit la vérité sur le groupe de Miltiade ; si Phidias en a sculpté les statues, cette offrande est postérieure d'environ trente-cinq ans à Marathon, et il n'y a pas à tenir compte de cette dépense dans celles qu'Athènes voulut faire pour célébrer sa victoire. De plus, je me demande si, en proposant cet argument, on n'a pas transporté à la date de Marathon ce qui n'est vrai que dix ans plus tard, les ruines laissées par les Perses, la ville saccagée. Enfin même en admettant — ce que nous ignorons — que la cité fût pauvre à ce moment, que tout ce que les anciens nous disent sur le butin recueilli après la bataille soit faux, est-on obligé de penser que les Athéniens ont dû payer tout de suite la construction de leur trésor ? On oublierait alors ce que les comptes de construction, trouvés en des points très différents du monde grec, nous ont appris : les dépenses d'un édifice, quel qu'il fût, n'étaient pas acquittées en une fois ; les travaux étaient divisés, sériés, et le prix versé à mesure. Peut-être deux ou trois ans ont-ils été nécessaires pour terminer le trésor et le socle des trophées. Les finances athéniennes pouvaient faire face, semble-t-il, même à des dépenses plus considérables.

Un autre argument est tiré de l'étude des sculptures qui décoraient le trésor. Des groupes de fronton, il ne reste que des débris, mais les métopes ont subsisté, et quelques-unes assez bien conservées pour que les archéologues aient pu en apprécier le style et essayer d'en fixer la date. Les uns ont été surtout frappés par le caractère archaïque de quelques figures, et aussi de quelques accessoires qui, comme le carquois d'Héraclès (fig. 34), sont représentés à part de l'action principale, pour ainsi dire, et uniquement afin de remplir le champ de la métope. La comparaison avec les vases du sixième siècle s'est imposée à eux, et c'est aux dernières années de ce siècle qu'ils ont fait remonter le trésor. Mais l'accord ne s'est pas fait, pas plus sur cette question que sur beaucoup d'autres, et plusieurs critiques estiment, au contraire, qu'à côté de traits qui sentent leur vieux temps, ces métopes laissent voir plus nettement encore une habileté de facture, une science du modelé, un talent de grouper les personnages et une précision élégante dans le rendu des formes qui ne permettent pas de remonter plus haut que les premières années du cinquième siècle. Là non plus, la preuve que le trésor serait plus ancien que le socle n'est pas acquise.

La dernière des raisons que l'on a invoquées dans cette discussion paraît être la plus forte. C'est un fait établi que les substructions du socle ne sont pas liées à celles du trésor, tout au moins au coin sud-est, à l'endroit où aujourd'hui finit la dédicace coupée au milieu d'un mot : nous savons en effet qu'au cinquième siècle elle s'étendait jusqu'au bout de la phrase, la série des blocs sur lesquels elle était gravée continuait plus loin vers la droite, mais deux siècles après, sans doute pour élargir la voie, on supprima les deux dernières pierres. Si j'insiste sur ce remaniement, ce n'est pas pour suggérer l'hypothèse qu'à cette époque on a modifié aussi le soubassement du socle. Il n'y a jamais eu de liaison entre celui-ci et le trésor, mais je demande si l'on a le droit d'en conclure que le trésor a été antérieur au socle. Quand les Arcadiens élevèrent leur base et l'appliquèrent contre le monument lacédémonien, ils établirent une liaison entre les assises des deux constructions, ils creusèrent une pierre qui était en saillie dans les fondations de l'édifice antérieur pour en insérer au-dessous une autre. Là, les deux constructions sont liées, et elles ne sont pas contemporaines. Il ne semble pas qu'on ait le droit de raisonner ainsi : à plus forte raison, si deux constructions sont contemporaines, doivent-elles être étroitement liées. Imaginez un instant que la liaison existe entre le socle et le trésor : on trouverait des arguments pour démontrer, même alors, que le socle est postérieur au trésor comme la base des Arcadiens est postérieure à celle des Lacédémoniens. Enfin la terrasse orientale, qui s'étend devant l'entrée de l'édifice, n'a aucune liaison, elle non plus, avec les soubassements de cet édifice. Il faudrait donc en conclure, logiquement, qu'on n'a construit cette plateforme d'accès que quelque temps après le trésor. Je ne pense pas que personne en vienne à cette extrémité. Ces raisonnements ne prouvent pas autant qu'il le semble d'abord, et surtout ils ne prouvent pas par eux-mêmes ; il y faut l'appui d'arguments plus décisifs.

Peut-être l'étude détaillée du monument nous en fournira-t-elle. En attendant, acceptons la date qu'indique Pausanias. Il est permis de penser que les Athéniens ont commencé leur trésor pour commémorer Marathon, tout de suite après leur victoire, et qu'ils n'ont pas eu d'abord le projet de dresser devant l'édifice les trophées conquis sur les Perses. Ils avaient, à Delphes même, leur portique où ils pouvaient exposer ces trophées quelque temps. Mais, dans ce portique, déjà d'autres souvenirs de leur gloire militaire prenaient sans doute beaucoup de place, et le butin de la grande victoire nationale où Athènes avait chassé les barbares valait d'être montré au grand jour, sur un socle à part ; ils ont pu ne le construire qu'après le trésor fini. Il reste toujours étrange qu'ils ne l'aient pas joint aux fondations du trésor, mais il n'en résulte pas que le trésor soit antérieur de vingt ans.

Quand on trouva, pendant les campagnes de 1893 et 1894, presque toutes les pierres du trésor d'Athènes éparses aux environs, tout autour des fondations elles-mêmes, des blocs d'assises en très grand nombre, les deux tiers des triglyphes, toutes les métopes complètes ou mutilées, les pièces d'architecture de la corniche et des frontons, l'idée devait naturellement venir de reconstituer avec tous ces éléments l'ensemble qu'ils avaient formé autrefois. C'est la tâche que M. Homolle, directeur de l'École d'Athènes, confia à M. Replat, architecte. La municipalité d'Athènes tint à honneur de fournir les subsides grâce auxquels un monument glorieux pour la cité put être relevé. Ceux qui regardent aujourd'hui avec plaisir le trésor remonté et à qui cet édifice, présenté ainsi dans ses vraies proportions, donne le moyen de restituer en hauteur par la pensée les principaux monuments du sanctuaire, ne se doutent guère du travail énorme que cette reconstruction a exigé. Ici encore les glissements de terrain avaient incurvé les soubassements, mais dans le sens vertical. Il a fallu d'abord les consolider, puis rétablir, par une assise de réglage en béton, le niveau sur lequel les murs devaient être réédifiés. Ils l'ont été avec une méthode et une conscience vraiment admirables.

Des inscriptions, dont les antes et la muraille sud étaient couvertes, et qui se continuent d'une assise sur celle qui était immédiatement au-dessous, apprenaient d'une manière certaine comment les assises étaient superposées. Pour les cas où les textes épigraphiques manquaient, les indications matérielles et techniques y suppléaient; grâce à ces mêmes indications, on savait aussi avec certitude que, à l'intérieur d'une assise, telle pierre doit être à droite de telle autre, et non à gauche. Que l'on se rappelle ce qui a été dit (p. 68-69) sur les scellements qui réunissaient par le haut les blocs préparés à joint. Le métal des scellements a disparu, mais les trous où ils étaient fixés sont sur la face supérieure, à peu près au milieu de l'épaisseur du bloc : c'est un fait constaté que les crampons de scellement n'étaient jamais exactement à la même distance du bord. Il ne s'agit ici,

le plus souvent, que de quelques millimètres de différence ;
avec de bons instruments de mesure, on arrive à établir rigoureusement les distances des scellements au bord extérieur, par exemple. Le classement commence alors pour
les pierres d'une même assise, et quand on a replacé côte
à côte deux blocs qui, l'un à gauche, l'autre à droite,
portent chacun une moitié de scellement exactement à la
même distance du bord, on peut être assuré qu'ils étaient
bien assemblés ainsi dans la construction ancienne.

Il fallait tenir compte aussi d'autres éléments de calcul.
D'abord une assise est unie à celle qui est au-dessous, et
sur laquelle elle pose, par des goujons verticaux. Ces
goujons ont été pillés depuis longtemps, mais les trous
subsistent, et ces trous de goujon ne sont pas toujours,
eux non plus, à la même distance du bord. Il faut que les
trous percés à la face inférieure des pierres d'une assise
viennent exactement se replacer sur ceux qui sont percés
à la face supérieure des pierres de l'assise au-dessous.
Ajoutez à cela que les faces latérales, les faces de joints
ne sont pas forcément perpendiculaires à la face antérieure de la pierre : très souvent, pour augmenter la solidité, les pierres étaient taillées à joints un peu obliques ;
et ces joints n'étaient pas parallèles, ils se contrariaient.
Là encore, ce sont des différences de quelques millimètres : en regardant une de ces pierres par en haut,
elle paraît de plan rectangulaire, on ne voit pas que c'est
un trapèze. Enfin les murailles n'ont pas partout la même
épaisseur, surtout les murailles vues en pleine lumière ;
l'épaisseur diminue de très peu, mais pourtant d'une
quantité appréciable, à mesure que le mur s'élève : c'est ce
qu'on appelle le fruit. Au trésor d'Athènes, chacune des
trois murailles extérieures a son fruit spécial : excellent

moyen de contrôle quand on était parvenu à établir la loi de succession des assises, on était bien assuré qu'une pierre de la face nord ou du mur intérieur n'avait pas été admise indûment dans la face sud.

Il est impossible de résumer en quelques pages les travaux minutieux qui ont permis de contrôler tous ces indices, et bien d'autres sur lesquels je n'insiste pas, les uns par les autres. Ce qui en a été dit suffit pour que nous soyons sûrs en toute rigueur de la place exacte de chaque pierre. M. Replat a poussé si loin le scrupule à cet égard qu'il s'est refusé à faire entrer dans sa construction deux pierres, une incomplète, l'autre recomposée de trois fragments, qui lui paraissaient bien appartenir au trésor, qui en proviennent en effet, mais dont il ne pouvait, à cause d'une différence minime dans les mesures, dire avec certitude la vraie place.

Pour les blocs qui n'avaient pas été retrouvés, on les a remplacés en taillant — afin que les éléments nouveaux fussent toujours reconnaissables — de vieux morceaux de tuf qui ne pouvaient plus être d'aucune utilité, parce qu'ils n'avaient gardé aucune face travaillée. Au portique de façade, quelques pierres d'assise et les tambours de colonne qui manquaient ont été taillés en marbre aux carrières du Pentélique, mais on les a simplement épannelés.

Cette œuvre de la reconstruction, poursuivie avec une sûreté patiente, a permis à M. Replat de vivre avec ceux qui avaient bâti le trésor pour la première fois : il avait à refaire leur œuvre, il devait repasser par les chemins qu'ils avaient suivis; éprouver, une assise posée, une satisfaction analogue à la leur, retrouver aussi leurs hésitations et en constater à certaines places la marque visible.

On ne doit pas croire  en  effet  que  jadis cette construction, pas plus qu'aucune autre, ait avancé avec une régularité mathématique. Les devis les plus précis ont été
établis minutieusement, on peut dire que la coupe de
chaque pierre a été prévue : mais il faut compter avec la
matière qui ne se plie pas complètement à la volonté
humaine, il faut compter aussi avec certains hasards, avec
des accidents qui peuvent se produire au cours du travail. Par exemple, il arrivait parfois qu'un ouvrier
chargé des scellements en indiquât un par avance sur
la face supérieure d'une pierre ; puis, quand cette pierre
avait pris sa place à côté de sa voisine, les deux encoches
tracées sur toutes deux pour l'insertion du scellement
n'étaient pas exactement en face l'une de l'autre, il était
nécessaire d'en creuser une nouvelle, se prolongeant en
droite ligne sur les deux blocs. Il a fallu, on s'en rend
compte aisément, quelques tâtonnements avant d'établir,
pour une pierre retrouvée seule dans la fouille et qui portait les traces de deux scellements d'un même côté, lequel
des deux avait servi.

Les marques d'appareillage, laissées sur les blocs par
les entrepreneurs et les ouvriers, pouvaient être utilisées
aussi pour le contrôle de la place retrouvée de chaque
bloc. En particulier, pour les pièces de la corniche,
M. Replat a noté qu'elles avaient été d'avance numérotées,
et on s'est servi, pour indiquer l'ordre dans lequel elles
devaient être montées et mises en place, de trois systèmes
différents : tantôt les lettres de l'alphabet, qui servaient
aussi pour les chiffres ; tantôt des barres, trois pour le
troisième bloc à partir du coin, quatre pour le quatrième, etc. ; tantôt enfin, le commencement des mots :
premier, second, etc... C'était comme une preuve de plus

d'un fait qui avait été constaté souvent au cours de la reconstruction : trois équipes ont travaillé en même temps au trésor, une pour chacun des murs extérieurs, et avec un soin inégal. On ne peut s'expliquer l'erreur, vraiment extraordinaire, que l'équipe du mur ouest a commise, et il semble difficile d'en faire remonter la responsabilité à l'architecte. Dans ces constructions en appareil régulier,

FIG. 32. — LE COIN N.-E. DU TRÉSOR D'ATHÈNES (haut).

les joints des pierres ne doivent se retrouver sur la même ligne verticale que de deux en deux assises. A la muraille ouest, au lieu de se contrarier, le joint se continue presque en ligne droite sur plusieurs assises. Cette faute ne se trouve que là, on l'a évitée pour les autres joints en donnant aux pierres des longueurs inégales, mais ce fut le point faible du trésor, et une des causes de sa ruine : c'est par là qu'il s'est ouvert.

*LA DÉCORATION*    Une irrégularité si grave paraît d'autant plus étrange

que les Athéniens ornèrent leur trésor avec un soin et un
goût exquis. Au-dessus de la porte, par exemple, en haut
du mur intérieur, en arrière du portique de façade, courait une frise peinte de palmettes, dont nous pouvons
encore goûter la grâce et la légèreté, bien que les couleurs en soient très effacées. Si les proportions de ce
petit édifice sont une joie toujours nouvelle pour les
yeux, l'élégance harmonieuse dans l'arrangement des
parties hautes par exemple (fig. 32), ou la noble fermeté,

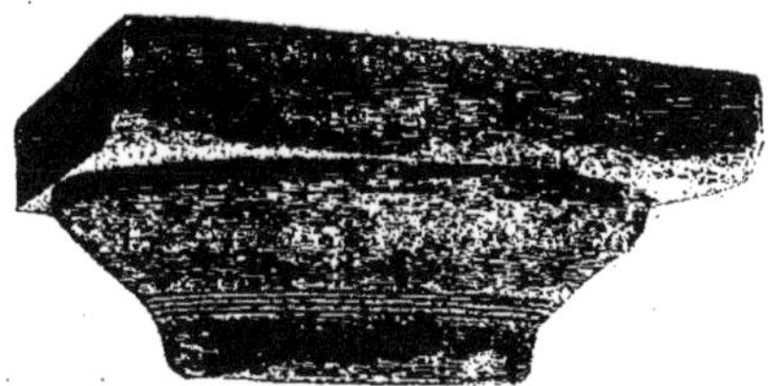

Fig. 33. — Chapiteau du trésor d'Athènes.

la précision sans sécheresse de la courbe du chapiteau
(fig. 33), le plus bel exemplaire du chapiteau dorique, à
mon avis, mériteraient une longue étude où on ne trouverait que de nouvelles raisons d'admirer. Nous nous
arrêterons un peu plus longuement devant les sculptures
qui ornaient ce monument. Deux Amazones à cheval se
dressaient comme acrotères à l'extrémité des rampants du
fronton. Il ne reste des figures qui remplissaient les
frontons mêmes que des débris mutilés ; heureusement
les métopes ont été conservées, on l'a déjà vu, et quelques-
unes en assez bon état pour permettre de goûter les qualités de force et d'élégance en même temps qui leur
donnent une place d'honneur dans l'histoire de l'art
attique.

Les sujets sont empruntés à l'histoire mythique d'Héraclès et de Thésée. En glorifiant les exploits des héros tueurs de monstres, les Athéniens ont tenu à célébrer leur victoire, celle de la civilisation sur la barbarie. Sans insister sur d'autres raisons, la croyance aux dieux jaloux des succès et de l'orgueil des hommes ne leur aurait pas permis de représenter leur propre triomphe sur un trésor du sanctuaire. Mais il est tout aussi sûr qu'ils ont voulu opposer à l'Héraclès des Doriens, qui comptait trop exclusivement sur la force brutale pour faire triompher les causes justes, leur héros national, plus fin, plus élégant, ce Thésée dont la vigueur, moins grande que celle d'Héraclès, était conduite par l'intelligence avisée et réfléchie. On pourrait dire aussi que les ennemis des deux héros ne sont pas tout à fait de même espèce. Si Thésée a eu quelques animaux fabuleux à combattre et Héraclès quelques êtres humains, ce sont surtout des bêtes que le second ici dompte ou abat, et la plupart des adversaires du premier ou bien participent encore de l'humanité comme le Minotaure, ou même n'ont aucun rapport avec l'animalité comme les Amazones ; mais puisqu'ils ont été tous deux associés parfois dans une commune entreprise, et que la légende de Thésée paraît avoir été calquée sur celle d'Héraclès, ce n'est pas là que doit être cherchée la vraie différence que les Athéniens ont établie entre eux. Elle est bien plutôt, et presque uniquement, dans la personne des deux héros.

Si l'on examine quelques-unes de ces métopes qui sont reproduites ici, on sera frappé des caractères par lesquels cette opposition est marquée. Dans l'une (fig. 34), Héraclès, la peau du lion néméen autour des épaules, a bondi sur la croupe de la biche kérynite (de la montagne Kery-

nia en Achaïe) ; de la main gauche, il saisissait les bois de
la bête, de la droite il lui portait, sans doute avec sa mas-
sue, un coup qui devait l'étourdir : la tradition voulait
qu'Héraclès eût pris la biche vivante. La tête du héros
est intéressante par la vigoureuse précision du travail :
les frisures des cheveux et de la barbe ne sont pas seu-

Fig. 34. — Métope du trésor d'Athènes : Héraclès et la biche Kérynite.

lement indiquées, elles sont découpées et ciselées. Et
plus encore le dessin des muscles mis en action par le
mouvement violent, surtout ceux du thorax et du ventre,
est souligné avec une rigueur un peu sèche qui a fait
justement comparer Héraclès à un « écorché ». Ce n'est
pas la science des détails anatomiques, quelque exacte
qu'elle soit, que nous admirerons surtout ; les primitifs,

on le sait, la possédaient, mais ils la laissaient voir parfois hors de propos. Ici l'action du héros qui fait plier la
biche sous son poids, et qui en même temps la frappe,
exige ce juste déploiement de sa force, il n'y a aucune
raideur dans cette attitude tendue pour le moment de la
lutte qui exige l'effort le plus puissant.

Regardez maintenant le héros athénien qui combat
contre une Amazone et la tue (fig. 35). C'est encore une
action violente qui est représentée ici, mais le caractère
du personnage principal n'admettait plus un développement aussi accusé des masses musculaires : certes elles
ne sont pas indiquées avec moins de précision, mais la
peau les couvre ; ce corps robuste et jeune est modelé avec
une finesse et une souplesse que le torse cuirassé de
l'Amazone fait encore ressortir. La tête de Thésée (fig. 36)
a beau porter le casque, à peu près le même du reste que
celui de son ennemie : on a pu croire, au moment de la
découverte, que c'était une tête de femme. Mais si le
héros, avec sa face imberbe, et ses membres plus délicats,
paraît moins redoutable qu'Héraclès, en fait il a l'avantage, dans des victoires toutes semblables, de plus de sen-
sibilité humaine et de plus de grâce. On a eu raison de
faire remarquer que même la draperie, nouée aux épaules
de Thésée comme la peau de lion à celles d'Héraclès, est
plus légère, plus élégante. Cette scène de meurtre où
l'Amazone s'affaisse en souriant, la tête inclinée, au lieu
de laisser une impression de brutalité farouche, fait valoir
le charme du vainqueur : il est vraiment l'exemplaire des
qualités auxquelles les Athéniens attachaient le plus de
prix.

Le souci de donner à leur héros les traits où ils aimaient à reconnaître les leurs, le désir de le dresser en

gloire au moins au même niveau que l'Héraclès des Doriens, se montre net-
tement dans la mé-
tope où Thésée se
présente devant
Athéna (fig. 37). L'é-
phèbe, vêtu de sa
fine tunique plissée,
vient recevoir la pro-
messe de l'appui que
lui donnera la dées-
se nationale. Athéna
porte l'égide, au
bord de laquelle des
trous indiquent la
place où les orne-
ments de métal
étaient fixés ; une
boucle attachait sa ceinture.

Fig. 35. — Métope du trésor d'Athènes :
Thésée luttant contre une Amazone.

Fig. 36. — Tête du Thésée
de la figure 35.

Le long vêtement aux plis
discrets laisse pourtant deviner
les formes élancées sans maigreur. Ils sont debout tous deux,
face à face, lui plus petit selon la
tradition des artistes qui représentent des mortels, même hé-
roïsés, devant une divinité, mais
l'attitude de Thésée n'est pas
celle d'un sujet ou d'un fidèle
humilié ; tous deux sont jeunes,
fermement posés, élégants et
forts, la divinité qui protège la
ville peut accepter l'hommage

du héros qui l'illustre et en personnifie la gloire.

La dignité calme de cette scène en fait, parmi celles dont le trésor d'Athènes était décoré, l'une des plus belles et des plus nobles. Mais il faudrait insister aussi sur les qualités de vie puissante et d'art déjà très avancé dont témoigne cet ensemble d'œuvres. On sait que les primitifs excellaient dans la représentation des animaux, on en a eu des preuves dans les métopes du trésor de Sicyone et dans la frise du trésor des Siphniens. Les animaux contre lesquels Thésée et Héraclès combattent dans les métopes du trésor d'Athènes sont modelés avec la même précision et la même vigueur de rendu que les héros. Si parfois, comme pour la tête de la figure 36, on doit relever quelque inégalité dans l'exécution des détails, il faut dire que ce défaut ne nuit pas à l'impression que l'artiste a voulu produire : impression complexe où la force et la grâce sont assez sûrement combinées pour que l'une ne devienne pas la violence brutale et pour que l'autre ne dégénère pas en mièvrerie.

Que les Athéniens aient eu, déjà sous Pisistrate et ses successeurs, une prédilection pour leur héros national, on n'en peut douter. Les premiers tragiques, Thespis, Choirilos, semblent avoir traité des sujets qui se rapportaient à sa légende. La réorganisation des Panathénées a forcément aussi attiré l'attention sur celui que l'on regardait comme le fondateur des jeux gymniques et des exercices de la palestre : d'une complexion moins robuste qu'Héraclès, mais bien proportionné, il avait su par son adresse souple faire un usage rationnel de ses forces. Il n'en est pas moins vrai que la bataille de Marathon, où l'on racontait que Thésée était apparu pour porter secours à son peuple, a ravivé la ferveur des Athéniens envers lui.

Plus tard, quand le fils de Miltiade, Cimon, fit sculp-
ter par Phidias les statues de l'ex-voto delphique, où
figurait Thésée, depuis plusieurs années les peintures
de la Stoa Pœcile avaient fixé le souvenir de la glo-
rieuse victoire, et rappelé en même temps les exploits

de Thésée contre les Amazones. Depuis plusieurs années
aussi, sur l'ordre de la Pythie de Delphes, les ossements
du héros avaient été ramenés à Athènes. Le trésor, élevé
tout de suite après Marathon — nous pouvons maintenant
revenir sur cette question de date, et l'étude de la décoration sculptée, en particulier, confirme l'exactitude du renseignement qu'a donné Pausanias — le trésor est remis à
sa vraie place dans la série des honneurs rendus à Thésée.

Il n'a pas supplanté Héraclès, pas plus qu'il ne le supplantera dans les peintures du portique d'Athènes, où tous deux avec Athéna assistent à la bataille de Marathon ; en effet la bataille s'était livrée près d'un temple d'Héraclès. Mais dans les sculptures des métopes, les deux héros ont une part égale, et la gloire du jeune Athénien contrebalance celle de son puissant ami.

*LES INSCRIPTIONS*

La description de ce monument ne serait pas complète si on ne mentionnait pas avec quelque détail les séries d'inscriptions dont ses murailles étaient couvertes. Sur le mur nord, on a gravé très peu de textes, et tout près de la façade, parce que le passage entre le trésor et le mur qui soutient la terrasse supérieure est fort étroit. Mais les autres, les trois gradins sur lesquels est posé le trésor, et surtout le long mur sud ont été utilisés pour l'affichage de documents très nombreux. On n'a commencé à y graver des textes que plus de deux siècles après la consécration. Pour beaucoup d'édifices on n'a pas attendu si longtemps, mais Athènes était en mesure de faire respecter les monuments qu'elle avait dédiés, et les actes qui sont inscrits sur le trésor concernent des citoyens d'Athènes, à de très rares exceptions près. Encore pour les actes d'affranchissement par exemple, dont on trouve quelques-uns sur ces murailles, comme sur tous les édifices de Delphes, ou pour les décrets en faveur de quelques citoyens d'autres villes, l'administration du sanctuaire dut-elle s'entendre avec les Athéniens, et d'abord avec leur représentant à l'Amphictionie.

*LA THÉORIE ATHÉNIENNE*

Les Athéniens ont toujours eu une dévotion particulière à Apollon Pythien. Les traditions de leurs familles aris-

tocratiques, qui le vénèrent comme dieu paternel, comme
l'ancêtre de leur race, la reconnaissance.envers le dieu fondateur des colonies, les attachaient au sanctuaire de l'oracle,
et chaque fois qu'il se présentait une circonstance grave,
par exemple dans leur vie religieuse, s'il fallait célébrer
une fête, modifier quelque détail de culte, ou introduire une
divinité étrangère, ils attendaient la réponse de Delphes.
Aussi n'est-il pas étonnant que, du cinquième siècle av.
J.-C. au troisième siècle après, sauf quelques périodes
d'abstention, ils aient envoyé, à intervalles souvent irrégu-
liers, une théorie ou procession qui partait d'Athènes, tra-
versait la Béotie et la Phocide, et arrivait au sanctuaire par
la route de terre. Elle se mettait en route quand le signal
avait été donné par les dieux : un éclair devait jaillir au-
dessus de l'un des sommets du Parnès. Les archontes, les
magistrats suprêmes, la conduisaient, avec les stratèges
et des prêtres, des fonctionnaires sacerdotaux chargés d'in-
terpréter les réponses divines, une prêtresse qui faisait le
voyage en char, et devait rapporter le feu sacré pour l'autel
de la cité, des canéphores et une prêtresse d'Athéna. Les
éphèbes faisaient officiellement partie de cette théorie qui
s'appelait la Pythaïde, et ouvraient la marche ; les cavaliers
accompagnaient le cortège en l'encadrant des deux côtés.
Hommes et enfants disputaient à Delphes le prix des jeux
gymniques, mais c'est sur les concours hippiques que
nous avons le plus de renseignements : courses simples
et doubles, courses de chevaux de guerre, courses en char.
Les listes des citoyens athéniens qui ont participé à la
Pythaïde au deuxième siècle av. J.-C., sont souvent accom-
pagnées de couronnes, gravées les unes à côté des autres
en l'honneur des vainqueurs aux jeux, et qui sont sur la
muraille une gracieuse et originale décoration.

Les sacrifices que célébrait la théorie athénienne, les concours de gymnastique et d'équitation auxquels elle prenait part n'eussent pas suffi à occuper le temps qu'elle passait à Delphes. Comme toujours ou presque toujours chez les Grecs, la poésie et la musique n'étaient pas oubliées. Des artistes en assez grand nombre (ils sont plus de quarante dans un de nos textes), qui appartenaient à la corporation des artistes dionysiaques, formaient le « grand chœur »; accompagnés de plusieurs joueurs de flûte et de cithare, ils chantaient des péans en l'honneur du dieu et dansaient, ils donnaient des représentations dramatiques et des concerts; acteurs comiques et tragiques, chanteurs et musiciens ne venaient pas à Delphes sans leurs poètes, auteurs de tragédies et de drames satyriques. On trouve même parmi eux des poètes épiques, dont des rhapsodes récitaient les vers.

Cette corporation, qui portait le nom du dieu des concours dramatiques (artistes *dionysiaques*), avait son siège à Athènes. Nous avons vu que, sur les murs du trésor des Thébains, quelques inscriptions mentionnaient une autre association d'artistes dionysiaques installée à Thèbes, et qui préparait la célébration des jeux isthmiques et néméens. Il y eut entre les deux confréries une série de contestations, d'autant plus embrouillées que quelques membres de l'association thébaine eurent recours à la violence, s'emparèrent des documents et de la caisse du collège auquel ils appartenaient, et en fondèrent un autre. Le sénat romain dut intervenir, et la corporation athénienne fit graver sur le trésor d'Athènes les décisions amphictioniques qui avaient été rendues en sa faveur et le sénatus-consulte qui a dû être la conclusion définitive de ces longs procès.

Ces compositeurs de musique athéniens qui venaient à *LA MUSIQUE*
Delphes avec le cortège de la Pythaïde, nous les connaissons mieux qu'on n'aurait pu l'espérer. Deux hymnes, qui furent probablement couronnés lors d'une fête en l'honneur d'Apollon Sauveur — c'était la fête qui célébrait le souvenir des Gaulois repoussés loin du sanctuaire grâce à l'intervention divine en 279 av. J.-C. — ont été gravés sur les murs du trésor d'Athènes. Au-dessus de chaque ligne du texte poétique, écrit de suite comme de la prose, la pierre portait des signes : c'étaient des lettres de l'alphabet grec, quelques-unes retournées, sens dessus dessous. Les traités que nous ont laissés des musicographes anciens permettaient de savoir à quel *mode* correspondait ce système de signes. M. T. Reinach a donné des deux hymnes une transcription en notes modernes, dont l'exactitude n'a pas été mise en doute (1). Ces morceaux ont pu être exécutés; ils nous rendent, avec leurs mesures à cinq temps, la grande étendue de la mélodie qui exigeait le talent d'artistes de profession, de très intéressants exemplaires de ce qu'était la musique grecque au deuxième siècle avant notre ère : musique de décadence, sans doute, parfois très simple, d'une simplicité voulue que met en valeur la science technique du compositeur.

Cette découverte a complété d'une manière inattendue ce que nous avait appris le trésor dont presque tous les éléments ont été si heureusement conservés.

Avant de le quitter, regardons une dernière fois la terrasse triangulaire sur laquelle s'ouvrait cet édifice. Le

(1) La dernière édition due, elle aussi, à M. T. Reinach, se trouve, avec une bibliographie, dans la grande publication des *Fouilles de Delphes*, t. III, 2ᵉ volume (*Inscr. du trésor d'Athènes*, par M. Colin).

mur qui la borne au nord était, lui aussi, couvert d'inscriptions, mais ici les Athéniens, dont quelques-uns sont
pourtant encore nommés dans ces textes, pouvaient
moins s'opposer à ce que l'administration delphique fît
graver ses décrets et ses actes. Aussi y trouvons-nous,
déjà plus nombreux, ces documents constatant que les
Delphiens affranchissaient leurs esclaves par une vente
fictive au dieu : il en sera question à propos du grand
mur polygonal que l'on commence à apercevoir depuis
le tournant de la voie sacrée, et qui porte à lui seul près
de sept cents de ces textes.

On aurait pu penser que cette terrasse était bordée du
côté de la voie par une balustrade légère qui n'eût pas
empêché de voir la façade du trésor. La réalité était tout
autre. Ce n'est pas que les anciens eussent des idées très
différentes des nôtres sur l'effet que doit produire à quelque distance l'ensemble d'un monument: on peut même
dire que nos idées, sur ce point, nous viennent d'eux.
Mais ils savaient avant tout s'accommoder aux nécessités
du terrain et du sol sacré. La place était si mesurée, et
les offrandes s'amoncelaient en quantités si considérables,
qu'il a bien fallu peu à peu aménager des coins encore
inoccupés, envahir les alentours des monuments qui
avaient pris près de la voie les emplacements les plus
beaux; près du temple, on verra cet entassement devenir
une véritable confusion. Au trésor d'Athènes, je ne sais
pourquoi ni à quelle date on garnit le bord de la terrasse
d'une file de piliers carrés de 1 m. 50 environ de hauteur; une tige métallique les reliait entre eux par le haut
et elle était scellée par une extrémité au mur du trésor,
par l'autre au mur de la terrasse, près de l'étroit passage
qui était la seule communication avec la voie sacrée. Ces

piliers ont été, eux aussi, couverts d'inscriptions, du troisième siècle avant J.-C. au deuxième après, mais ce n'est pas pour cela qu'ils ont été dressés en ligne serrée, il restait encore de grands espaces vides sur les murs du trésor. Sans doute les Grecs, qui travaillaient les parties non vues des édifices, surtout des édifices religieux, avec autant de soin que celles qui étaient exposées aux regards, se désintéressaient-ils de l'effet produit par leur œuvre, plus que nous ne l'aurions pensé, quand une idée supérieure l'exigeait. C'est précisément cette nécessité supérieure que je ne vois pas ici : ces piliers ne portaient pas d'offrandes, et, avant de servir à l'affichage des documents, ils n'ont été utiles que pour clore la terrasse.

# CHAPITRE IV

## L'AIRE SACRÉE ET L'ANCIEN ORACLE

Continuons après le trésor d'Athènes à monter en suivant la voie sacrée, nous laissons sur la gauche un long soubassement en tuf, de proportions fort anciennes : la longueur est double de la largeur (13 $\times$ 6,50). Un texte de Plutarque paraît indiquer que, dans cette région, se trouvait le bouleutérion, c'est-à-dire l'édifice où se réunissait la boula, le conseil municipal annuel de la ville de Delphes. Rien n'empêche de le reconnaître dans ce monument de tuf ; la porte se trouvait sur un long côté, on y accédait par la rue qui se détache de la voie sacrée au coin même de ce soubassement.

*EX-VOTO DES BÉOTIENS*

Quelques mètres après cette rue, une autre débouche dans la voie sacrée, et va rejoindre la précédente. La base du triangle ainsi formé qui s'appuie à la voie est un socle en conglomérat rougeâtre sur lequel s'est élevée jadis une offrande des Béotiens : ce socle est visible, figure 38, à droite.

Aucun auteur n'a parlé de cette base. On est arrivé à réunir peu à peu les éléments dont elle avait été jadis

composée. Sur les blocs qui en proviennent sûrement,
tous les décrets sont pour des citoyens de Thèbes, de
Tanagra, de Thespies, de Coronée. De la dédicace il reste
quelques lettres, d'une écriture très belle qui indique
comme date, d'une manière certaine, le milieu du qua-

FIG. 38. — LE ROCHER DE LA SIBYLLE (à gauche), LA BASE DES BÉOTIENS (à droite),
ET LA VOIE SACRÉE.

trième siècle. On ne lit que deux mots, en dialecte béotien : l'allusion à une *guerre* contre des *impies* ne peut
laisser aucun doute. Les Béotiens ont dédié à Apollon cet
ex-voto pour célébrer leur victoire sur les Phocidiens
sacrilèges qui avaient occupé et dévasté le sanctuaire
pendant presque dix ans. C'est à la fin de la guerre
sacrée, celle qui se termine en 346, que les peuples unis

contre les Phocidiens consacrèrent les souvenirs de leurs succès.

On voudrait savoir ce que représentaient les statues offertes par les Béotiens. Elles étaient fixées sur une assise en calcaire noir dont il reste une pierre entière et quelques fragments. Les traces qui ont été conservées sur la face supérieure ne sont ni assez nombreuses ni assez significatives pour que l'on propose même une hypothèse. Ce qui retient ici l'attention, c'est le fait que les Béotiens ont imité la disposition que les Arcadiens avaient adoptée pour l'offrande que nous avons vue près de l'entrée : sur le socle en conglomérat rougeâtre, deux assises de calcaire gris, au-dessus de laquelle l'assise de calcaire noir portait les statues. De même que la base des Arcadiens s'élargissait à son extrémité droite, de même la base des Béotiens présente une saillie à son extrémité gauche. Peut-être la statue d'un dieu, plus grande que les autres statues du groupe, y était-elle posée et, comme ces deux bases ne sont pas du même côté de la voie sacrée, elles présentaient symétriquement une disposition inverse. Celle des Arcadiens est plus longue, celle des Béotiens plus haute, mais il est intéressant de constater le succès qu'obtenaient certaines formes d'offrandes et l'empressement avec lequel d'autres les copiaient.

En arrière de la base des Béotiens, entre elle et le bouleutérion, on voit une masse de rochers (fig. 38), laissés à l'état brut ; on a dû les étayer par une maçonnerie depuis la fouille, parce qu'ils se désagrégeaient et menaçaient ruine.

*LE ROCHER DE LA SIBYLLE* C'est le premier reste que nous rencontrions du sanctuaire primitif. La partie du domaine d'Apollon où nous sommes arrivés est sans doute, avec le temple lui-même, celle qui excite le plus la curiosité. Encore dans le temple n'avons-nous que le lieu où se rendaient les oracles de la jeune génération divine, tandis que sur celui de ces rochers qui domine la voie sacrée, monta la première Sibylle qui, selon Pausanias, ait prophétisé à Delphes, Hérophile : ses oracles avaient, dit-on, annoncé la guerre de Troie.

A l'ouest de la pierre de la Sibylle, entre deux rochers, un très étroit passage conduit à une petite source. Aujourd'hui cet endroit est redevenu presque sauvage ; quelquefois, pendant les torrides après-midi d'été, on entend le glissement d'un reptile parmi les herbes sèches. C'est là que les légendes plaçaient l'antre de Python, le serpent gardien de l'oracle. Le sanctuaire appartenait alors aux déesses de la Terre et des eaux souterraines, Ga et les Muses. A l'idée de divinité chthonienne et infernale s'associe de bonne heure l'idée de justice divine, d'où l'adoration dont Thémis fut l'objet à côté de Ga ; elle assurait la réalisation du droit dicté par les dieux d'en bas.

Les exhalaisons qui ont créé là un oracle et un lieu de culte s'échappaient sans doute d'une fissure de la roche dans le voisinage de la source. Ce sanctuaire, coupé depuis par le grand mur polygonal, s'étendait à l'origine beaucoup plus haut sur les pentes de la montagne. Les fouilles ont rendu plusieurs édifices que la construction de cette muraille avait fait disparaître : un petit monument à abside, au nord de ce mur, était consacré aux Muses aussi sûrement que les murailles en tuf, dont il ne reste que des substructions assez confuses au sud, formaient un édifice consacré à Ga.

Le culte d'Apollon fut apporté, selon la tradition que l'hymne homérique a conservée, par des prêtres de la ville crétoise de Cnossos. Il ne s'établit pas sans lutte. L'épisode particulier à Delphes de la grande guerre des dieux nouveaux, des dieux du ciel et du jour, des Olympiens, contre les dieux de la Terre, les chthoniens, c'est le meurtre du serpent Python, gardien de l'oracle de Ga, par Apollon.

Il est difficile que ceux qui connaissent la mythologie scandinave et la *Tétralogie* ne pensent pas ici à la succession des générations divines que Erda et Wotan représentent, et au dragon gardien du trésor. Le rapprochement peut même être poussé assez loin : Erda continue à connaître l'avenir et, même après l'installation d'Apollon à Delphes, l'ancien oracle de la Terre n'a sans doute pas perdu tout de suite ses fidèles. Eschyle a essayé d'atténuer la violence qui avait donné le sanctuaire au nouveau dieu. Ses scrupules religieux n'ont certes rien de la timidité raisonneuse avec laquelle Plutarque affaiblit le caractère rude, les détails réalistes des légendes primitives qu'il ne comprenait peut-être pas toujours. Eschyle, lui, affirme avec autorité qu'il n'y a pas eu de coup de force : « Thémis voulait bien » que Phébé lui succédât et que, à la suite de Phébé, le jeune dieu s'installât à sa place, dit-il au début des *Euménides*. La croyance populaire n'a pas plus accepté cette exégèse que l'interprétation de ceux qui voulaient voir en Python un tyran cruel. Pour elle, pendant une longue série de siècles, la représentation dramatique, tout à fait semblable à nos mystères, qui tous les huit ans faisait assister près du rocher de la Sibylle les fidèles du monde grec au meurtre de Python par le dieu, rappelait les origines vraies du culte apollinien.

Un enfant qui avait encore son père et sa mère jouait le
rôle du dieu, il se glissait par un chemin détourné, arrivait jusqu'à une hutte qui figurait le repaire du monstre,
y entrait l'épée à la main ; puis il en sortait, comme s'il
venait de tuer Python, et il fuyait, souillé du meurtre,
pour aller se purifier comme Apollon lui-même dans la
vallée de Tempé. Pendant ce temps, les Delphiens qui
l'avaient appelé à leur secours, et lui avaient montré le
chemin en l'éclairant avec leurs torches, mettaient le feu
à la cabane.

Ce drame sacré était accompagné de musique. Les sup-
plications par lesquelles le peuple invoquait l'aide du
dieu, et d'autre part les cris de joie, les chants et les
danses qui saluaient sa victoire, devaient former l'intro-
duction et la conclusion. Le morceau principal, nous le
savons pour la première moitié du troisième siècle av.
J.-C., était une composition musicale sans paroles, qui
décrivait le combat d'Apollon contre le monstre et se ter-
minait par les sifflements de Python expirant.

La représentation de ce drame avait lieu sur *l'aire*, dit
Plutarque. Or l'aire, comme M. Homolle l'a prouvé, c'est
la place où nous sommes arrivés maintenant. Tout de
suite après la base des Béotiens, la voie sacrée s'élargit :
il y avait là jadis une vaste plateforme. Elle s'étendait
au nord jusqu'au mur polygonal et au portique des
Athéniens (fig. 44), à l'est jusqu'à l'escalier (fig. 43) qui
descend à une terrasse inférieure et par où arrivait le
jeune homme qui jouait le rôle d'Apollon ; au sud jusqu'à une muraille qui part de cet escalier et qui dans
l'antiquité soutenait les terres. On a fouillé cette région
jusqu'au roc, et il n'était pas nécessaire de remblayer de
nouveau ; mais autrefois la partie méridionale de l'aire

était au même niveau où nous en voyons aujourd'hui la partie septentrionale, c'était un terre-plein où quelques bases, autour du centre vide, et trois exèdres demi-circulaires comme celle de la figure 39 permettaient aux spectateurs de s'asseoir. Toutes les bases, très nombreuses, qui se trouvaient au nord et à l'ouest, les bancs dont elles étaient garnies, les gradins du portique des Athéniens, la terrasse supérieure que le mur polygonal soutenait : autant de places pour ceux qui voulaient assister au mystère.

L'aire était aussi dans le sanctuaire la seule place assez dégagée pour que l'on pût s'y réunir de plain-pied. Aussi les cortèges s'organisaient-ils ici pour monter jusqu'à l'autel, devant le temple. La pompe ou procession, disent plusieurs textes, conduite par les prêtres d'Apollon et les prêtres des autres divinités, l'archonte, les prytanes et tous les autres magistrats en charge, partira de l'aire pour aller accomplir le sacrifice à l'autel.

La prise de possession par Apollon du sanctuaire de l'oracle, qui faillit être troublée par Héraclès lors de la dispute du trépied, ne fut pas tout de suite définitive. La statue de la mère du dieu, Léto (Latone), a peut-être été dressée très anciennement sur un des rochers, à côté de celui de la Sibylle ; on attendit pourtant la seconde moitié du sixième siècle avant J.-C. pour démolir les anciens édifices et couper le sanctuaire primitif par le grand mur polygonal. Cette muraille devait soutenir la terrasse du nouveau temple d'Apollon : du même coup, la moitié de l'ancien sanctuaire disparut sous les remblais.

Il est presque sûr que la dévotion aux anciens cultes, la

consultation de l'oracle de la Terre ne furent pas aban-
données d'un jour à l'autre. Le triomphe du dieu assuré,
on laissa survivre les restes de la religion primitive,
et nous verrons que, sous l'empire, ce qui subsistait de

FIG. 39. — UNE EXÈDRE DE L'AIRE. (On aperçoit, derrière l'exèdre, la base des
Béotiens et le rocher de la Sibylle.)

l'antique lieu de culte a profité d'un retour inattendu de
respect.

Une offrande étrange, qui a eu le succès le plus fécond
et qui a été comme le premier modèle pour une série
d'œuvres d'art, date précisément de l'époque où le sanctuaire de la Terre n'avait pas encore été mutilé. C'est la
haute colonne ionique sur le chapiteau de laquelle est
assis le sphinx, présent des Naxiens (fig. 40). Les prêtres
de Delphes ont laissé dédier cette statue : c'est qu'Apollon

SPHINX<br>DES NAXIENS

était assez solidement établi dans sa souveraineté pour laisser quelque reste d'existence au culte ancien.

Sur un rocher arasé, au nord de celui de la Sibylle, une dalle carrée de marbre portait cette colonne ionique, d'un type très rare avec ses quarante-quatre cannelures à arêtes vives. La base n'est qu'un tambour lisse, moins haut et d'un diamètre un peu plus grand que celui qui repose immédiatement sur elle. Un décret est gravé sur cette base, qui nous apprend que, en 332, la promantie, c'est-à-dire le droit d'interroger l'oracle avant les autres consultants, fut rendue aux Naxiens: leur privilège ancien était renouvelé. Ce sont donc les Naxiens qui ont élevé dans le sanctuaire cette colonne en marbre à gros grain des îles, dont les paillettes, moins fines que celles du marbre de Paros, indiquaient aussi Naxos comme lieu d'origine.

Le chapiteau, de formes très archaïques — qu'on le compare avec le très beau chapiteau, ionique lui aussi, mais postérieur de trois siècles, dont les figures 43 et 46 font voir les deux faces — est remarquable par le bourrelet d'oves qui s'arrondit au sommet du dernier tambour, et surtout par le libre développement des volutes, aussi loin qu'il était possible de l'axe de la colonne. Cette disposition se retrouve dans d'autres chapiteaux ioniques aussi anciens, mais elle est ici très heureuse: il fallait que l'animal posé sur le chapiteau y parût solidement assis, et l'artiste a réussi à donner cette impression d'une manière saisissante. L'aplomb des griffes antérieures et celui de la croupe tombent à l'intérieur des volutes, qui sont si fortement liées par le bourrelet d'oves que la masse ne paraît pas être seulement en équilibre au sommet de la colonne. L'animal assis eût présenté un profil triangu-

Fig. 40. — Le sphinx des Naxiens.

laire déplaisant et périlleux pour cet équilibre, si l'enroulement des ailes n'avait donné, en même temps qu'une ligne plus compliquée et plus satisfaisante, le contrepoids nécessaire. Le lion de saint Marc, sur la colonne de la Piazzetta, a d'autres mérites, il n'a pas plus de vigueur et de noblesse ; il est étrange et fantastique, lui aussi ; il n'a pas cet attrait de mystère redoutable qui est le propre caractère du sphinx.

Que le corps soit celui d'un lion, comme le disaient les légendes venues d'Asie, ou celui d'un chien, comme la maigreur robuste des flancs et la sveltesse des pattes l'ont fait supposer récemment, la difficulté d'y joindre une tête humaine et des ailes puissantes a été franchement indiquée par l'artiste. Ces rangées parallèles de plumes sur la convexité du poitrail, la ligne courbe qui marque l'insertion des ailes ne font que souligner cette difficulté avec une véritable gaucherie. Mais ces détails importent peu. La beauté de la tête rachète amplement de tels défauts, qui sont ceux du sujet bien plus que ceux du sculpteur.

Je ne peux en effet consentir à voir simplement dans la tête du sphinx (fig. 41) l'équivalent de l'une quelconque des têtes archaïques que nous connaissions déjà. Les légendes donnaient au sphinx la tête d'une jeune femme. Je n'affirmerais pas que l'artiste les a suivies. Cet arrangement de la chevelure est celui de plusieurs « Apollons », nous avons vu sur une métope du trésor de Sicyone, par exemple, des héros aux mèches tressées, et un « Apollon » du Ptoïon a une coiffure à festons aussi compliquée. L'ambiguïté de cette longue et étroite figure, ses yeux levés, la paupière inférieure en ligne droite, le sourire des lèvres minces, arrêtées par les commissures profondes, tout me paraît ici voulu. C'est bien la tête de l'être fabuleux qui connaît l'avenir, qui propose l'énigme dont il sait évidemment la réponse, celui qui en Égypte veillait sur les nécropoles, et dont l'image, en Grèce aussi, sera placée sur les tombeaux.

On voit la raison qui a fait consacrer le sphinx dans le sanctuaire de l'ancien oracle. Les Naxiens étaient dévots envers Apollon, ils ont élevé à Délos sa statue colossale. C'est bien aussi au dieu de Delphes, successeur des divinités chthoniennes et infernales, que le sphinx a été dédié, mais la place même où il se dressait prouve que l'on avait voulu rappeler, en même temps que le caractère prophétique du monstre, le souvenir des énigmes poétiques qu'il modulait de sa voix musicale, comme dit l'Œdipe de Sophocle.

Ce sphinx, porté par sa colonne à une hauteur de presque 10 mètres, est la plus ancienne

Fig. 41. — Tête du sphinx.

de toute une série d'offrandes qui ont donné aux terrasses voisines du temple un aspect singulier. L'idée originale qui avait fait jaillir des rochers du sanctuaire primitif un fût élancé, comme support d'un animal fantastique, n'a pas été servilement copiée, mais plusieurs artistes s'en sont inspirés dans la suite. Le trépied de Platées, les étoiles d'or des Éginètes au sommet de leur mât de bronze, la réplique de la victoire de Paeonios

sur son haut piédestal triangulaire, les trois Thyiades
dansant sur l'épanouissement de la tige d'acanthe : autant
de variations d'un même type. Et peu à peu, les statues,
les groupes, les ex-voto de toutes sortes s'amoncelant
dans un étroit espace, le désir d'émerger hors de cet
entassement a multiplié les offrandes en hauteur. Nous
connaissons quatre piédestaux de 9 mètres environ,
d'un modèle tout à fait nouveau, c'est comme un morceau détaché d'une colonnade ionique, deux colonnes
reposant sur un socle, réunies par un entablement et
une corniche sur laquelle se dressaient, pour trois d'entre
eux, plusieurs personnages qui avaient dédié leur groupe
de famille à Apollon, pour le quatrième, le stratège étolien Charixénos à cheval. L'un de ces piédestaux doit être
restitué sur la grande base en conglomérat qui se trouve
au sud de l'aire. Celui qui, en créant ce type inattendu,
à eu à son tour et très vite des imitateurs, se souvenait
sûrement de l'antique sphinx des Naxiens, mais il a voulu
renouveler un genre que l'on avait varié autant qu'il était
possible. Nous verrons aussi, près du temple, un singulier ex-voto : c'est une colonne seule, comme l'offrande
des Naxiens, mais sur le chapiteau repose un bloc carré
d'entablement qui portait le trépied ou la statue offerte
au dieu. Ce retour à la colonne unique n'était possible
qu'après que l'on avait passé par les bases à deux colonnes.
Il fallut évidemment moins d'imagination à ceux qui dressèrent, sur la place devant le temple et aux environs, les
hauts piliers quadrangulaires des rois de Pergame, du roi
Prusias, de Paul Émile. Toute cette forêt de colonnes,
cet autre peuple de statues dominant, du sommet de
leurs supports élevés, toutes les sculptures posées plus
près de terre et dépassant presque celles des terrasses

supérieures, feront paraître vraiment timides aux architectes de l'avenir les restaurations dont on critiquait
l' « audacieuse fantaisie ». Et l'on peut dire que tout cela,
c'est la postérité plus ou moins directe du sphinx.

La place de l'aire, nous l'avons vu, se termine assez
brusquement à l'est par un escalier qui va rejoindre une
terrasse inférieure (fig. 42). Avant que l'on eût construit cet
escalier, c'est-à-dire
probablement en-
core au cinquième
siècle av. J.-C., le
terre-plein de l'aire
s'étendait, plus long
et plus étroit, un peu
moins vers le sud et
un peu plus vers
l'est. Pour regagner
l'espace que la cons-
truction de l'escalier

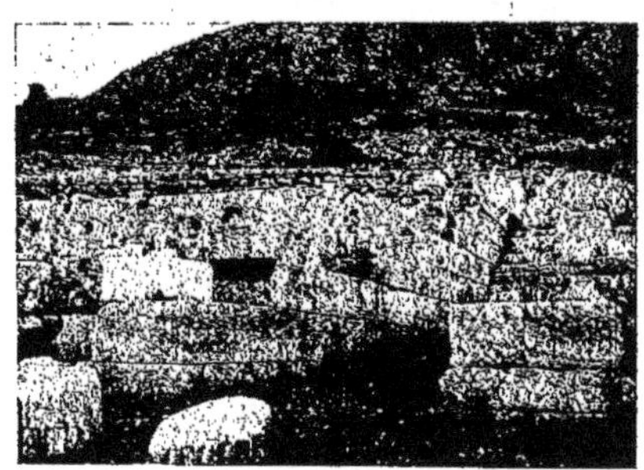

Fig. 42. — L'escalier de l'aire.

avait fait perdre, on a reporté plus au sud le mur qui soutenait la terrasse. Du côté de l'est, avant que l'escalier
existât, la plateforme venait finir au pied des murailles
du trésor des Corinthiens.

C'est, avec les vestiges du sanctuaire de Ga et le vieux
temple de Marmaria, le monument le plus ancien de
Delphes. Les anciens l'ont mentionné souvent. Il fut consacré par le tyran de Corinthe, Cypsélos, au septième siècle ;
mais une fois les tyrans expulsés, les Corinthiens s'attri-
buèrent l'offrande et firent graver l'inscription dédicatoire
en leur nom. Ce qui surtout a rendu cet édifice célèbre
dans l'antiquité, c'est qu'il fut l'asile et le lieu de refuge

de quelques-unes des plus belles offrandes qui aient été
consacrées au dieu. Ce n'était pas seulement la valeur immense de ces présents qui avait excité l'étonnement et
l'admiration des Grecs, c'était encore le nom et la qualité
des donateurs. Le premier roi « barbare », dit Hérodote,
qui ait témoigné sa dévotion au dieu de Delphes, Midas
de Phrygie, envoya son trône royal, œuvre d'art d'un
travail précieux. Les rois lydiens, Gygès et Crésus, furent
plus magnifiques encore : ils possédaient les mines du
mont Tmolos, les paillettes du Pactole étaient à eux,
ce qui explique les quantités d'or travaillé dont ils firent
hommage au dieu : pour le premier six grands cratères,
pour le second un lion et les cent dix-sept briques d'or
qui formaient sans doute la base du lion, d'autres statues
et surtout de grands vases. Lorsque le vieux temple
d'Apollon fut détruit en 548 par un incendie, on transporta dans le trésor de Corinthe quelques-unes de ces
offrandes, que le feu avait déjà endommagées : Hérodote
les vit dans cet édifice, avec quatre grandes jarres d'argent
qu'avait aussi dédiées Crésus, et un vase à parfums qui
était l'ex-voto d'Evelthon de Cypre.

Le transfert de ces richesses dans le trésor n'a pu les
sauver de la convoitise. Quand les Phocidiens s'établirent
à Delphes vers le milieu du quatrième siècle et que la
guerre sacrée unit contre eux presque tous les peuples
grecs, les chefs, qui avaient hésité d'abord à porter la main
sur les objets sacrés, y furent contraints par la nécessité : ils
firent fondre les offrandes précieuses pour payer leurs mercenaires. Du temps de Plutarque et de Pausanias, le trésor
vide existait encore, mais il fut détruit peu après. On ré-
para avec des blocs qui en proviennent les parois de
l'escalier de la fontaine, sur la terrasse que soutient le

mur polygonal. D'autres blocs servirent à édifier hors du sanctuaire, du côté du faubourg romain de Pylæa, une construction où l'on a cru reconnaître une petite église chrétienne.

Du trésor il ne reste sur place que douze pierres, mais

Fig. 43. — Le coin N.-O. du trésor de Corinthe.

elles ont suffi pour nous apprendre les dispositions générales et, à quelques centimètres près, les dimensions du monument. Sur la figure 43, on distingue au premier plan les six dalles (1) qui formaient le coin nord-ouest du trésor. A l'intérieur, c'est la première des assises en éléva-

(1) Le septième bloc, à gauche, n'est pas en place : il a été trouvé devant le trésor de Cyrène et on l'a porté au musée parce qu'il avait conservé des traces de peinture rouge.

tion que l'on voit ; sur les deux dalles du coin, à l'intérieur, subsistent des traces de la peinture rouge dont les
murs étaient couverts. Il n'y a pas ici de fondation : les
murailles reposent directement sur la roche tendre. Du
côté sud au contraire, où le sol s'abaisse assez brusquement, les fondations étaient puissantes : les blocs qui ont
été conservés en place au coin sud-ouest appartiennent à
la première assise de ces fondations.

Il est à peu près certain qu'aucun portique à colonnes
n'ornait la façade du trésor. C'était simplement une grande
chambre, bâtie en tuf de Corinthe, de 13 mètres environ
sur 6 m. 50. Ce rapport de la longueur et de la largeur,
qui a été aussi constaté au bouleutérion, est ordinaire à
l'époque de Cypsélos. Quand on voulut reconstruire le
temple incendié, l'hésitation n'était pas possible : on
choisit le trésor, le plus grand de tous ceux qui se trouvaient aux environs, pour y abriter les offrandes qui cou-
raient le plus de risques.

Nous connaissons donc maintenant, avec le sanctuaire
de l'oracle primitif d'une part et le trésor de Corinthe
de l'autre, les limites entre lesquelles s'étendait la plateforme de l'aire. Avant la reconstruction du temple au
sixième siècle, qui ne fut que la partie la plus importante
d'un grand ensemble de travaux, l'aire se prolongeait un
peu plus vers le nord, mais le niveau du sol se relevait
rapidement, et un édifice rectangulaire de tuf se dressait
à l'endroit où est aujourd'hui le coin du mur polygonal.
La voie sacrée passait pour gagner la terrasse du temple
entre cet édifice et le trésor de Corinthe : le tracé n'en
a pas été modifié, la largeur seulement en est un peu
moindre.

Il est temps d'admirer dans tout son développement ce mur polygonal qui a été plusieurs fois mentionné dans les pages qui précèdent et que l'on voit formant le fond des figures 38, 39, 42, 44, 45.

L'assemblage de pierres à joints courbes, qui paraît avoir été plus particulièrement pratiqué par les Grecs de l'ouest, est porté ici à un point de perfection tel que l'homme le plus indifférent à ces jeux où l'on accumule les difficultés à dessein, pour se donner le plaisir de les vaincre, reste pourtant saisi devant la beauté majestueuse de ce travail. Ce n'est qu'un puzzle de géants, mais précisément la grandeur des blocs qui ont été mis en œuvre, le caprice des courbes que l'œil s'amuse à suivre pour essayer d'y retrouver, malgré tout, le souvenir d'assises régulières qui seraient déformées comme par une illusion d'optique ; et, quand le mur était intact, le contraste de ces dessins contournés et toujours fuyants avec l'impression coutumière, la sage solidité des trois assises rectilignes qui couronnaient la muraille, tout cela est l'œuvre réfléchie d'une époque où les architectes avaient la plus entière maîtrise de leurs moyens d'expression.

Ce mur qui a 83 mètres de long et deux retours d'angle dont le plus important, celui de l'est, est longé par la voie sacrée sur une longueur de presque 25 mètres, soutient la terrasse sur laquelle s'élève le socle puissant du temple. La construction de cet ensemble a été comme le signe matériel du triomphe définitif d'Apollon et de la dépossession des divinités anciennes. Quand on comptait cette muraille parmi celles que l'appareil non hellénique faisait confondre avec les murs dits cyclopéens, et qu'on la faisait remonter aux Pélasges, on admirait l'esprit de conservation des Grecs qui avaient su garder à travers les siècles, pour soutenir les différents temples qui se sont succédé, ce monument d'une si vénérable antiquité. Aujourd'hui on serait plutôt frappé, au contraire, puisque ce mur a été élevé dans la seconde moitié et plutôt vers la fin du sixième siècle, du sens révolutionnaire que cette construction dut prendre. Du même coup, huit édifices en tuf disparurent : deux à l'ouest furent démolis et remblayés ; un au sud, coupé transversalement, un angle en subsiste encore en avant du mur polygonal ; à quelques mètres de distance, la muraille de tuf qui est prise sous le pied du mur polygonal est bien le reste d'une construction démolie du sanctuaire de Ga ; le petit édifice à abside et le monument rectangulaire dont on voit les ruines au nord du mur, et à un niveau inférieur, ont été complètement recouverts par la terrasse ; enfin à l'est, deux édifices furent sacrifiés, non pas au mur polygonal lui-même, mais à la facilité des communications dans un sanctuaire dont on bouleversait le plan intérieur, mais dont on venait aussi d'élargir l'enceinte. A la place où s'étaient élevés ces deux monuments, passa une rue qui, du coin sud-est du mur polygonal, allait tout droit à la porte désignée sur le plan par la lettre C.

Il est certain que ces modifications profondes détruisaient du passé, mais ce passé n'était sans doute plus animé que d'un reste de vie. Le conseil fédéral des Amphictions, à qui appartenait l'autorité suprême pour tout ce qui concernait l'administration du sanctuaire, n'a supprimé la moitié du domaine de l'ancien oracle que bien des siècles après que les prêtres crétois avaient apporté à Delphes le culte d'Apollon. De même qu'ailleurs nous avons vu et nous verrons encore les Grecs adapter leurs constructions aux difficultés du sol que leur offrait la nature, de même ici, me semble-t-il, ils ont su, avec une prudence avisée, s'adapter au temps, ils ont laissé les années faire leur œuvre. Puis, le jour venu où les nécessités du culte définitivement vainqueur l'exigèrent, ils ont vu, nettement, la décision à prendre et ils ont bouleversé le sanctuaire. Cet esprit conservateur dont ils ont

FIG. 44. — LE PORTIQUE DES ATHÉNIENS DEVANT LE MUR POLYGONAL.

donné ailleurs des preuves non douteuses, et dont la religion au surplus leur faisait une loi, ils ne l'ont montré ici qu'en laissant intacts les vestiges du sanctuaire primitif qui subsistaient en avant du mur polygonal, et qui ont traversé les siècles.

Quelques années à peine après la construction du mur polygonal, les Athéniens l'utilisèrent. Ce mur leur fournissait un fond sur lequel devaient se détacher les tro-

phées d'une victoire qu'ils venaient de remporter. Ils expo-
sèrent donc « les armes, éperons de navires et ornements
de poupe pris à l'ennemi », selon les termes de l'inscription dédicatoire, sous un portique (fig. 44) qui s'élevait
tout au fond de l'aire, entre la masse rocheuse du sanctuaire de la Terre et le coin sud-est du mur polygonal,
sur une longueur d'environ 30 mètres. Huit colonnes
ioniques très légères, en marbre (trois seulement ont pu
être remises en place), posées sur un socle de calcaire à
trois gradins, supportaient un entablement en bois, et le
toit s'appuyait d'un côté sur cet entablement, de l'autre,
sur le haut de la muraille.

Sur le gradin le plus élevé du socle, une dédicace consacre le portique pour une victoire navale. La forme des
lettres, hautes de 18 centimètres, est trop archaïque pour
que l'on fixe la date de ce portique seulement après Salamine. Ici, on est obligé de remonter avant les guerres
médiques, et la bataille dont les Athéniens dédièrent les
trophées est sans doute celle de 506, où ils furent vainqueurs des Éginètes, des Béotiens et des Chalcidiens.
En 429, à la suite d'une croisière menée par Phormion
dans le golfe de Corinthe, pour secourir contre les Lacédémoniens les Messéniens établis à Naupacte, le portique
reçut encore les dépouilles conquises sur la flotte de
Brasidas. Il est possible qu'entre ces deux dates, les
Athéniens y aient déposé provisoirement une partie du
butin de Marathon, pendant qu'ils construisaient leur
trésor.

Le portique est donc la plus ancienne des trois offrandes athéniennes. On ne peut s'empêcher de remarquer que la place de chacune d'elles a été choisie avec un
sens très sûr de l'effet: la longue base à l'entrée, le

trésor au premier tournant de la voie sacrée, le portique
appuyé au mur polygonal, tous trois près de la voie. Ce
fait ne témoigne pas seulement en faveur du goût attique,
il nous laisse voir aussi combien, à la fin du sixième
siècle et au cinquième, Athènes avait à cœur de lutter
dans le sanctuaire contre l'influence dorienne qui, depuis
les temps les plus reculés, y était prédominante.

Le mur polygonal, derrière le portique aussi bien que
sur tout le reste de sa longueur jusqu'au coin ouest, et
aussi sur le retour d'angle oriental, est tout entier couvert d'inscriptions : le nombre des textes monte à plus de
sept cents. On les connaissait presque tous avant la fouille,
les savants qui avaient travaillé à Delphes avant 1892
s'étaient tous rendu compte que le mur était, si l'on peut
dire, la colonne vertébrale du squelette delphique, et ils
avaient étudié les documents que leur livraient les morceaux qu'ils en découvraient successivement.

On n'a pas commencé à écrire sur ces grands poly-
gones avant le troisième siècle. Si l'on met à part un
texte de l'époque impériale, quelques décrets des Delphiens et des Amphictions en l'honneur d'étrangers, une
liste chronologique des personnages que la ville avait
nommés proxènes de Delphes pendant vingt ans, quatre
catalogues de vainqueurs aux Sotéria, jeux célébrés pour
Apollon Sauveur, on peut dire que la presque totalité de
ces inscriptions sont des actes d'affranchissement du
deuxième siècle avant Jésus-Christ.

La procédure n'est pas particulière à Delphes. Dans
beaucoup d'autres pays de la Grèce, surtout au nord, au
centre et à l'ouest, on a retrouvé en vigueur cette même
habitude d'affranchir l'esclave en faisant semblant de le

vendre à la divinité. Ici, ce sont les prêtres d'Apollon qui recevaient de l'esclave le pécule qu'il avait amassé pour payer sa liberté, et qui le remettaient au maître lequel portait dans cette transaction fictive le nom de vendeur. C'est la classe la plus nombreuse des inscriptions de Delphes : ces actes ont été gravés presque partout, le mur polygonal n'a pas suffi, les bases et les trésors ont été utilisés pour assurer à ces documents la publicité nécessaire : bases des rois de Pergame, de Prusias, piédestal du char des Rhodiens, exèdres de l'aire où l'on a gravé même sur les assises en conglomérat, trésor des Athéniens et muraille de sa terrasse orientale, trésors des Siphniens et des Cnidiens. Au théâtre, le mur de l'entrée principale, le podium de l'orchestre, et quelques piédestaux qui s'y trouvaient, même le podium supérieur du diazoma ont été préférés à l'époque impériale. Peu de monuments ont été épargnés.

Cette masse de documents serait fastidieuse, avec l'éternelle répétition des mêmes formules et les insignifiantes variations que le temps a amenées dans quelques clauses, si certaines mentions précises n'avaient donné lieu à des études économiques dont les résultats peuvent être d'un véritable intérêt. Le prix de l'esclave est toujours spécifié : un homme vaut d'ordinaire trois mines, mais cinq, dix mines ne sont pas des taux exceptionnels : on trouve même un affranchi qui a payé quatorze mines pour sa libération. L'âge, et plus encore les aptitudes de l'esclave, le métier qu'il exerçait, faisaient varier son prix.

De plus, le maître ou la maîtresse qui « vendent » l'esclave à Apollon ne sont pas seuls nommés : leur père l'est toujours ; leurs enfants très souvent, qui consentent

à la vente. La femme, fille ou veuve, est en général
assistée d'un membre de sa famille, mais son indépendance, certifiée à l'époque impériale par les titres qu'elle
peut porter et les charges importantes dont elle s'acquitte,
paraît avoir été de tous temps, en matière de contrats,
fort grande à Delphes. Un citoyen de Delphes garantit la
vente comme caution. Enfin, d'assez nombreux témoins,
aù premier rang desquels les
prêtres, l'archonte, les bouleutes
et, à titre privé, quelques citoyens, sont énumérés à la fin de
l'acte comme l'ayant sanctionné
de leur présence.

Les noms de tous ces Del-
phiens, accompagnés de ceux de
leurs pères, ont permis de dresser des tableaux généalogiques,
très complets pour certaines familles que l'on peut suivre d'un
siècle à l'autre. Non seulement
la chronologie des textes delphiques, fondée sur la succession des
prêtrises pour trois siècles, les

Fig. 45. — Un membre de
l'École d'Athènes vérifiant
la copie des inscriptions du
grand mur.

deux derniers avant Jésus-Christ et le premier après, y
gagne une solidité très grande, mais encore, d'après le
nombre des esclaves que l'on voit le même maître affranchir, on peut se faire une idée de la fortune de quelques
riches Delphiens, et évaluer le chiffre de la population
servile par rapport à celui de la population libre. S'il y
avait, tout au plus, sept ou huit cents citoyens, il faut bien
compter au moins quatre personnes, femme et enfants,
par famille. Or, les affranchissements nous permettent

de croire que trois esclaves sont un minimum qui a été souvent dépassé ; on prendrait plus volontiers cinq comme moyenne. Le total de dix mille habitants, en y comprenant quelques étrangers domiciliés, nous paraît extraordinaire, puisqu'en 1860 deux cents familles vivaient sur l'emplacement du sanctuaire et qu'en 1892-1894, c'est un millier environ d'habitants qui se sont transportés au nouveau village. Il n'en est pas moins très probable que ce chiffre est inférieur à ce qu'il fut en réalité. La ville ancienne occupait un périmètre fort étendu, et les maisons, celles du troisième siècle par exemple dont nous connaissons à Délos les types variés, nous font voir quelle quantité d'esclaves on pouvait entasser dans un étroit espace.

Ce grand nombre d'esclaves affranchis ne doit pas faire illusion. Les Delphiens avaient beau être voisins du temple, dont on s'est exagéré du reste, à mon avis, l'influence morale, ils n'ont jamais passé pour des exemplaires d'humanité raffinée et de douceur. Que l'esclave eût la possibilité d'amasser quelque argent et d'entrevoir plus ou moins lointain le jour de la liberté, c'est certes beaucoup. Mais cette liberté était limitée par de nombreuses restrictions : la plupart du temps, l'affranchi n'en restait pas moins auprès de son maître jusqu'à la mort de celui-ci, et on va dans quelques actes jusqu'à prévoir le cas où un divorce séparera le maître de la maîtresse pour prescrire à l'affranchi celui des deux auprès de qui il continuera son service. Si c'est une femme dont la liberté définitive est ainsi retardée, elle sait que les enfants qu'elle mettra au monde appartiendront au maître ; ce « revenu » a été prévu d'avance, il en a été sans doute tenu compte dans le prix que l'on mettait à son affran-

chissement. Au contraire un cas qui nous paraît étrange
parce que nous transportons à la société ancienne des
idées qui règlent la nôtre, s'explique par ce qu'il y a de
plus profond dans la manière dont cette société comprenait les droits des parents : « Si Diocléa (l'affranchie)
vient à avoir un enfant, elle pourra, si elle veut, l'étouffer.
Si elle veut le garder, qu'il soit libre. En aucun cas elle
ne pourra le vendre. » Ici le maître avait abandonné à son
ancienne esclave une part des privilèges de la puissance
paternelle.

Le mur polygonal nous a retenus quelque temps, et nous
le retrouverons tout à l'heure. Mais, pour compléter ce
que nous savons déjà sur le sanctuaire de l'oracle primitif
que ce mur a définitivement diminué, nous devons partir
de nouveau de l'aire. Faisons le tour du groupe de rochers, en ayant desquels se trouve celui de la Sibylle ;
nous dépassons l'étroit couloir de la source et l'antre de
Python. Nous arrivons à une petite plateforme qu'entourent les restes d'un mur demi-circulaire en briques.
Cette construction misérable, qui date de l'empire romain, produit une étrange impression, tout près des
murailles de tuf qui sont des vestiges du sanctuaire de la
Terre. De l'une aux autres, la distance est d'environ neuf
siècles.

On a trouvé, tout auprès, des morceaux de grandes
plaques en calcaire, ornées en bas d'une moulure assez
grossière, et dont les inscriptions attestent qu'elles ont
porté les statues des membres de la famille d'Hérode Atticus. Le fameux rhéteur qui passa sa vie et employa son
immense fortune à « embellir » les sanctuaires les plus
célèbres, à y laisser les souvenirs fastueux et encom-

EXÈDRE<br>D'HÉRODE

brants de lui et des siens, et qui, dans sa villa de Képhisia, s'amusa à faire du faux archaïsme, ne se contenta pas à Delphes de construire à ses frais les gradins du stade. On savait déjà qu'à Olympie il avait choisi les environs du temple le plus ancien, l'Héraion, pour y construire une grande exèdre où il consacra les statues de sa femme et de ses enfants. Ici aussi, il est venu placer son monument de famille le plus près possible du siège de l'oracle primitif. Des piédestaux de marbre et de calcaire, qui ont été découverts en des points éloignés de la fouille, devront être sans doute rapportés à l'exèdre dont il ne reste que le mur demi-circulaire et un soubassement rectiligne, parallèle au diamètre de l'hémicycle. Les briques étaient recouvertes d'un placage ou d'un enduit. Quelques-unes des statues se dressaient sur la muraille basse, en avant de l'exèdre, d'autres étaient sur la plateforme ou tout autour du mur du fond. Cet ensemble, qui devait présenter quelques disparates et qui n'était sans doute pas un groupe de chefs-d'œuvre, se voyait de la voie sacrée. Il semblait barrer la rue qui passe entre les rochers et le bouleutérion. En fait, un passage était gardé libre, on pouvait gagner, de ce côté aussi, la partie ouest du sanctuaire, cette fontaine monumentale surtout qui marquait peut-être le centre d'une région réservée au dieu de la médecine, Asclépios.

Les restes de la construction élevée par Hérode en l'honneur de sa famille paraissent indiquer que, si d'autres fautes de goût ont été commises, la plus grave du moins a été évitée : cette construction eut le mérite d'être assez discrète, et Hérode respecta les ruines que la piété traditionnelle laissait depuis si longtemps dans le même état. Sa fantaisie d'archaïsant avait au contraire voulu ce voisinage.

Cette exèdre nous a transportés au deuxième siècle après J.-C., au moment où sous Hadrien la religion antique sembla revivre. Le réveil de Delphes qui fut brillant, et que d'autres constructions nous attesteront dans le sanctuaire et au dehors, put donner à des contemporains éblouis l'illusion d'une renaissance. Nous savons que ce ne fut qu'un éclat passager, où le dilettantisme archéologique, un intérêt plein d'apparente déférence pour un passé lointain eurent plus de part qu'un sentiment profond et vivant. C'est ce qui donne à ces pauvres briques, près de l'oracle primitif et du sphinx, toute leur valeur.

Fig. 46. — Chapiteau ionique (iiie siècle avant J.-C.).

Avant de passer de l'ancien oracle au centre et au cœur même de la religion delphique, à l'autel et au temple d'Apollon, nous devons rapidement parcourir les abords de l'aire. Il faut tout au moins indiquer quelques ex-voto et quelques édifices, que nous n'avons pas vus dans la région inférieure, parce que jusqu'ici nous nous sommes très peu éloignés de la voie sacrée.

L'escalier qui termine la place de l'aire du côté de l'est descend vers une rue qui coupait transversalement cette partie du sanctuaire ; elle se détachait de la voie sacrée à peu près en face du trésor d'Athènes, et se dirigeait presque en ligne droite vers la porte B. La limite méridionale de l'aire était donc marquée par cette rue, et par deux offrandes considérables qui y avaient été dédiées. Pour l'une d'elles tout au moins, nous sommes à peu près certains que la façade en était visible du côté de la rue : les statues tournaient donc le dos à la terrasse supérieure, et elles étaient dressées à une hauteur d'où elles la dominaient.

PIÉDESTAL<br>A DEUX<br>COLONNES

En effet, ces bases puissantes, qui sont au sud de l'aire et qui paraissent former trois socles à peu près égaux, n'appartenaient en réalité qu'à deux : l'un, celui qui est le plus à l'ouest, plus long que l'autre, et tout entier en conglomérat, tandis que l'autre est en calcaire, semble divisé à son tour en deux socles distincts. Il n'en est rien : si l'on remet à leur vraie place les blocs de conglomérat qui le constituent, on voit qu'il y eut jadis là une forte substruction de 5 mètres de longueur. Elle supportait un de ces piédestaux colossaux à deux colonnes ioniques et à entablement dont il a déjà été question. On verra plus loin des bases de ce modèle dont tous les éléments ont été conservés. Du premier exemplaire de ce type étrange que nous rencontrions, il n'a survécu que des morceaux. On a remarqué déjà (fig. 43 et 46) ce chapiteau ionique posé sur le tambour terminal de sa colonne, très fin, d'une décoration si élégante qu'il fut attribué longtemps à la colonnade intérieure du temple. Au-dessus de ce chapiteau et d'un autre tout semblable, l'entablement en marbre restitué dans le musée, et sur lequel sont écrits des noms de femmes, portait un de ces groupes de famille que la piété fastueuse de quelques opulents personnages leur fit consacrer dès le troisième siècle dans le sanctuaire d'Apollon. Les femmes de la famille de Lykos et de Dioclès, sans doute deux Delphiens, car il ne semble pas qu'aucune indication de patrie ait figuré dans les inscriptions, ne se sont pas contentées d'un monument si important, plus important à lui seul que les offrandes de beaucoup de cités. Elles en ont fait élever un autre, tout semblable, sur une

Fig. 47. — Trésor de Cyrène.

des terrasses supérieures, en un point qui n'a pu encore être déterminé (1).

(1) L'étude de ces bases à deux colonnes, que l'on ne connaît que depuis deux ans, et dont le premier type a été découvert par M. Replat — c'est la base d'Aristainéta que l'on verra sur la place devant le temple — n'est pas encore terminée. Pour deux d'entre elles, celle d'Aristainéta et celle du stratège étolien Charixénos, nous avons à peu près tout, excepté les statues qui les couronnaient. Pour les deux monuments des femmes de la famille Lykos-Dioclès plusieurs questions ne sont pas résolues. J'avais cru un moment que, sur la base

Sur le socle en calcaire, à l'est du précédent, nous ne savons pas quelle offrande avait été dédiée.

En continuant à suivre la rue qui descendait, après avoir dépassé l'escalier de l'aire, en pente assez raide vers la porte B, on arrive à une terrasse qui finit à l'est contre le mur d'enceinte.

*TRÉSOR DE CYRÈNE* — Cette terrasse était celle d'un trésor dont les fondations sont encore visibles (fig. 47). Des fragments assez nombreux des murs ont été trouvés aux environs et au-dessous, sur la brusque déclivité qui rejoint au sud la base du taureau des Corcyréens et celle de Lysandre. Ils nous ont fait connaître ce petit édifice dorique en marbre, dont la façade s'ouvrait sur la rue au sud : le travail particulièrement soigné des pièces d'architecture, surtout des demi-colonnes engagées dans les blocs d'antes, la décoration d'une élégance sobre, permettent sans doute de remonter jusqu'au cinquième siècle.

Plusieurs inscriptions, gravées sur des blocs qui appartenaient à ce trésor, sont des décrets pour des habitants de Cyrène. C'est la raison positive pour laquelle cet édifice a été appelé d'abord trésor des Cyrénéens. On n'a pas accepté en général ce nom, mais je pense que personne ne voudra désormais révoquer en doute l'existence d'un monument pour l'unique raison que Pausanias n'en a pas parlé. Il ne nomme pas le trésor de Cyrène, c'est vrai, mais il ne nomme pas non plus la base des Béotiens, le

en conglomérat qui est au sud de l'aire, un entablement inscrit sur les deux faces avait pu être porté par les deux colonnes. Les statues tournaient le dos à l'aire, c'est sûr, et l'inscription dédicatoire était sur la façade de la rue, mais, de la terrasse supérieure aussi, on aurait pu lire sur la face postérieure de l'entablement les noms de celles qui avaient dédié cette offrande. Les combinaisons des fragments inscrits qui ont subsisté ne sont pas jusqu'ici favorables à cette hypothèse.

sphinx des Naxiens, l'exèdre d'Hérode Atticus, les piédestaux à deux colonnes ioniques, pour ne citer que des offrandes déjà énumérées. Un jugement définitif sur Pausanias n'est pas encore possible : j'ai rappelé quelques
cas où on l'avait saisi, pour le début de la voie sacrée, en
flagrant délit d'inexactitude, mais ce sont seulement de
longues et minutieuses études sur l'état actuel des ruines
qui ont autorisé à ne pas accepter ce qu'il avait dit. D'autre
part, il est certain maintenant qu'il n'a pas tout dit. Dans
cette région où, au-dessus du trésor dit de Cyrène, se
trouve un autre monument aux substructions solides et
dont le mur d'enceinte forme le fond, Pausanias ne nomme
ni l'un ni l'autre de ces édifices. Pour celui qui est au
nord, nous n'avons aucun indice qui nous permette de le
reconnaître; mais, pour celui du sud, la mention des cinq
ou six habitants de Cyrène qui ont reçu les honneurs
delphiques me paraît un argument plus solide que ceux
auxquels on s'est fié pour mettre en avant d'autres noms.

# CHAPITRE V



## LA DERNIÈRE RAMPE DE LA VOIE SACRÉE. — L'AUTEL

Pour gagner ce trésor, nous nous sommes éloignés un instant de la voie sacrée. Nous devons maintenant y remonter et la suivre dans sa dernière rampe, jusqu'à la place qui s'étend devant le temple. Elle s'élève très rapidement (fig. 48) entre le retour d'angle du mur polygonal à gauche et un autre mur à droite qui a supporté jadis une série d'offrandes. C'est cette suite que nous devons d'abord énumérer.

Tout d'abord on aperçoit, exactement à l'endroit où la voie tourne, les restes de deux monuments en tuf, parallèles, l'un dont le plan se lit très bien, l'autre dont il ne subsiste que le soubassement nord. Tous deux ont été détruits lors de la construction du mur polygonal et recouverts de terre, pour qu'à cette place passât la rue qui conduit à la porte C.

C'est que le sanctuaire n'a pas été seulement bouleversé par ces travaux dont la reconstruction du temple et la construction du mur polygonal nous paraissent les plus importants. Il a été aussi élargi, et, en plusieurs endroits, les fouilles ont permis d'apercevoir des débris du mur d'en-

ceinte plus ancien. Il était, sans doute, sur la plus grande
partie de sa longueur à l'ouest et à l'est, parallèle à celui
que nous connaissons, et à 12 mètres de distance : on
le reconnaît passant entre les deux monuments de tuf
que je viens de rappeler, on en distingue encore nettement les traces un peu plus au nord, le long de la plateforme qui portait le char des Rhodiens.

Fig. 48. — La dernière rampe de la voie sacrée.

C'est dans cette région, et sans doute sur la terrasse au
pied de laquelle passait la rue de la porte C, que se trouvait
un groupe dédié par les Phocidiens. Les pierres de la dédicace ont été inexactement reportées un peu plus haut, sur
le mur qui longe la voie sacrée à droite (fig. 49). Les
traces et scellements de pieds de statues qu'elles portent
ont permis d'identifier le groupe avec celui que Pausanias
avait vu et décrit. Il représentait, comme le fronton est
du trésor des Siphniens et comme beaucoup d'autres
offrandes, la dispute du trépied : Héraclès essayait de
ravir à Apollon le symbole matériel de l'oracle dont le
jeune dieu venait de se rendre maître ; Léto et Artémis
retenaient Apollon, Athéna Héraclès.

On a cru longtemps que cette offrande des Phocidiens

s'était dressée le long de la voie sacrée, au sommet de la muraille en arrière de laquelle on aperçoit la base ronde du trépied de Platées. Quelques pierres inscrites de ce mur présentent en effet une particularité étrange : des décrets, que l'on peut attribuer à la première moitié du quatrième siècle, parce que les lettres y étaient gravées exactement les unes au-dessous des autres, ont été martelés avec assez de soin. Or on sait que, quand les Phocidiens qui avaient occupé et pillé le sanctuaire pendant presque dix ans vers le milieu de ce siècle furent définitivement chassés et vaincus, l'Amphictionie leur infligea des châtiments rigoureux. Elle les condamna d'abord à une très lourde amende qui permit de pousser plus activement la construction du temple et de remplacer quelques-unes des offrandes en or et en argent qu'ils avaient fait fondre. On voulut en outre effacer tous les souvenirs de leur domination, on descella et on jeta hors du sanctuaire les statues que leurs chefs s'étaient fait élever. Il était donc très vraisemblable que ces décrets eussent été martelés aussi en 346, s'ils avaient été rendus en l'honneur de quelques Phocidiens. On avait là une preuve matérielle, semblait-il, que le mur supportait jadis la dispute du trépied, offrande phocidienne.

Mais quand on regarde de plus près la manière dont les pierres qui ont gardé les restes de la dédicace des Phocidiens d'une part, les blocs de la muraille de l'autre ont été travaillés et préparés pour le joint, on remarque des différences très nettes. Les premières ont un joint poli très large et en arrière la partie centrale, simplement piquée, est en retrait de plus d'un centimètre ; les blocs de la muraille ont tous le joint plus étroit, la partie centrale presque au même niveau que ce joint. De plus, aucune pierre de la muraille n'était réunie à celles de la même assise ou à celles de l'assise supérieure par un scellement au plomb, tandis que, sous les pierres des Phocidiens, les traces des scellements sont visibles. Les résultats de cette comparaison imposaient le doute sur une conclusion qui avait pourtant paru bien fondée.

D'autre part, on connaissait quatre fragments d'une longue inscription, qui avaient été trouvés près de cette muraille et aux environs. Cette dédicace est celle d'une offrande que les Tarentins avaient dédiée pour une victoire sur leurs voisins « barbares », les Peucétiens ; et, de même que pour leur offrande de la région inférieure du sanctuaire, ils avaient fait graver de nouveau l'inscription dans la seconde moitié du quatrième siècle.

Fig. 49. — Le mur des Tarentins (en arrière, le socle du Trépied).

Cette inscription est exactement conçue dans les mêmes termes que celle d'en bas, sauf le nom du peuple vaincu : les Tarentins à Apollon, dîme du butin (pris) sur les Peucétiens. Or, sur deux des quatre morceaux qui restent de ce texte, on reconnaît fort bien, par-dessous la dédicace, les traces de décrets martelés, qui avaient été écrits comme ceux de la muraille, les lettres espacées et gravées les unes au-dessous des autres.

Si maintenant on compare le travail des pierres où était gravée la dédicace des Tarentins à celui des blocs de la muraille, on se rend compte que c'est exactement le même : joint étroit, partie centrale continuant presque le joint, absence de scellement chez les uns et les autres.

La seule conclusion qui s'impose, c'est qu'il faut replacer sur la muraille aux décrets martelés la dédicace sur deux morceaux de laquelle avaient été antérieurement gravés des décrets qu'on a aussi fait disparaître.

En haut de ce mur s'alignait donc l'offrande dédiée par les Tarentins dans le premier tiers du cinquième siècle pour commémorer une victoire sur leurs voisins Peucétiens. Pausanias décrit ce groupe de statues disposées sur une longue file, comme dans l'autre offrande : images de cavaliers et de combattants à pied, le héros Taras qui avait donné son nom à la ville victorieuse, et le Lacédémonien Phalanthos porté à la côte par un dauphin. La pierre qui formait l'extrémité de cette composition a été retrouvée, elle représente en effet les flots de la mer. Le groupe était l'œuvre des célèbres sculpteurs Onatas et Agéladas.

Ce résultat est sûr, mais il laisse, semble-t-il, sans explication le fait que tous ces décrets, écrits sur diverses assises de la muraille, ont été effacés. La raison qu'on en peut donner est d'abord moins frappante que celle que fournissaient les autres preuves connues de la sévérité des Amphictions envers les Phocidiens sacrilèges. Elle n'est peut-être pas plus mauvaise, parce qu'elle est plus simple.

*RESTAURATION DU SANCTUAIRE APRÈS 346*

Lorsque la guerre sacrée fut terminée en 346, le premier soin de l'Amphictionie qui reprenait possession du sanctuaire fut de réparer le plus possible les ruines que l'occupation phocidienne avait laissées. On s'en rendra mieux compte quand on étudiera les ruines du temple, mais on a déjà vu à l'occasion de quelques offrandes que, dans la seconde moitié du quatrième siècle, les inscriptions dédicatoires, peut-être devenues difficiles à lire, furent gravées de nouveau. Ce fait a été constaté précisément pour les deux bases qui portent le nom des Tarentins, l'une avant le trésor de Siphnos, l'autre en haut de la voie sacrée : de même le privilège des Naxiens fut renouvelé solennellement et inscrit sur la base de la colonne au sphinx.

Ce ne sont que des détails ; mais, groupés avec d'autres, ils nous attestent un grand travail de mise en ordre. On ne voulut pas seulement nettoyer matériellement et purifier le sanctuaire souillé par les hordes des chefs phocidiens, on voulut aussi lui rendre toute la splendeur d'autrefois, remplacer autant qu'il était possible les œuvres d'art en métaux précieux qui avaient été envoyées à la fonte, et rendre un nouveau lustre à celles qui n'avaient pas été pillées. Il est assez naturel que l'administration fédérale, qui avait tout à faire presque en même temps au milieu de tant de ruines, se soit adressée aux peuples mêmes et aux cités qui avaient dédié jadis des offrandes au dieu de Delphes, et qu'elle leur ait demandé de l'aider dans ce travail de renouvellement et de réparation. Pour les vases en or et en argent que Crésus avait jadis envoyés, et qu'Hérodote admira au cinquième siècle, le bassin à lustration et le cratère colossal qui disparurent pendant la guerre sacrée, il n'y avait plus de roi en Lydie qui pût imiter la générosité de son prédécesseur : aussi savons-nous que c'est le trésor du dieu qui a pris à sa charge la réfection de ces vases indispensables au culte. Mais Tarente existait encore, et au siècle suivant on connaît des Tarentins qui ont été en relations avec Delphes. Si les Tarentins ont accepté, comme je le crois, dans la seconde moitié du quatrième siècle, de faire regraver leur dédicace, ils ont enlevé les inscriptions dont on avait couvert plusieurs assises de leur monument, et ils ont nettoyé d'abord l'assise où ils voulaient écrire de nouveau leur nom et le rappel de leur antique victoire. Ils ont eu avant tout, pour agir ainsi, le désir d'effacer des textes qui avaient été des titres d'honneur pour des gens étrangers à leur cité.

Il est en effet très remarquable que, sur une pierre trouvée à quelque distance, mais qui appartient sûrement à cette muraille, un de ces décrets gravés à la mode du quatrième siècle, les lettres les unes sous les autres, ait subsisté. Un accident a brisé cette pierre, le nom de la ville d'où était originaire le personnage honoré n'est plus lisible. Du moins on est sûr qu'aucune tentative n'a été faite dans l'antiquité pour effacer ce texte. Ce n'est sans doute pas une simple coïncidence si « Tarentin » remplit exactement l'espace vide où la patrie de ce personnage était mentionnée. Nous avons donc comme une contre-épreuve de ce qui a été dit plus haut : tandis qu'on sup-primait les inscriptions en l'honneur d'hommes qui n'étaient pas de Tarente, on respectait au contraire la seule qui concernât un Tarentin.

C'est un fait très curieux, parce qu'il nous apprend que les cités qui avaient consacré à Apollon une offrande pouvaient, à la faveur sans aucun doute de circonstances exceptionnelles, recouvrer quelque droit sur le présent qu'elles avaient fait. Ce droit, contre lequel d'autres faits témoignent, il ne semble pas que nous devions l'exagé-rer. Un siècle environ après la dédicace de la dîme con-quise sur les Peucétiens, il est évident que les Taren-tins ne purent protester contre le fait que l'administra-

tion du sanctuaire laissait graver sur leur base des décrets
pour des étrangers. Notons que, sur la base des Arcadiens,
toutes les inscriptions sont pour des Arcadiens, sur
celle de Lysandre presque toutes pour des Lacédémoniens. Sur le trésor d'Athènes et les piliers de la balustrade, la plupart des textes nomment des Athéniens, mais

Fig. 50. — Le socle rond du trépied, en arrière, l'autel et le temple.

quelques-uns aussi mentionnent des personnages qui ne
sont pas d'Athènes. Il n'y a peut-être pas eu de loi bien
précise sur ce point. Mais le fait que les Tarentins ont
pu effacer de leur muraille des inscriptions qui ne les
intéressaient pas, et en laisser une qui les intéressait,
paraît prouver qu'on a tenu en quelque sorte à reconnaître
la peine qu'ils se donnaient pour réparer et remettre à
neuf, leur ancienne offrande.

*TRÉPIED*
*DE PLATÉES*

En arrière de la muraille, un socle rond, dont il reste deux assises presque entières, a supporté le trépied de Platées : on voit ce socle sous deux aspects figures 49 et 50. C'est une des offrandes les plus célèbres de l'antiquité : Hérodote, Thucydide, Pausanias nous ont transmis des détails très curieux sur les circonstances dans lesquelles elle fut consacrée et sur son histoire ultérieure. Le fait considérable, c'est qu'avec la dîme du butin fait à Platées sur les Perses, les cités grecques qui avaient réellement pris part à la bataille, et même quelques-unes de celles dont les contingents n'arrivèrent que pour le partage des dépouilles, élevèrent d'un commun accord pour remercier Apollon ce magnifique symbole de sa puissance oraculaire. On signale assez souvent les indices de l'esprit jaloux et étroit des villes, qui a été pour la Grèce l'une des conditions de son originalité, mais aussi la principale cause de sa faiblesse ; il est permis d'insister sur les témoignages trop rares de l'union qu'elles ont su parfois former pour quelques œuvres panhelléniques.

On peut aussi, à propos de cette offrande, compléter les descriptions que les auteurs anciens en ont faites : un hasard heureux a voulu que la partie la plus importante pour nous en traversât les siècles, et qu'on pût suivre les destinées du trépied depuis 479 av. J.-C. jusqu'à nous.

Le nom de trépied est donné, parfois assez inexactement, à l'ensemble formé par une cuve métallique (ce que les anciens appelaient le chaudron), par les trois pieds qui semblent la porter, qui suffisent quand cet ensemble est de petite taille, mais qui souvent n'assurent l'équilibre que pour l'œil et sont surtout motif de décoration, et enfin par le quatrième pied qui est le vrai et solide support, soutenant la cuve en son centre. Sur les

bords du chaudron étaient fixés debout trois cercles
métalliques, les oreilles ; quelquefois
aussi des oiseaux à tête humaine, les ailes
étendues. Enfin des têtes de griffon, portées par un cou aux inflexions puissantes
(fig. 51 et 52), la gueule ouverte, la lan-
gue dardée, les oreilles dressées, le fleu-
ron au-dessus des yeux, semblaient sortir
des flancs rebondis de la cuve.

La cuve de l'ex-voto panhellénique était
en or ou en bronze doré, ainsi que plusieurs ornements ; elle fut fondue par les
Phocidiens. La colonne centrale en bronze, qui excita la curiosité des anciens,
avait en effet un caractère étrange :

Fig. 51. — Tête de griffon.

c'étaient les replis, enroulés les uns au-
dessus des autres, de trois serpents
enlacés ; l'entassement des volutes formait un support vertical, les trois têtes
se séparaient en haut et s'attachaient à la
cuve, sans doute entre les trois pieds de
décoration. On voit aujourd'hui encore
les restes de cette « colonne serpentine »
dans l'Hippodrome (Atmeïdan) de Cons-
tantinople, où Constantin transporta pour
orner sa capitale ce glorieux souvenir :
des têtes des serpents, un seul morceau
subsiste qui se trouve aussi à Constanti-
nople, au Musée Impérial.

Fig. 52. — Tête de griffon.

Du douzième au troisième repli, en
les comptant à partir du bas, la colonne serpentine nous
a gardé l'un des textes les plus précieux de l'antiquité

11

grecque, les noms des trente et une cités qui prirent part à la lutte. La victoire de Platées, « la plus belle de toutes », comme dit Hérodote, n'y est pas mentionnée expressément : sans doute le trépied représente la part du dieu prélevée sur le butin de cette bataille, mais quand l'inscription fut gravée, trois ans plus tard, on tint à célébrer, non pas une seule rencontre, mais la déroute complète du Barbare. Les Lacédémoniens, qui se sont nommés en tête, avaient fait effacer les deux vers où Pausanias, leur roi, s'était attribué l'honneur de l'offrande. Quant à d'autres textes poétiques qui, d'après les auteurs anciens, étaient gravés sur le socle du trépied, la fouille ne nous en a rien rendu.

La reconstitution de cette œuvre singulière est à peu près certaine. La colonne serpentine, quand elle était entière, atteignait une hauteur d'au moins 6 mètres : les oreilles et les autres ornements de la cuve se trouvaient donc à plus de 9 mètres au-dessus de la voie sacrée.

LE CHAR
DES RHODIENS

C'est presque à la même élévation qu'atteignait une autre offrande, tout près et à l'est du trépied. Il existe là une plateforme solide (fig. 50 en bas à droite), dont les substructions sont appuyées sur le mur d'enceinte du sanctuaire ancien : mais elle ne fut construite que long-temps après l'époque où l'on avait augmenté le domaine d'Apollon de 12 mètres en largeur de chaque côté.

Cette plateforme supportait un piédestal puissant en calcaire gris (fig. 53) sur lequel un char avec son attelage, le « char d'or » du Soleil, pouvait déjà être vu de la voie sacrée, dans les vides que laissaient les statues des Ta-

rentins et les pieds de l'ex-voto de Platées. Mais, pour
le mieux admirer, il fallait abandonner la voie au haut de
sa dernière rampe, et prendre à droite la rue qui menait
à la porte D. Les têtes des chevaux étaient tournées vers

FIG. 53. — PIÉDESTAL DU CHAR DES RHODIENS.
(Dessin de M. Marlinaud.)

cette rue, et c'est sur la petite face du piédestal que se
lisait l'inscription dédicatoire : « Le peuple des Rhodiens
à Apollon Pythien. »

La riche cité maritime de Rhodes avait déjà donné une

preuve illustre de sa reconnaissance envers le dieu, quand elle fit élever pour fêter un brillant succès militaire la statue colossale qui était l'une des merveilles du monde. Le colosse a été sculpté dans les vingt premières années du troisième siècle, mais il fut renversé par un tremblement de terre en 225. Cette catastrophe excita dans tout le monde grec une imposante manifestation de ·générosité. Les cités, et les princes qui tenaient à faire acte de civilisés et d'Hellènes, envoyèrent de toutes parts des secours en nature et en argent. Les libéralités de Ptolémée ont frappé particulièrement les historiens : il envoya, dit Polybe, pour la restauration du colosse, des architectes et des ouvriers, paya leurs frais d'entretien et promit 3.000 talents (1.800.000 drachmes) dont il donna tout de suite le tiers. D'autres fournirent des masses considérables de métal. Or, le colosse n'a pas été relevé : Strabon, plus de deux siècles après, le vit encore à terre, les genoux rompus; et il ajoute : « un oracle intervint qui empêcha les Rhodiens de le redresser ». Il est vraisemblable que cet oracle est parti de Delphes. Les sommes énormes, les matériaux, surtout le bronze et l'or, que la sympathie et la piété avaient accumulés à Rhodes, ne sont pas restés sans emploi, mais ils ont été transformés tout de suite en une offrande plus agréable encore au dieu pythien, puisqu'elle était un des ornements de son sanctuaire.

*PIÉDESTAL DE CHARIXÉNOS* — Dans l'espace, aujourd'hui vide de constructions et encombré d'énormes pierres, qui s'étend entre la base du char des Rhodiens et le mur du sanctuaire, s'élevait jadis un de ces piédestaux à deux colonnes ioniques qui ont été mentionnés précédemment. Mais celui-ci (fig. 54-56) est de l'aspect le plus surprenant. La corniche est plus

longue que l'entablement de marbre, et celui-ci déborde
des deux côtés les chapiteaux. De plus, les colonnes re-

Fig. 54. — Piédestal de Charixénos. (Dessin de M. Martinaud.)

posent sur deux blocs de calcaire à moulure concave dont
la longueur totale est moindre que celle de l'entablement,

mais plus grande que celle du bloc monolithe placé au-dessous d'eux. Cet ensemble, dont les proportions sont d'ailleurs heureuses, paraîtrait manquer d'équilibre si un banc, avançant sur les quatre côtés du socle, ne rendait aux parties hautes l'assiette solide dont elles ont besoin. Un des fragments de calcaire qui ont porté les colonnes nous a conservé, outre la répétition de la formule dédicatoire qui est gravée aussi sur l'entablement (« Charixénos, fils de Kydrion, Étolien, à Apollon »), le nom de l'artiste qui a sculpté la statue et dessiné le piédestal, Sonikos, Étolien lui aussi. Il ne semble pas vraisemblable que ce piédestal, dont l'effet a été cherché, soit le type le plus ancien de ce genre de bases. Est-ce le monument d'Aristaineta, que nous allons voir tout à l'heure, est-ce le monument des femmes de la famille de Lykos et de Dioclès, qu'on a vu au sud de l'aire, qui a donné le premier exemple ? Je ne le sais pas. Ce fut sûrement une mode à Delphes que celle des piédestaux à deux colonnes ioniques, et elle dura peu, les quatre que nous pouvons citer sont contemporains. A moins de supposer que Sonikos les a créés tous les quatre, je verrais en lui l'artiste qui a réussi à varier d'une manière originale un modèle qui avait eu du succès, bien plutôt que l'inventeur du genre.

Fig. 55. — Chapiteau du piédestal de Charixénos.

Le stratège étolien Charixénos, qui avait dédié au dieu sa propre statue, est probablement celui qui a été en fonctions dans la seconde moitié du troisième siècle. C'est de cette époque que nous devrons dater ces piédestaux en morceau de colonnade qui ont renouvelé pour quelque temps le type de l'offrande en hauteur. Avouons du reste qu'une statue équestre était particulièrement bien placée au

sommet de cette cons-
truction, plus légère
que celles de la même
classe, les pattes du
cheval portant juste
en prolongement des
colonnes, le stratège
tout seul au point cul-
minant de l'ensemble.
Il est assez difficile
au contraire de se re-
présenter, juchés tout
au haut de ces ponts
gigantesques, les
groupes de famille
qui y ont été aussi
dressés.

On arrivait à la base
de Charixénos par la
rue qui passait devant
le char des Rhodiens.
Près de la porte D
percée dans le mur
du sanctuaire, et le
long de ce mur,
à l'intérieur, s'é-
tendait une terrasse,

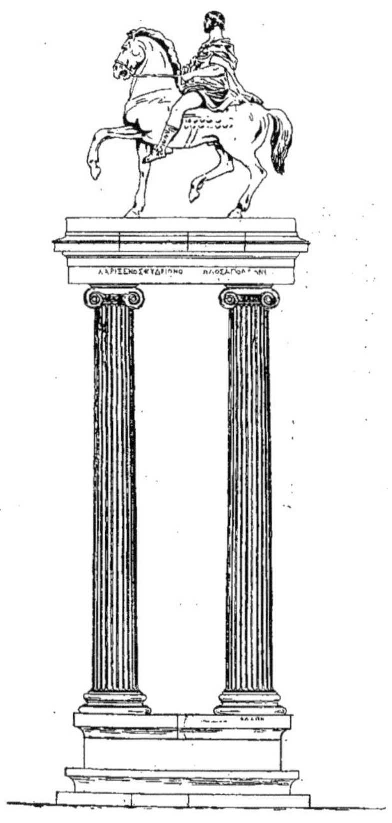

Fig. 56. — Piédestal de Charixénos.
(Dessin de M. S. da Fonseca (1).)

(1) Il ne reste rien de la statue équestre de Charixénos, on le sait déjà. Mais M. da Fonseca a bien voulu, à ma prière, dessiner au sommet du piédestal

à peu près de plain-pied avec celle du char. C'est au milieu de cette terrasse, et très probablement sur une direction parallèle à celle du mur et aussi à celle du char, que se dressait, offrant l'hospitalité de son banc à ceux que la longue montée avait fatigués, le piédestal de Charixénos.

BASES<br>*DES ROIS*<br>*DE PERGAME*

Avant de regagner la voie sacrée, deux grandes substructions rectangulaires, l'une presque double de l'autre, attirent l'attention. Elles étaient elles aussi en façade sur la rue de la porte D. Parmi les innombrables statues d'Apollon qui ont été dédiées dans le sanctuaire de Delphes, Pausanias en a signalé deux que l'occasion de la dédicace mettait à part: l'une, élevée à frais communs par les Grecs vainqueurs à Salamine et à l'Artémision, l'autre par les Amphictions après la victoire sur les Phocidiens; celle-ci, que les Delphiens appelaient l'Apollon Sitalkas, était de grandes dimensions (35 coudées). On pouvait être tenté de restituer l'une ou l'autre de ces offrandes, ou même toutes deux sur les bases qui se trouvaient en face du char des Rhodiens et de la statue de Charixénos. Mais l'étude des substructions et des blocs qui doivent être attribués avec certitude à ces deux bases, a prouvé qu'elles datent seulement du second siècle avant notre ère. D'après l'hypothèse la plus vraisemblable, ce sont les statues de deux rois de Pergame, Attale I et Eumène II, le second représenté plus grand que nature, qui ont été placées ici sur de hauts piédestaux carrés. Tous deux avaient été très généreux envers le sanctuaire et la ville. Les Delphiens n'ont

une statue où l'on reconnaîtra des souvenirs du Marc-Aurèle du Capitole. On peut ainsi se rendre compte tout de suite, et sans confusion possible, de l'effet extrêmement heureux et nouveau de cette construction.

jamais renoncé à ces habitudes de pieuse mendicité qui
leur avaient été si profitables, chaque fois qu'il avait fallu
reconstruire le temple. Les princes grecs ou hellénisés
des grands et des petits royaumes orientaux ont tous
tenu à se montrer, par leurs largesses, fidèles au culte
d'Apollon et bienveillants envers ceux qui habitaient près
de son oracle. Les rois de Pergame, par les fondations
qu'ils ont faites (dons pour les écoles, pour la création de
fêtes brillantes), le second aussi par ses bonnes relations
avec les Romains, ont mérité la reconnaissance de Delphes. Parmi les nombreuses bases de l'aire, devant le
portique des Athéniens, nous en avons reconnu une où
la ville avait élevé une statue équestre à Attale II. Celles
d'Attale 1 et d'Eumène II ont été dédiées par le conseil
amphictionique : nous n'en avons la preuve formelle que
pour la seconde, mais la construction toute semblable, et
aussi le fait qu'un décret des Amphictions est gravé sur le
piédestal de la première, nous autorisent à affirmer la
même origine pour celle-ci.

Il ne reste rien, ici non plus, des statues. Mais ces
massifs piédestaux, qui ne sont jusqu'ici reconstitués que
sur le papier par les architectes, présentent par eux-mêmes
quelque intérêt. Il est sûr qu'ils ne témoignent pas d'un
grand effort d'invention ; pourtant ils marquent une étape
dans l'histoire de la construction. Ils ne sont plus, comme
la base du char, composés d'assises qui aient presque
toutes la même hauteur ; les assises hautes y alternent
avec les assises basses et plates. C'est un mode fort antique et qui a été usité ailleurs à des époques diverses :
sans remonter plus haut, le trésor des Cnidiens, autant
que nous en pouvons juger d'après les misérables restes
qui en ont survécu, était construit de cette manière.

A l'autel, la règle d'alternance n'était pas tout à fait la même. Pour les piédestaux pergaméniens, on revint à l'ancien arrangement dont on connaît, un siècle et demi plus tard, un encombrant spécimen, le piédestal d'Agrippa à l'entrée de l'Acropole.

PORTIQUE<br>DIT<br>D'ATTALE

Une inscription nous a appris qu'entre autres présents Attale avait donné au sanctuaire un portique. Or, en arrière des bases qui ont, à mon avis, supporté les statues de deux rois de Pergame, un grand portique, à cheval sur le mur d'enceinte, dresse encore aujourd'hui ses colonnes de tuf, en partie conservées, grâce à l'idée pratique des Romains qui le transformèrent en réservoir (fig. 57). Ils fermèrent les entrecolonnements par des murs très épais de briques, doublèrent les trois murailles déjà existantes, et purent utiliser ainsi les eaux qui descendent des Phédriades en torrents, à cet endroit surtout : elles étaient conduites de ce réservoir aux bains situés plus bas, contre le mur d'enceinte en dehors. Le fait que la statue d'Attale s'était élevée tout auprès rend assez vraisemblable, je l'avoue, l'attribution qu'on a faite de ce portique au roi de Pergame. Enfin dans la même région, hors du sanctuaire, mais assez près du mur, a été trouvée une pierre qui porte les trois lettres ...los, où l'on a reconnu la fin du nom *Attalos* et où on a voulu voir la dédicace même du portique.

Malgré l'heureuse liaison de ce système, j'ai longtemps douté que ce portique fût si récent. Ce n'est pas seulement parce que les colonnes sont en tuf : nous verrons le tuf employé couramment encore au quatrième siècle. Il me paraissait difficile d'admettre qu'un prince, quel qu'il fût, à l'époque où la Grèce était encore indépen-

dante, eût obtenu l'autorisation de couper sur une longueur de plusieurs mètres le mur d'enceinte du sanctuaire, mais il était sans doute plus malaisé encore de se
représenter un architecte pratiquant cette ouverture dans
la muraille exprès pour y faire passer un portique dont on
ne pouvait jamais voir qu'une partie, que l'on se trouvât
soit dans l'enceinte, soit en dehors.

Fig. 57. — Portique transformé en réservoir.

Plutôt que d'accepter un tel héroïsme de sacrifice, je
considérais comme vraisemblable que ce portique eût
existé au sixième siècle, en dehors du sanctuaire et tout
près de lui. A la fin de ce siècle, quand on a élargi le
sanctuaire, on n'aurait pas sacrifié complètement ce portique, mais on en aurait laissé une partie hors de l'enceinte, tandis que le nouveau péribole englobait l'autre.
On ne comprendrait guère qu'un architecte eût tronqué
volontairement son œuvre ; au contraire, il serait très

acceptable que, les circonstances l'exigeant, on eût fait traverser le portique par le mur du sanctuaire. Mais l'état actuel, paraît-il (1), ne permet pas de douter de l'antériorité du mur d'enceinte par rapport au portique. Toutes les objections tombent devant le fait que les fondations de la muraille s'engagent sous une des colonnes. Il faut donc admettre qu'un architecte a construit un portique qui ne devait pas être vu dans son entier développement, et que toute cette région a été remaniée à l'époque des rois de Pergame.

*BASES*<br>*DE GÉLON*

Nous revenons à la voie sacrée, au carrefour où elle aboutissait en haut de sa dernière rampe: en effet, tandis qu'elle tournait à gauche pour s'élargir en place devant le temple, la rue qui menait à la porte D se détachait de la voie au même endroit qu'un autre chemin par lequel on gagnait les terrasses supérieures du sanctuaire, derrière les bases de Gélon et d'Hiéron.

Ce sont les deux socles (fig. 58) en calcaire noir, portés par une fondation commune, et que l'on aperçoit, dominant la voie sacrée, presque depuis le moment où l'on a tourné le coin du mur polygonal. Il ne reste plus à leur ancienne place que deux bases côte à côte, celle qui a été dédiée par Gélon, fils de Deinoménès, le tyran de Syracuse, un peu plus haute que l'autre, et celle qui a été offerte par son frère Hiéron. Elles sont du type que l'on appelle campaniforme, en forme de cloche. Deux autres du même modèle, mais plus petites, ont été retrouvées et transportées près de celles-là : ce sont les bases qui supportaient les offrandes des deux autres frères de

_________

(1) M. F. Courby a bien voulu me donner ce renseignement.

Gélon, Thrasyboulos et Polyzalos. Toutes supportaient des trépieds d'or, offerts à Apollon pour commémorer la victoire que Gélon avait remportée à Himère sur les Carthaginois.

Il reste quelques mots de l'inscription qui était gravée

Fig. 58. — Bases de Gélon et de Hiéron.

sur la base de droite, celle de Hiéron, on y lit : « sept mines » ; c'est un poids d'or, équivalant à un peu plus de quatre kilogrammes, et qui ne représente évidemment qu'une partie du poids de cette offrande. Les anciens nous ont laissé quelques renseignements sur ces magnifiques présents des tyrans syracusains : le poids total était de cinquante talents, ou de 1.855 kilogrammes d'or.

Un détail de plus est fourni par le texte écrit sur la base de gauche, et où il ne manque que deux lettres : après la dédicace de Gélon à Apollon, on lit : « Bion, fils de Diodoros, de Milet, a fait le trépied et la Victoire ». Il est donc très probable que la cuve du trépied était supportée en son centre, comme dans l'ex-voto de Platées, par la colonne serpentine, ici par une statue de Niké, en or comme le trépied lui-même (1).

Ces précieuses offrandes ont de très bonne heure tenté la cupidité de ceux pour qui les richesses des dieux n'étaient pas sacrées. Il est fort possible qu'elles aient disparu avant la guerre phocidienne du quatrième siècle : sûrement elles n'existaient plus après. Et pendant des siècles les deux bases principales du moins sont restées vides et inutiles — pour les deux autres, on eut moins de scrupules et on en débarrassa cette place qui s'étend devant le temple, « l'endroit le plus en vue du sanctuaire », comme disent les inscriptions, celui où les offrandes de toutes sortes s'accumulaient, tellement serrées dans un étroit espace qu'on voit, quelques mètres à l'ouest des bases de Gélon, une substruction rectangulaire dont

(1) Ce qui paraît s'opposer à cette hypothèse, c'est que sur la base de Gélon on voit très nettement les trous d'insertion des trois pieds du trépied, on ne voit au milieu aucune trace de scellement pour la statue qui eût été le support central. Mais M. Holleaux a publié une inscription d'Athènes, un devis pour l'érection de plusieurs trépieds : comme tous les devis, il est tellement clair et précis que M. Dœrpfeld a pu dessiner le type de ces trépieds. Or, il est spécifié qu'une colonnette à chapiteau dorique servira de pied central, de support au trépied, et qu'on ne creusera pas un trou dans le socle pour sceller la colonnette, mais qu'on la fera glisser sous la cuve. Il est fort possible qu'à Delphes on ait procédé ainsi pour la Victoire du trépied de Gélon : elle devait être scellée par la tête à la cuve.

un angle a été entaillé pour laisser pénétrer l'angle
d'une autre. Mais si on respecta ces deux piédestaux, on
s'en servit, comme d'un em-
placement de faveur, pour y
fixer beaucoup de décrets en
l'honneur d'étrangers : environ une trentaine d'encoches
sont creusées sur les parties
planes et sur les blocs qui
forment les fondations de ces
bases, on y encastrait le pied
des stèles où étaient gravées
ces inscriptions. Une seule est
restée en place (fig. 59) : au-
dessous du texte qui honore
un Arcadien de la ville de

Fig. 59. — Stèle pour un Arcadien
de Kleitor

Kleitor, un taureau sculpté en relief représente les armes
de cette cité, l'emblème qui figurait aussi sur ses monnaies.

Regardons encore une fois la dernière rampe de la
voie sacrée; pour atteindre la terrasse où sont les bases
de Gélon, elle monte entre le mur des Tarentins à droite
et le grand autel à gauche. L'autel est cette construction
— de marbre blanc en bas et en haut, de marbre noir pour
la partie intermédiaire — qui était liée sans solution de
continuité à la fin du mur polygonal : le retour est de
cette muraille, sensiblement plus haut dans l'antiquité
qu'aujourd'hui, montait depuis le coin en redans successifs et venait rejoindre l'autel à peu près au milieu de sa
largeur. L'autel est, en plan, l'épanouissement terminal
du mur qui soutient la terrasse du temple.

Si l'on fait attention aux lignes que dessinent les assises

*L'AUTEL
DE CHIOS*

inférieures en marbre blanc, on se convaincra que la voie sacrée, en cette région comme ailleurs, montait par paliers successifs : c'est à l'époque impériale que l'on préféra une pente continue, avec des dalles parfois striées. Cette réfection de la voie, dont quelques voyageurs sont tentés de se plaindre, nous a du moins valu quelques textes de haute valeur, un péan à Dionysos, des comptes, des dédicaces : c'est en retournant les blocs réemployés au pavage que l'on a eu ces surprises, et nous devons les accueillir avec reconnaissance, surtout quand c'est la face gravée qui a été couchée contre terre.

Sur l'assise moulurée qui couronne l'autel et sur une autre assise du soubassement en marbre blanc, deux inscriptions confirment ce qu'un passage d'Hérodote avait appris : la première est la dédicace de l'autel par les habitants de Chios, la seconde est une copie plus récente de l'acte qui accordait aux donateurs la promantie. La cité qui a élevé pour les sacrifices ce magnifique monument en même temps que l'on construisait le mur polygonal a tenu, comme Athènes dont elle fut longtemps l'alliée fidèle, à témoigner de sa dévotion à Apollon. Deux siècles et demi après la consécration de l'autel, les Étoliens, devenus les vrais maîtres du sanctuaire par l'aide qu'ils avaient donnée à la défense de Delphes contre l'invasion des Gaulois, remanièrent à leur gré la composition du conseil amphictionique et y appelèrent un représentant de Chios. Un bon nombre des Amphictions qui sont venus à Delphes au nom de cette cité ont été honorés par des décrets ; plusieurs des stèles sur lesquelles ils étaient gravés ont été retrouvées, et on en connaît l'ancienne place : ce sont ces rainures d'encastrement que l'on voit sur les saillies du soubassement, au pied de l'autel.

Les plaques de marbre noir qui formaient le revêtement du massif plein étaient tantôt hautes, tantôt basses,
et elles n'alternaient pas selon la loi toute simple qui a
été observée dans les piédestaux des rois de Pergame. En
obtenant l'assurance qu'une assise basse séparait non
pas une assise haute d'une autre, mais deux assises
hautes de part et d'autre, on a eu le moyen de calculer

Fig. 60. — Le dernier tournant de la voie sacrée vu d'en haut.

la hauteur où s'élevait la plateforme supérieure de l'autel.
Les pierres dont la face latérale, le long de la voie sacrée,
portait l'inscription dédicatoire, étaient à plus de 2 mètres au-dessus du niveau où nous les voyons aujour-
d'hui (1); et sur cette assise inscrite il faut en restituer
au moins une autre, assez épaisse, en marbre blanc pour
atteindre la plateforme où étaient brûlées les chairs des

(1) La figure 50 permet de voir l'autel dans son état actuel.

victimes. Un escalier sur la face ouest, du côté du temple, permettait d'y monter.

C'est entre l'autel et les bases de Gélon que la voie sacrée tournait (fig. 60); elle était un peu moins large qu'elle ne paraît aujourd'hui. D'un côté, devant les bases de Gélon, entre elles et un banc dont on voit les restes (fig. 58), s'élevait une colonne ionique qui portait un entablement carré et une corniche moulurée : retour inattendu à la colonne isolée après les bases à deux colonnes. Sur ce piédestal, les habitants de Phères en Thessalie avaient dédié une offrande, peut-être une statue, peut-être un trépied.

*PILIER D'EUMÈNE*

De l'autre côté, tout près de l'autel, un très haut pilier quadrangulaire servait de base à la statue dorée d'Eumène II qu'avaient offerte les Étoliens. Les blocs de calcaire qui formaient les assises ont été utilisés, comme beaucoup des bases que nous avons énumérées, char des Rhodiens, piédestaux des rois de Pergame, pour l'affichage de documents, mais les actes d'affranchissement sont plus rares sur les bases qui se dressaient en très grand nombre devant l'entrée du temple. Ce sont des textes intéressants qui y ont été gravés, comme le décret qui réglait tous les détails de la fête en l'honneur de ce roi, les Euméneia, et en particulier la course aux flambeaux : les concurrents partaient du gymnase, à l'extrémité orientale de la ville, et le terme à atteindre était l'autel. Il est naturel que ce texte ait été inscrit sur le pilier d'Eumène, mais on l'a gravé en toutes petites lettres, et sur des blocs dont nous savons la place exacte dans la reconstitution : ils sont à une hauteur telle qu'on n'eût pas pu le lire, si précisément nous n'étions

obligés de remonter de plus de 2 mètres la plateforme
de l'autel : de cette plateforme on pouvait très aisément
lire ce texte sur le pilier tout voisin. De pareilles vérifi-
cations, où les études sur des monuments différents se
contrôlent les unes les autres, sont les bienvenues : on les
voudrait plus fréquentes.

Nous sommes arrivés à cette place autour de l'autel
qui est le centre de la vie religieuse, de la vie officielle
du sanctuaire delphique. On sait que le temple est la
maison du dieu, et que les fidèles sont tout au plus admis
en quelques occasions solennelles à y entrer. D'ordinaire
c'est le jour de la fête du dieu que l'on pénètre dans sa
demeure. Pour les temples à oracle la règle est autre. On
pouvait sans doute circuler à certains jours assez librement dans le pronaos, la première salle que l'on trouvait
après l'entrée ; mais les consultants de l'oracle seuls
avaient le droit d'aller plus loin ; encore n'entraient-ils pas
dans le saint des saints, l'adyton, c'est-à-dire précisément
l'endroit où on ne pénètre pas, la salle où la Pythie était
seule avec les prêtres. Au contraire, l'autel, avec les céré-
monies qui s'y accomplissaient en grande pompe, les
sacrifices et les prières, est le point où aboutissent les
théories venues de toutes les extrémités du monde grec.
Les processions qui s'étaient organisées dans les cités
lointaines, et dont la Pythaïde athénienne est pour nous
l'un des exemples les mieux connus, arrivaient enfin, après
de longs voyages par mer ou des journées de marche,
dans ce saint repli de montagne. On se répandait dans la
ville, habituée à recevoir de tels hôtes ; puis, l'heure
venue, on se groupait en habits de fête sur la place dallée
devant la porte principale ; au chant des hymnes, les

parures et les armes resplendissant sous le soleil, on gravissait les paliers de la voie sacrée. Pour la dernière fois sur l'aire, le cortège ordonnait ses rangs afin de parcourir dans le plus bel appareil la distance qui séparait encore du but, petite sans doute, mais suffisante pour le déploiement d'une pompe magnifique.

Parvenus au dernier tournant de la voie, la beauté de ce qu'ils avaient sous les yeux, la noble grandeur des actes qui s'accomplissaient selon les rites étreignait le cœur des fidèles d'une émotion que l'un d'eux a bien rendue : « sur les saints autels brille la flamme d'Héphaistos, qui consume les chairs des jeunes taureaux ; vers l'Olympe montent les vapeurs de l'encens d'Arabie. Le lotos mélodieux (la flûte) fait retentir l'air de ses sons modulés, et la cithare d'or, avec ses accords ravissants, répond au chant des hymnes (1) ». L'imagination la plus sèche est tentée, devant ces ruines, de faire l'effort nécessaire pour relever les colonnes abattues, peupler de nouveau les bases dépouillées, recouvrir les fondations nues et pour animer les bancs, les gradins de ces bases, les rues et la place, les rares espaces laissés vides des deux côtés de la voie, de la foule silencieuse qui attend le résultat du sacrifice offert en son nom.

C'est en face de l'autel que s'accomplissait un acte dont nous avons vu l'importance à Delphes : l'affranchissement des esclaves avait lieu de l'autre côté de la place, devant la grande porte du temple. La vie civile est si intimement liée à la vie religieuse, que pour les Delphiens aussi l'autel est un point essentiel, un des centres de leur vie,

(1) Fragment d'un des hymnes accompagnés de notes musicales, qui ont été gravés sur le mur du trésor d'Athènes.

mais il était naturel de penser d'abord à tous les peuples, à toutes les cités qui avaient tant donné pour enrichir et orner ce sanctuaire, à tous ceux, magistrats envoyés officiellement ou simples pèlerins, chez qui les sentiments de piété et d'orgueil national, mêlés et confondus, s'exaltaient pendant qu'ils montaient la voie sacrée.

# CHAPITRE VI

## LES TERRASSES AUTOUR DU TEMPLE

De l'autel on ne peut passer tout de suite au temple. Les voyageurs anciens semblent avoir fait d'habitude le tour du temple avant d'entrer dans le pronaos. Nous allons faire comme eux, non pas pour les imiter, ni pour énumérer à la suite de Pausanias les images d'Apollon, les bœufs, les loups, toutes les statues d'hommes et d'animaux qui devaient être sur les terrasses, devant les façades est et ouest, le long côté nord, et plus encore sur la terrasse inférieure du côté sud. Il reste un assez grand nombre de bases, qu'il faudra évidemment attribuer à cette région, mais la place de toutes n'est pas encore établie avec certitude. Les offrandes dont nous avons à dire quelques mots ou bien sont arrivées jusqu'à nous, comme les statues des Thessaliens, la colonne des danseuses et le conducteur de char ; ou elles sont intéressantes tout au moins par quelque détail comme les piliers de Paul-Émile ; ou enfin nous en savons l'emplacement exact, comme pour la base à deux colonnes d'Aristainéta.

Mais avant d'énumérer ces bases et les œuvres qui ont survécu, il nous faut rester encore quelques instants sur

la place où nous sommes arrivés. C'est qu'il importe
de voir tout de suite la raison d'être des différentes terrasses au-dessus, au niveau et au-dessous du temple, et
les communications qu'elles pouvaient avoir entre elles.

Un fait ici domine tout, et on en appréciera mieux
l'importance à mesure que l'on avancera. C'est la chute

FIG. 61. — UN DES ROCHERS ÉBOULÉS AU NORD DU TEMPLE.

d'énormes rochers qui se détachèrent des Phédriades en
373 avant J.-C., démolirent complètement le temple des
Alcméonides, celui qui avait été rebâti après l'incendie
de 548, et rendirent nécessaire non seulement la construction d'un nouveau temple, mais aussi le remaniement
complet de la terrasse centrale du sanctuaire.

Toute cette région fut bouleversée : nous ne pouvons pas savoir combien d'offrandes furent renversées et brisées, combien aussi furent écrasées, ni ce que les blocs gigantesques qui nous attestent cette catastrophe peuvent cacher encore de miettes de bronze ou de marbre. On voit, figure 61, celui de ces quartiers de roc qui est le plus à l'est, le plus voisin des bases de Gélon. L'administration du sanctuaire se trouva devant un amoncellement de ruines et de rochers : avant de reconstruire, il fallait dégager, regagner le plus de place possible. Le temps manquait pour faire disparaître les plus considérables de ces masses rocheuses, on déblaya tout ce que l'on put enlever sur l'emplacement du temple et dans son voisinage immédiat. La pointe extrême du roc que l'on aperçoit (fig. 61) fut taillée et, à l'alignement de sa face aplanie, parallèlement à l'axe du temple, un long mur fut construit, dont cette même figure laisse deviner le revers : c'est la tache noire, à gauche du bloc éboulé. Ce mur fut appelé l'*iskhégaon*, de deux mots qui signifient : soutenir les terres. Parmi les innombrables murs qui étaient nécessaires à Delphes pour épauler des terrasses, il est naturel que celui-là ait été nommé le mur de soutènement par excellence : c'est la partie la plus nouvelle dans l'ensemble de travaux que la catastrophe imposa. L'iskhégaon vint restreindre au nord l'ancienne terrasse du temple, et en même temps cacher les rocs éboulés, la terre et tous les débris que l'on entassa pour remblayer et niveler une plateforme supérieure. Les comptes de la reconstruction du temple portent, en 355, la mention de sommes qui ont été payées pour le travail de l'iskhégaon, mais on l'avait commencé plus tôt, tout de suite après le désastre.

Il est difficile de dire avec certitude de quelle largeur ce mur nouveau diminuait la terrasse du temple ; on ne peut pas voir partout où était, avant 373, la limite de la terrasse du côté du nord : je ne crois pas qu'elle ait été rigoureusement parallèle à l'axe du temple. Derrière les bases de Gélon, à 13 mètres en arrière de l'iskhégaon, se trouve un mur polygonal, composé de grands blocs à joints curvilignes (fig. 62). Avant les éboulements, ce mur marquait la fin de la terrasse au nord et au coin nord-est. Se prolongeait-il beaucoup vers l'ouest ? C'est probable, puisqu'un bloc polygonal, tout à fait semblable à ceux dont le mur est formé, a été découvert presque en face du coin du théâtre,

Fig. 62. — Mur polygonal au nord de l'ancienne terrasse du temple.

devant deux petits trésors très anciens : au sixième et au cinquième siècle, ces deux trésors étaient sans doute au bord de la terrasse qui dominait celle du temple. Si on acceptait cette idée, ce serait près de 17 mètres que la construction de l'iskhégaon aurait en ce point fait perdre à la terrasse. Mais il est prudent de s'abstenir d'affirmations tranchantes : la catastrophe a amené des modifications très profondes, et l'état antérieur nous est très difficile à connaître. Plus à l'ouest encore, le niveau du sol naturel, à l'endroit où a été trouvée la partie inférieure du corps de l' « Aurige », est le même que derrière l'autre extrémité de l'iskhégaon, du côté des bases de Gélon, et là aussi c'est au moins de 10 mètres et probablement d'une largeur plus grande que la terrasse du temple a été diminuée.

Si le long côté nord du temple avait posé sur le roc comme au Parthénon, on pourrait s'étonner que la plateforme se soit étendue, au sixième et au cinquième siècle, si loin de ce côté. Mais le niveau de la roche ne remonte pas rapidement, et c'est la partie du sanctuaire où les terrassements et le travail humain essayant de tirer parti même des désastres ont changé le plus l'état primitif, la pente du terrain naturel. On a eu d'autres raisons pour reconstruire au quatrième siècle la demeure divine sur le même emplacement où elle était fixée depuis des siècles, mais l'un des motifs essentiels pour lesquels on n'en a pas assis les fondations plus au nord sur le rocher, c'est qu'alors on eût supprimé tout passage entre elle et la masse des éboulis.

On voit maintenant comment se groupent les terrasses qui entourent le temple. La voie sacrée, après son dernier tournant, aboutit à une place qui s'étend devant plus de la moitié de la façade est du temple; une autre place, au même niveau, suit la façade ouest sur toute sa longueur; et, toujours au même niveau, un passage entre le temple et l'iskhégaon met en communication ces deux places. A l'ouest comme à l'est, un escalier permettait de descendre sur une grande terrasse qui, au niveau du couronnement du grand mur polygonal, se prolongeait sur toute la face sud du temple et sur un tiers de la face est. Les puissantes substructions que l'on aperçoit aujourd'hui étaient cachées dans l'antiquité.

Ces indications sommaires vont nous guider dans la

promenade que nous devons faire autour de la demeure
du dieu avant d'y entrer.

Revenons aux bases de Gélon. Tout auprès une brèche
nous permet de passer derrière l'iskhégaon et de voir ce
rocher énorme, le dernier de la masse d'éboulis. Jusqu'au mur polygonal qui marquait avant le quatrième
siècle la limite nord de la terrasse du temple, s'étendait une enceinte, un téménos distinct de celui d'Apollon, qui l'entourait de toutes parts : c'était le sanctuaire particulier du héros Néoptolème, le fils d'Achille,
qui avait été, selon la légende, tué près de l'autel et enseveli aux environs. Des anciens racontaient qu'il avait
fondé une des familles nobles qui vécurent à Delphes et
que l'on célébrait en son honneur une fête où Apollon
lui offrait, disait-on, l'hospitalité. Puis d'autres demi-dieux
furent adjoints à Néoptolème, parmi lesquels sûrement
plusieurs étaient, comme lui, d'origine thessalienne.

Ce n'est pas la première fois que nous trouvons la Thessalie en rapports étroits avec Delphes : le jeune homme
qui représentait Apollon dans le mystère du meurtre de
Python allait jusqu'à la vallée de Tempé pour s'y purifier
et en rapporter le laurier sacré. Au moment où il passait à
Phères avec ceux qui l'accompagnaient, le souvenir du
temps où le dieu avait vécu esclave chez Admète était
évoqué. Dans beaucoup d'institutions et d'usages, dans
beaucoup de noms propres, on trouve à Delphes la marque visible de liens très anciens. La présidence du conseil amphictionique et la présidence des jeux pythiques
appartenaient aux Thessaliens ; quand on donna cette dernière en 346 à Philippe de Macédoine, en même temps
que les deux voix amphictioniques dont on privait les

*ENCEINTE
DE
NÉOPTOLÈME*

Phocidiens vaincus, les deux Thessaliens continuèrent à être nommés en tête du conseil fédéral. Ils y travaillaient d'ailleurs pour Philippe; et à la faveur de l' « ombre qui est à Delphes » — c'est ainsi que Démosthène désignait l'Amphictionie — le roi est de plus en plus intervenu dans les affaires de la Grèce.

Quand les rochers tombèrent sur cette région, l'enceinte de Néoptolème fut détruite en grande partie. Il est probable que, tout de suite, on décida d'en consacrer une nouvelle sur un emplacement tout voisin. Mais il fallait d'abord réparer les ruines. Entre la muraille polygonale jusqu'où s'étendait autrefois la terrasse du temple et le mur nouveau, l'iskhégaon que l'on construisait pour cacher les éboulis, s'ouvre aujourd'hui une excavation profonde par laquelle on est arrivé au sol ancien. Il y avait là un remblai considérable. Selon l'usage, les débris des offrandes cassées dans le désastre, et qu'il était interdit d'employer à un autre usage, furent ensevelis dans la terre rapportée que l'on entassa pour augmenter la terrasse supérieure de toute la largeur que perdait celle du temple. Fragments de statues, pièces d'architecture désormais inutilisables, morceaux des frontons du temple construit au sixième siècle, jusqu'à des lambeaux d'objets votifs en bronze, cette fosse a fait reparaître au jour des restes précieux.

COLONNE DES THYIADES

L'une des œuvres qui ont été reconstituées avec les débris trouvés en cet endroit vaut que l'on s'y arrête. C'est la haute colonne, dont les tambours imitent les départs successifs de la tige d'une plante grasse, et qui porte sur l'épanouissement des feuilles trois statues de femme. La figure 63 représente cette belle offrande, telle

qu'elle a été remontée en plâtre
dans le musée : il faut ajouter
un autre tambour aux quatre
dont ce moulage est composé
pour avoir la hauteur totale.
La tige côtelée jaillit hors des
puissantes frondaisons qui en
entourent le pied, et à chaque
nouveau départ elle s'élance,
sort du bouquet de feuilles qui
l'enserre étroitement : ces
feuilles reproduisent l'harmonieuse découpure et la souplesse noble de l'acanthe. Elles
sont groupées, deux feuilles
grandes permettant d'en voir
une plus petite dans l'intervalle que laisse la ligne mon-
tante de leurs festons, et cette
disposition alterne d'un tambour à l'autre, au-dessus d'une
petite feuille une grande et in-
versement, du bouquet initial,
à la base, jusqu'aux enroule-
ments du haut, qui sont les
volutes de ce chapiteau d'un
type neuf. Il était formé de six
feuilles, trois grandes et trois
petites : au-dessus de ces dernières, étaient les trois danseuses qui se tournent le dos,
appuyées contre le bouton ter-

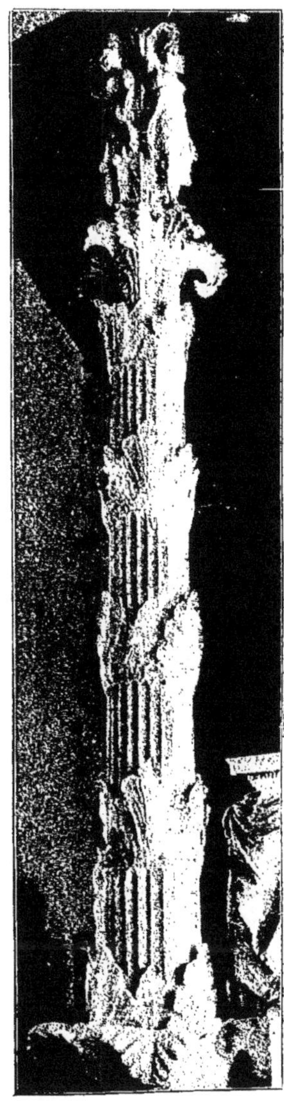

Fig. 63. — La colonne d'acanthe.

minal de la tige. Sur les plus grandes feuilles, étaient fixés les trois pieds métalliques d'un trépied dont la cuve reposait sur la haute coiffure des femmes. Ce groupe aux trois statues était donc le support central, l'équivalent des trois corps de serpents enroulés en une colonne unique qui soutenait la cuve dans le trépied de Platées.

Il est difficile d'imaginer un groupement de lignes plus gracieux (fig. 64). Cet arrangement des trois figures adossées a eu l'heureuse fortune qu'il méritait : que l'on pense, par exemple, à toutes les représentations de la triple Hécate, mais surtout aux trois Grâces de Germain Pilon et enfin, si l'on veut, à la trop célèbre pendule de Falconet. Il est possible que l'artiste qui a sculpté l'offrande dédiée à Delphes n'ait pas le premier inventé une disposition dont le charme lui a inspiré une œuvre si personnelle : il a su l'adapter à l'ensemble du trépied soutenu par la tige végétale, et il a résolu ce problème délicat avec un goût dont on peut admirer sans réserve la pureté et la distinction simple. Les trois femmes, d'un art fin et très éloigné de la sécheresse, sont bien les fleurs vivantes que devait porter cette haute plante, robuste sans lourdeur, et dont le motif élégant s'épanouit une dernière fois tout au sommet, entre les têtes.

Le bras droit est levé, la main arrive au niveau de la haute coiffure évasée en forme de corbeille (kalathos) qui est l'attribut des esclaves sacrées, des hiérodules, et que portaient parfois (1), dans les danses religieuses, les femmes consacrées au service divin. Cet ornement aurait pu paraître disgracieux et pesant : mais les lignes verticales

(1) Je sais que l'on a voulu démontrer que les danses de caryatides n'avaient rien à faire avec le service des hiérodules. Mais on va voir pourquoi je persiste à croire que les danseuses delphiques remplissent bien un office religieux.

sont multipliées qui l'allongent et le dègagent, et la « corbeille » repose sans les écraser sur les masses ondées de la chevelure. Ces flots de cheveux aux sinuosités légères encadrent un visage aux contours fermes et jeunes comme ceux du corps. Le bras gauche était abaissé, à peine infléchi, la main retenait les plis de la fine tunique qui frissonne au vent et qui, tantôt plaquée contre la chair, tantôt soulevée en vagues souples, précise et cache tour à tour les formes élancées sans gracilité, la vigueur délicate de ces corps en fleur.

Fig. 64. — Les trois Thyiades.

Leurs proportions harmonieuses n'ont pas encore atteint
la plénitude parfaite de la beauté « sûre d'elle-même »,
ainsi que Renan définissait la Vénus grecque, mais les
danseuses de Delphes ne songent pas à provoquer l'admiration. Il siérait fort peu au cinquième siècle de parler,
même en un sujet religieux, de réserve pudique, pourtant
on ne peut pas ne pas sentir la chaste discrétion de cette
quasi nudité.

Leur pied droit portait en avant sur le cercle qui réunissait par le bas les trois supports extérieurs du trépied.
Posées ainsi, elles semblaient accomplir les gestes lents
de la danse en l'honneur de leur dieu. On a voulu reconnaître en elles des Thyiades — c'est à Delphes un autre
nom des Bacchantes — et je crois que l'on a eu raison.
J'irai même un peu plus loin, et ces suivantes de Dionysos portant le trépied d'Apollon me paraissent le plus
beau symbole plastique des liens qui unissaient étroitement les deux grands cultes du sanctuaire.



Le Dionysos que l'on adore à Delphes est sans doute
celui qui souffle à travers les *Bacchantes* d'Euripide ce
vent de délire, l'initiateur du culte orgiastique qui
transporte sur les montagnes la troupe exaltée des
femmes à la suite du jeune dieu. Ce n'étaient pas seulement les vallons du Cithéron qui retentissaient des cris
et de la course échevelée des ménades ; les plateaux du
Parnasse, on l'a vu, étaient dignes par leur beauté farouche d'attirer les Delphiennes qu'un enthousiasme fréné-
tique arrachait à leur vie ordinaire, pour les jeter dans les
fureurs ou l'extase que leur inspirait à son gré le Maître
aimé. Qu'aux fêtes nocturnes, à la lueur vacillante des
torches de résine, quelque bacchante égarée par l'ivresse
mystique ait tout oublié, et consenti, sans doute par er-

reur, à une étreinte humaine, nous pouvons le penser
après Euripide qui voudrait nous faire croire un instant
que la naissance d'Ion est due à une aventure de cette
sorte. Mais aussi serait-on mal venu à rapprocher de ces
ménades trop vite revenues à l'humanité l'idéale figure
des Thyiades qui dansent au sommet de la colonne
d'acanthe. C'est que le Dionysos de Delphes, qui y règne
seul pendant les mois d'hiver où Apollon est absent, est en
même temps le dieu qui a souffert: il a été déchiré comme
l'Osiris égyptien, et ses membres épars ont été recueillis
*sous le trépied*. Les Thyiades sont celles qui éveillent
l'être divin au moment où il renaît, elles l'entourent
quand il vient à la vie comme un enfant au berceau : un
collège de prêtres qu'on appelle hosioi, les saints, les
assiste dans cet office. Or, à l'époque impériale, les hosioi
sont comptés parmi les prêtres d'Apollon Pythien. On
voit que, dès le cinquième siècle avant J.-C., l'union des
deux cultes était célébrée par une création exquise, les
prêtresses de Dionysos dansant sous le trépied d'Apollon
à l'abri duquel reposent les restes de leur dieu.

On voudrait savoir quel peuple a consacré cette offrande, quel artiste l'a sculptée. Mais ces questions n'ont
pas reçu jusqu'ici de réponse décisive. Quelques savants
ont pensé que la tige végétale était celle du silphium,
une plante médicinale et alimentaire d'Égypte, plutôt
que celle de l'acanthe ; ils ont donc cherché laquelle des
colonies grecques de l'Afrique avait pu offrir cette
œuvre originale. D'autres ont persisté à voir dans
l'acanthe le type de la plante dont l'artiste s'était librement inspiré, et ils ont voulu trouver ici, par un de ces
jeux de mots que les anciens aimaient tant, un présent
de la ville d'Akanthos. Cette cité avait aussi dédié un trésor

qui est peut-être entre les bases de Gélon et celles des rois de Pergame, l'emplacement n'en est pas certain.

L'attribution de la colonne des Thyiades aux Akanthiens ne l'est pas davantage. On ne peut affirmer qu'une chose : cette offrande, reconstituée de très nombreux morceaux trouvés dans les remblais qui recouvrirent l'ancien sanctuaire de Néoptolème, avait été détruite par la catastrophe de 373. Elle avait donc été élevée au plus tôt dans le premier quart du quatrième siècle, et plus probablement vers la fin du siècle précédent. L'art délicat avec lequel certains détails — les lignes sinueuses des cheveux et les plis légers du vêtement sur l'épaule, où il est attaché par une rangée de boutons — sont traités encore à la mode archaïque, n'est pas un argument contre cette date.

Il est donc impossible de croire que cet exemplaire original et charmant de l'offrande en hauteur s'est élevé jadis près des bases de Gélon. La colonne d'acanthe était sûrement plus à l'ouest, en une place que nous ne pouvons déterminer avec plus de précision, mais où elle fut atteinte par un des rochers des Phédriades, renversée et brisée. Les morceaux en ont été enterrés, avec de nombreux débris d'autres ex-voto et du temple ancien, pour former la terrasse nouvelle qui cachait les éboulis.

*BASE DES CORCYRÉENS*

Cette terrasse, à son extrémité est, vint en rejoindre une autre qui existait depuis longtemps derrière les bases de Gélon. Une construction à degrés, disposée obliquement par rapport aux offrandes syracusaines, s'y trouve aujourd'hui encore, presque disloquée par les glissements et les affaissements du terrain. C'est comme une longue banquette qui se développait entre deux petits massifs, avançant à ses deux extrémités. Il faut y replacer une assise inscrite dont les fragments, trouvés tout auprès, portent une dédicace archaïque des Corcyréens. L'inscription a été, ici encore, gravée de nouveau dans la seconde moitié du quatrième siècle, au-dessous du premier texte et en lettres plus grandes. Quel groupe de statues les Corcyréens avaient-ils dressé à cette place? Pausanias ne parle que du taureau dédié par eux près de l'entrée.

En arrière s'étendait une enceinte rectangulaire, une salle fermée au fond de laquelle s'adossait à la muraille une base qui n'a jamais porté de statue. C'est le troisième exemple d'un système de construction en matériaux de couleurs variées — le socle en conglomérat rouge, au-dessus duquel deux assises de calcaire gris en supportent une de marbre noir — que nous avons déjà vu appliquer à la base des Arcadiens et à la base des Béotiens. La date en est aussi certaine que celle de ces deux monuments : c'est au quatrième siècle avant J.-C. que cette chambre a été bâtie. Aucun texte littéraire ou épigraphique ne nous donne de renseignement sur les auteurs et sur l'origine de la dédicace. Une hypothèse très vraisemblable propose de reconnaître ici le nouveau sanctuaire de Néoptolème, celui que l'on dut consacrer au héros quand l'ancienne enceinte de son culte fut entièrement recouverte par les rochers et ensuite par les remblais. Les Thessaliens, qui envoyaient tous les ans une théorie au tombeau de leur demi-dieu, avaient à Delphes, on le sait, une influence très puissante à cette époque. Une offrande considérable va nous prouver qu'ils ont tenu à y garder leur rôle de premier plan. Elle touche à l'enclos rectangulaire, et les deux monuments non seulement étaient placés à côté l'un de l'autre, mais ils ont été dédiés à peu près en même temps, l'un au souvenir mythique d'un héros du sud de la Thessalie, l'autre à la gloire d'une très importante famille de Pharsale.

DAOCHOS    Un long piédestal de calcaire gris qui mesure plus de 11 m. 50, a été retrouvé en place, à l'ouest de l'enceinte rectangulaire. Les inscriptions en vers nous font connaître que les neuf statues qui s'alignaient à la surface supérieure de ce piédestal représentaient les ancêtres de Daochos et Daochos lui-même. Ce personnage, en qui Démosthène flétrit un traître à la cause grecque, acheté par la Macédoine, se trouve être, par le monument qu'il éleva aux illustrations de sa famille et où il ne s'oublia pas, par les comptes de la reconstruction du temple où intervient souvent son autorité suprême, un des personnages dont nous connaissons le mieux l'activité à Delphes pour ce moment important du quatrième siècle. Comme hiéromnémon thessalien, il était l'un des deux présidents du conseil fédéral. D'autre part, son rôle à Pharsale, sa patrie, paraît avoir été considérable, puisqu'il fut l'un des tétrarques de Thessalie.

Les effigies de Daochos et de sa famille se dressaient sur une ligne, se détachant sur un mur de fond qui, aux deux extrémités, se retournait à angle droit comme le piédestal lui-même. Nous devons sans doute imaginer cette file de statues au fond d'une exèdre rectangulaire, ouverte vers le sud comme l'exèdre demi-circulaire qui est toute voisine. Il semble évident que Daochos a voulu que son groupe fût vu de la voie sacrée, par-dessus les bases de Gélon : la situation même de sa base indique qu'entre elle et le sommet de l'iskhégaon le talus devait

descendre en pente très douce. On a proposé dernièrement de reconnaître dans cette exèdre rectangulaire les
restes d'une chambre, où une porte seulement eût été
ouverte du côté sud; mais on n'a pas invoqué, me semble-t-il, d'argument probant. J'admettrais volontiers que
les statues, ici encore, étaient protégées par un toit; mais,
qu'elles aient été vues du dernier tournant de la voie sacrée
et de la place devant le temple,
c'est ce dont il est difficile de
douter (1).

De ces neuf statues, il
manque précisément celle de
Daochos, qui a consacré l'offrande : il n'en reste que les
pieds et le bas du vêtement,
sculptés comme pour toutes
les autres dans le même bloc
que la plinthe. Il était donc
figuré vêtu, comme le sont
quelques-uns de ses parents
qui s'illustrèrent, ou comme
chefs de guerre : deux d'entre

Fig. 65.

eux sont couverts du manteau militaire, de l'épaisse
chlamyde des cavaliers thessaliens (fig. 65), ou comme
chefs politiques : Sisyphos I, le père de Daochos, porte
un chiton qui s'arrête au-dessus des genoux et, le man-

(1) Il est à souhaiter que l'on replace bientôt les moulages des statues
sur cette ligne de piédestaux. C'est la seule base en longue file pour laquelle
tout ou presque tout ait été conservé. On sera alors plus aisément convaincu
que l'offrande de Daochos ne pouvait pas être cachée au fond d'une chambre
fermée.

teau enroulé autour du bras gauche qui s'appuie sur un
socle, le bras droit levé dans l'attitude familière aux
orateurs, il représente l'homme qui sait s'adresser à
l'assemblée et à qui sa parole assure la puissance. Les
statues nues sont celles des membres de cette famille
qui ont, comme athlètes, remporté des victoires aux grands
jeux, et cette gloire valait toutes les autres.

Aparos, le premier en date de cette noble lignée, les
trois petits-fils d'Aparos : Agias, Télémachos et Agé-
laos, sont de très remarquables exemplaires de la beauté
virile, régulièrement développée, sans exagération, par
les exercices de la palestre et qui a profité de tous les
avantages d'un « entraînement » réfléchi. Le dernier
appuie le bras gauche sur un hermès, c'est-à-dire un
pilier dont le haut porte une tête barbue de style archaïque.

AGIAS

La statue d'Agias est la mieux conservée. Debout dans
une attitude qui balance habilement les principales
masses musculaires, le poids du corps portant plutôt sur
la jambe droite, elle présente, avec la largeur des épaules
et du thórax, la puissante élégance des membres, le
volume presque excessif du cou sous une tête presque
trop petite, un type saisissant d'animal humain (fig. 66).
Le contraste de la carrure athlétique avec cette face levée,
ces yeux qui semblent perdus dans un rêve, serait
étrange et presque déconcertant, s'il n'était pas dû à ce
que nous regardons la statue de trop près et de trop bas.
Le profil (fig. 67), pris à une juste hauteur, est mieux en
accord avec l'ensemble. Le ruban qui traverse les cheveux est le bandeau dont se couronne le vainqueur, et si
les déformations produites par les coups reçus sont indiquées ici avec une extrème discrétion, pourtant les

oreilles gonflées et le bourrelet du front au-dessus du nez manifestent que l'athlète dont nous admirons les muscles était bien, comme le dit son inscription, un pancratiaste, c'est-à-dire un lutteur et un pugiliste. Ce n'est pas à l'habitude de la méditation intense qu'est dû l'enfoncement des yeux sous les orbites. Nous avons bien devant nous le modèle de l'être sûr de sa force, arrivé, sans excès choquant dans la saillie des pectoraux et des biceps, à la pleine expansion de ses formes vigoureuses, mais il est évident qu'ici les qualités morales ou intellectuelles ne sont pas au premier plan.

Dès le moment de la découverte, ces statues furent appréciées comme de bonnes productions d'un atelier contemporain de Lysippe : l'influence du maître bronzier parut surtout sensible dans la statue d'Agias qui permettait d'étudier le style et les détails de la technique. Si le modelé n'est pas

Fig. 66 — Agias.

toujours très expressif, si la manière dont le torse, par exemple, est traité manque un peu de cet accent personnel où se laisse voir l'artiste de génie, l'ensemble, ce balancement très simple et pourtant très étudié, est d'une harmonie telle que les menues critiques s'oublient. Cette impression fut confirmée d'une manière éclatante quand un savant allemand découvrit qu'à Pharsale une inscription à peu près pareille à celle qui est gravée à Delphes au-dessous d'Agias était de plus complétée par la signature de Lysippe. On voit les conséquences qui en furent tirées tout de suite : l'Amphiction Daochos fit élever dans sa patrie, vers 340, un monument en l'honneur de sa famille sans doute, en tout cas de son illustre aïeul, et c'est Lysippe qui sculpta la statue en bronze d'Agias. Deux ou trois ans après, à une époque où Daochos, quoiqu'il ne siégeât plus au conseil fédéral, avait gardé d'étroites relations avec le sanctuaire, il dédia à Delphes cette offrande qui n'était peut-être que la copie du groupe de Pharsale. Ce qui du moins paraît assuré, c'est que la statue delphique d'Agias est une réplique en marbre de celle qu'avait modelée Lysippe, et elle a dû être exécutée dans son atelier.

Cette conclusion n'a pas été acceptée sans débat. J'avoue que la principale objection qu'on a faite, toute sérieuse qu'elle est, ne me paraît pas décisive. Delphes, a-t-on dit, était un centre trop important pour l'art, comme une exposition permanente de chefs-d'œuvre, et le génie grec, à ce moment de création originale, était trop puissant, trop fier d'affirmer la nouveauté de ses inventions surtout dans le rendu de la forme humaine, pour qu'un artiste illustre se fût contenté de laisser figurer une copie de lui dans le sanctuaire. Sans doute : mais précisément la signature de Lysippe n'est pas gravée au-dessous de la statue delphique. Et puis, sommes-nous toujours bons juges dans ces questions délicates, et pouvons-nous affirmer que les anciens auraient eu le même sentiment que nous sur les rapports d'un original en bronze et de sa réplique en marbre ?

On sait que les Messéniens qui n'avaient pas voulu rester esclaves de Lacédémone et qui, avec l'aide des Athéniens, s'étaient établis à Naupacte, ont dédié à Delphes comme à Olympie une haute colonne triangulaire. Celle d'Olympie portait la statue de Victoire en marbre que Paeonios avait sculptée. Pour celle de Delphes nous n'avons pas de renseignement certain sur l'offrande qui la couronnait. On a d'ordinaire admis que c'était une réplique en bronze de la célèbre Niké. Si quelques savants ont pensé à un trépied, ce n'est pas, semble-t-il, parce qu'ils croyaient l'orgueil des Messéniens ou celui de Paeonios intéressé à donner autre chose qu'une copie. Un mot célèbre résume toute la théorie classique de l'invention, que les maîtres ont fait consister bien plutôt dans la mise en œuvre que dans la trouvaille du sujet. Polyclète, dit-on, répétait volontiers : l'ori-

Fig. 67. — Tête d'Agias.

ginalité du sculpteur se montre « quand il a la glaise dans les ongles », ce qui veut dire : l'idée première est à tout le monde, chaque artiste la traite comme il l'entend, et il montrera sa vraie et personnelle invention quand il tra-duira dans la matière les lignes générales de l'œuvre qu'il a conçue à son tour, plus encore peut-être quand il en sera à la facture du détail, au modelé, à ces accents dont nous regrettions tout à l'heure l'absence dans l'exem-plaire en marbre d'Agias. C'est que Lysippe lui-même n'y a pas mis la main, mais c'était l'affaire de Daochos et non la sienne si la statue dédiée à Delphes, tout en ayant gardé quelque chose de l'œuvre du maître, le reflet de cette conception première que l'on devine forte et belle, n'est que l'œuvre d'un très bon élève.

Revenons à la terrasse devant l'entrée du temple : les offrandes s'y entassaient, si nombreuses et si serrées que le soubassement de l'une est entaillé, pour que le socle de l'autre y pénètre en coin; ainsi engagées l'une dans l'autre, avec cette partie commune, elles occupaient moins d'espace. C'est de ces deux bases seulement que je voudrais dire un mot, parce que la place en est sûre. Il paraît certain qu'à l'époque où les Étoliens ont été les maîtres du sanctuaire, puis à partir du moment où les Romains sont intervenus dans les affaires de la Grèce, toute cette région entre les bases de Gélon et le temple a été remaniée : sûrement aucune offrande dans l'espace intermédiaire n'est antérieure au milieu du quatrième siècle.

*BASE D'ARISTAINÉTA* — Sur trois dalles de calcaire (1), en bordure de la voie, quelques mètres à l'ouest des bases de Gélon, s'élevait une de ces bases à deux colonnes ioniques dont on a déjà vu l'effet d'ensemble. Les morceaux principaux de celle-ci ont été retrouvés, on pourrait la relever sur place, ou en rééditier tout au moins un moulage. C'est (fig. 68) le monument qu'Aristainéta, fille de Timolaos, a voulu consacrer pour sa gloire et celle de sa famille : les deux colonnes en marbre, posées sur un socle en calcaire, portaient au-dessus d'un entablement et d'une frise

(1) Ce sont les trois dalles qui sont marquées sur le plan : celle qui est le plus à droite porte le premier chiffre, le 5 de la cote d'altitude 571.82.

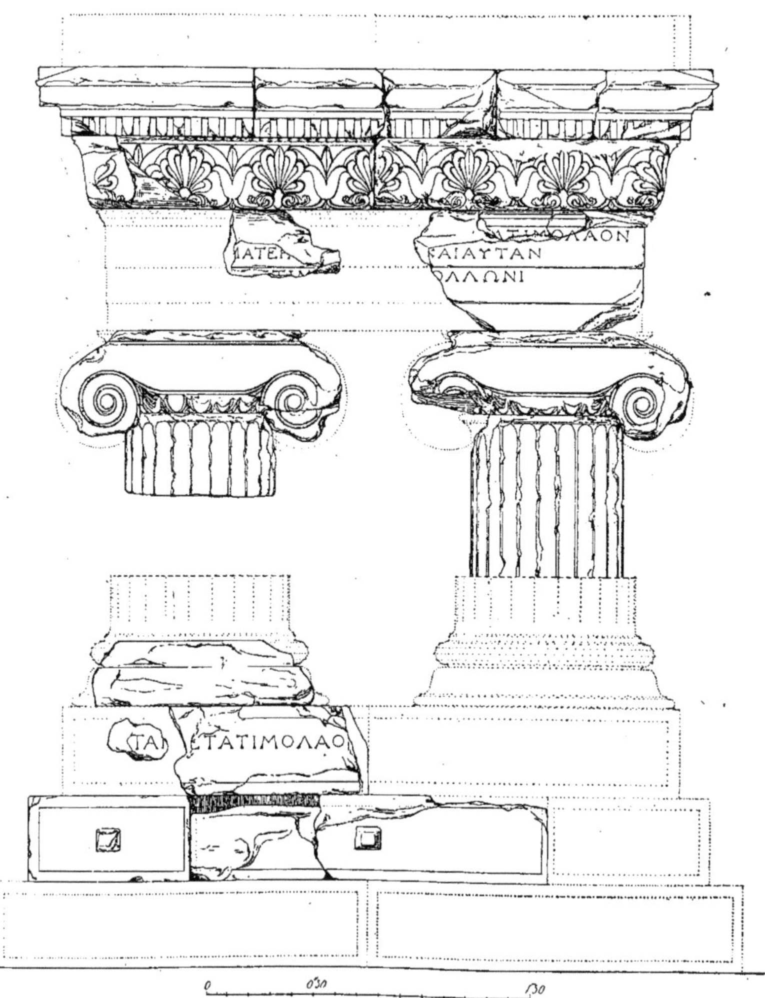



Fig. 68. — Piédestal d'Aristainéta. (Dessin de M. Martinaud.)

très ornée, tous deux aussi en marbre, les statues de Timolaos et de sa femme, de leur fille Aristainéta et de
leur petit-fils Timolaos.

La frise rappelle bien, avec l'alternance des palmettes
et des fleurs de lotus, les ornements riches et un peu
lourds du trésor des Siphniens. Une imitation, même
élégante et soignée, devait avoir à trois siècles de distance cette finesse, mais aussi cette sécheresse un peu
métallique qui fait regretter la rondeur grasse de l'original. C'est la plus luxueusement ornée des offrandes à
deux colonnes que nous connaissons à Delphes. Comme
c'est aussi celle qui imite le plus la colonnade ionique
dont elle est un fragment détaché, je me demande si ce
n'est pas la première en date, la plus près des origines.
L'époque où fut stratège Charixénos l'Étolien qui a dédié
sa statue, on s'en souvient, sur une base du même genre
est assez bien fixée : environ 240 avant J.-C. C'est quelques années plus tôt qu'Aristainéta vraisemblablement
a dédié son groupe. Je proposerais volontiers de placer
l'offrande de Charixénos, qui nous a paru être le type
achevé de cette classe, la dernière des quatre et, dans
l'intervalle, les monuments des Delphiennes qui appartenaient à la famille de Lykos et de Dioklès.

L'effet que pouvaient produire ces quatre statues (trois,
si Aristainéta tenait le jeune Timolaos entre ses bras)
à plus de 10 mètres au-dessus de la terrasse, devait
être, me semble-t-il, moins heureux que celui d'une statue équestre. Mais on a déjà vu beaucoup de groupes
formés de statues rangées en ligne : il n'y a ici de nouveau que l'originalité et la hauteur du support. Du moins
cette originalité est-elle réelle. Il faut souhaiter que, dans
d'autres sanctuaires, à Délos et à Olympie, des bases

semblables soient reconstituées ; peut-être apprendront-elles beaucoup sur l'histoire de cette étrange construction dont quelques exemplaires ont été pour la première fois reconnus à Delphes.

Le piédestal dont la première assise au-dessus du sol a été entaillée pour que le coin de la base d'Aristainéta pût y pénétrer, mais qui est postérieur à cette base, a supporté la statue équestre de Prusias, roi de Bithynie. Il a été remonté quelques mètres trop à l'ouest (1), mais on le redressera sans doute bientôt à sa véritable place.

PILIER<br>DE PRUSIAS

Ce n'est pas une brillante fécondité d'invention dont témoigne ce haut pilier quadrangulaire ; la frise de guirlandes et de têtes de bœufs qui le décore en haut est d'un travail médiocre. Mais il est intéressant par les inscriptions qui y ont été gravées dans la suite. Un texte en l'honneur du petit-fils de Prusias, Nicomède III, et de la femme de Nicomède, Laodice, nous apprend que les statues du roi et de la reine devaient se dresser à Delphes, sans doute sur cette même place qui s'étend devant la façade du temple. D'autres décrets sont de l'époque qui assista, surtout sous Hadrien, à une renaissance factice du sanctuaire d'Apollon. Les contemporains, on l'a vu à propos d'Hérode Atticus, on le voit aussi chez Plutarque, purent se laisser tromper par l'apparence.

Il semble que le sacerdoce delphique ait essayé de grouper autour de lui les forces intellectuelles, les écri-

___

(1) Le mérite d'avoir dit le premier, et cette fois avec raison, qu'une erreur avait été commise par les Français qui ont travaillé à Delphes, revient à un érudit allemand, M. Pomtow. Encore convient-il de noter que M. Replat avait établi antérieurement que l'autre socle, celui qui paraît engagé dans le socle de Prusias (le vrai), avait porté la base à deux colonnes d'Aristainéta.

vains, les sophistes, les philosophes et les savants. Sur une base qui était dans cette même région, tout un groupe de platoniciens parmi lesquels Bacchios, le maître de Marc-Aurèle, sont inscrits comme ayant été honorés en même temps, et un décret spécial est consacré au célèbre Tauros de Beyrouth, platonicien lui aussi. Ces textes nous font descendre jusqu'en 163 après J.-C., le temps est tout proche où les mêmes honneurs seront accordés à des faiseurs de tours, à des acrobates qui auront le mérite de marcher avec des échasses. Au début du siècle on était peut-être un peu plus difficile, et l'un des textes les plus curieux de cette époque est précisément gravé sur le piédestal de Prusias. Il donne le droit de cité delphique à un « savant naturaliste », Aristokleidès, originaire de Tyane, compatriote du faiseur de miracles Apollonios, et cet homme de science, après avoir beaucoup voyagé, est venu à Delphes s'acquitter d'un vœu pieux : il a replacé dans la fenêtre du temple, c'est-à-dire dans une de ces grandes niches qui se trouvaient des deux côtés de la porte, les « objets sacrés » qui, probablement, avaient disparu lors des pillages de Néron, peut-être plus tôt. Cette inscription est un assez clair symbole de l'union qui existait entre la science telle que l'on pouvait alors la concevoir et la religion.

Toute la terrasse devant la façade du temple a été peuplée dès le début de l'époque romaine, puis sous les empereurs, de statues pour lesquelles on ne s'est pas toujours contenté de faire de la place en serrant les piédestaux les uns contre les autres. En cette région, plus qu'en aucune de celles que nous avons parcourues, les monuments de l'époque romaine et impériale ont chassé ceux qui y existaient antérieurement.

Quittons cette terrasse, et passons devant la rampe en
larges dalles de calcaire gris qui montait à la porte du
temple. Entre l'extrémité de cette rampe et l'autel on
arrivait à la fin du terre-plein : un escalier permettait de
descendre au niveau de la terrasse inférieure, celle que
soutient le mur polygonal. Tout près du coin sud-est,
probablement au coin de la façade, un haut pilier quadrangulaire en marbre portait la statue équestre de Paul-
Émile. C'est l'une des deux « colonnes » dont parle Tite-
Live : le roi de Macédoine Persée avait commencé à les
construire, mais il fut défait à Pydna (168) par les Romains ;
l'imperator vainqueur plaça ses propres statues sur les
bases que le vaincu avait préparées pour les siennes. La
seconde de ces « colonnes » est aussi un piédestal quadrangulaire en marbre, de dimensions plus réduites : il
était peut-être sur la terrasse supérieure, celle que nous
venons d'abandonner, faisant à peu près pendant au pilier
plus grand qui était à un niveau inférieur ; en fait, la
place de ces deux piédestaux n'est pas encore connue avec
certitude.

Le plus grand, celui qui a été remonté dans le musée,
mérite de retenir l'attention par les bas-reliefs qui forment
sur les quatre faces une frise suivie, au-dessous de la corniche. Ce n'est pas un artiste de premier ordre qui les a
sculptés, mais les renseignements qu'ils offrent à l'his-
torien sont précieux. L'épisode du cheval échappé qui est
représenté fut précisément le début du combat de cava-
lerie qui, à Pydna, décida du gain de la bataille. Les cavaliers romains, les Macédoniens avec leur bouclier rond et
orné, les auxiliaires Gaulois avec le long bouclier ovale y
figurent dans une mêlée violente.

Ce haut pilier quadrangulaire, le socle et les gradins

sur lesquels il est dressé offraient une vaste surface où graver des documents. Aussi les textes sont-ils nombreux ici encore, et quelques-uns fort intéressants : décrets de Delphes pour des fonctionnaires de l'époque impériale, bornage entre deux villes de Locride, ordonnance relative aux pirates, contre lesquels les Romains ont dû agir vigoureusement, au début du premier siècle avant notre ère, dans la Méditerranée orientale.

Il existe en bas du temple, et au coin sud-est du socle majestueux qui le portait, une fondation de base où l'on restitue d'ordinaire l'un des deux piliers de Paul-Émile. C'est le premier reste de monument que nous rencontrions sur la longue terrasse inférieure, soutenue par le mur polygonal. Elle s'étend au pied des substructions du temple sur tout le long côté sud et une partie de la façade est.

LE MUR 'DES COMPTES

Les puissantes assises de ces substructions (1) n'étaient pas visibles dans l'antiquité : les énormes blocs dont elles sont formées ont été travaillés sur les faces par lesquelles ils adhèrent aux pierres voisines, mais la face extérieure est restée très irrégulière et comme à l'état brut : c'est qu'on ne devait pas l'apercevoir. Quelques érudits ont émis l'idée singulière qu'un talus planté d'arbres avait dissimulé ces soubassements. Ils donnaient une application trop étendue à quelques vers de l'*Ion* d'Euripide ; de plus, ils sacrifiaient de propos délibéré une terrasse qui est indispensable quand on cherche la place des offrandes dont la seule énumération occupe plusieurs longues pages dans Pausanias, et qui toutes étaient autour du temple. Enfin, il était d'un goût vraiment fâcheux de placer au

(1) On en voit assez bien le côté est, figure 50, et le côté sud, figure 86.

centre même de tout cet ensemble d'œuvres d'art, constructions ou sculptures, aux lignes savamment calculées,
une pente raide de terres rapportées. Mais il est peu
utile de développer tous les défauts d'une hypothèse
aujourd'hui abandonnée. On a généralement accepté une
solution qui fut proposée il y a plus de dix ans et qui est
devenue, je peux le dire, certaine. Les substructions du
temple, du côté sud et sur une partie du côté est, étaient
cachées par un mur.

Il est entièrement démoli : les fondations même n'en
subsistent que sur une petite partie de la longueur.
Cependant on peut reconnaître la direction qu'il suivait :
elle est à peu près parallèle à celle du mur polygonal. A
l'ouest, le mur part d'un contrefort considérable, grâce
auquel le socle du temple était solidement étayé au coin
sud-ouest, il s'écarte peu à peu de ce socle pour venir
passer à l'alignement d'un grand rocher qui a été englobé
dans les substructions et sur lequel elles s'appuient, mais
ce rocher était sans doute caché par la muraille.

Nous avons aussi quelques indices sur la composition
de ce mur. Les grandes plaques de calcaire gris sur lesquelles étaient inscrits les comptes de l'administration du
sanctuaire à l'époque où le temple fut reconstruit, au
quatrième siècle, formaient le revêtement de la muraille
sur presque toute sa surface. Mais on a trouvé aussi des
textes du même ordre, gravés sur des plaques de marbre
plus minces que celles de calcaire ; elles sont ornées sur
un seul bord, tantôt à droite, tantôt à gauche, tantôt en
haut, de moulures et de filets : on est autorisé à supposer
que ces plaques étaient groupées de manière à dessiner
comme un encadrement autour d'une, peut-être de plusieurs ouvertures percées dans la muraille. Or, à peu près

14

en face de l'escalier de la fontaine que nous allons voir sur cette terrasse, les assises de la substruction du temple sont interrompues pour le passage d'un couloir étroit. Il est évident qu'une porte s'ouvrait dans le mur des comptes pour permettre l'accès à ce couloir. Peut-être est-ce autour de cette porte qu'étaient disposées plusieurs de nos plaques de marbre ; peut-être d'autres étaient-elles groupées autour des bâtiments de la fontaine, qui avaient sûrement, au quatrième siècle avant J.-C. et même au deuxième après, un aspect tout différent de celui qu'ils présentent aujourd'hui. Les parois de l'escalier qui descend à la fontaine ont été refaites, au troisième siècle de notre ère, avec des blocs provenant du trésor de Corinthe. Sans doute la destruction du mur qui avait caché les soubassements du temple était déjà à ce moment un fait accompli, puisque les plaques où on déchiffre les comptes du sanctuaire ont été retrouvées dans le dallage de la voie sacrée et des terrasses, surtout celle de l'opisthodome. On peut conjecturer ce qu'a été ce mur, se représenter, par exemple, un revêtement de marbre encadrant la fontaine où un double escalier eût permis de descendre, mais il est difficile de rien affirmer : cette terrasse a été complètement bouleversée.

Une chose du moins est certaine : l'espace entre ce mur et les substructions du temple était rempli d'un blocage ou de terres rapportées. A la hauteur du premier des trois gradins sur lesquels le temple était posé, du gradin le plus bas, existait une étroite plateforme qui, partant de l'opisthodome, suivant tout le long côté sud et retournant sur la face est, derrière le piédestal de Paul-Émile, allait rejoindre la terrasse devant la façade près de la rampe. On pouvait donc de plain-pied faire le tour de tout le temple; mais au nord entre lui et l'iskhégaon la rue était assez large ; sur presque toute la façade est et sur toute la façade ouest, s'étendaient deux places; au contraire, le long du côté sud, ce n'était qu'un chemin de ronde (marqué en pointillé sur le plan), de 5 à 6 mètres au maximum, que soutenait le mur des comptes; et au coin sud-est, derrière le piédestal de Paul-Émile, la largeur se réduisait à 3 mètres.

Ce n'est pas sur cet espace resserré que l'on peut penser à restituer de nombreuses offrandes. La terrasse qui s'étendait entre ce mur des comptes et le haut du mur polygonal est plus spacieuse et mieux appropriée. Un vaste terre-plein nous est nécessaire, on s'en souvient, pour y restituer par la pensée la foule des statues et des bases qu'énumère Pausanias, quelques-unes aussi dont il ne parle pas. Citons parmi ces dernières deux piliers triangulaires en marbre, ornés de moulures semblables, mais pour l'un en marbre blanc, pour l'autre en marbre noir. C'est un de ces piliers, consacré par les Messéniens de Naupacte, qui supportait peut-être une copie en bronze de la Victoire que Paeonios avait sculptée pour Olympie. D'après l'endroit où ont été trouvées les pièces inférieures de la construction, les fragments des deux socles sur lesquels ces deux piliers étaient dressés, on a eu sûrement raison d'attribuer les deux bases triangulaires à la terrasse que soutient le mur polygonal.

Cette terrasse a été, on le sait, complètement remuée et transformée avant même le troisième siècle de notre ère. Mais l'œuvre de destruction a été continuée dans les siècles qui suivirent. La chute des colonnes et des grosses pièces d'architecture du temple a causé beaucoup de ruines, mais elle n'eût pu faire disparaître tous les massifs de fondations qui portaient les séries d'offrandes qu'énumère Pausanias.



La grande raison pour laquelle on n'en a pas découvert davantage, c'est qu'à mon avis un assez grand nombre de ces offrandes ont été placées au bord de la terrasse, sur une assise de calcaire qui formait le couronnement du mur polygonal. Nous le retrouvons ici pour la dernière fois. On a vu que les assises polygonales étaient surmontées de trois assises rectilignes où il était nécessaire que l'œil se reposât, après avoir suivi les courbes capricieuses, les lignes sans cesse brisées et fuyantes. Il est impossible que la dernière en haut de ces rangées de pierres n'ait pas été décorée d'une moulure : une construction si soignée devait paraître achevée. La moulure la plus simple, l'équivalent du chaperon par lequel les Grecs ont souvent couronné leurs murs, c'est un bandeau de 0 m. 07 dont beaucoup de pierres à Delphes sont ornées sur les deux faces, antérieure et postérieure.

En rassemblant celles de ces pierres à bandeau qui avaient porté une offrande considérable, dédiée par les habitants des îles Lipari, on s'est aperçu qu'il ne fallait pas les replacer sur une base séparée, mais qu'un assez grand nombre de dalles semblables, trouvées dans les régions du sanctuaire les plus différentes, avaient appartenu aussi à la même construction. Or toutes ces dalles, dont les deux faces étaient vues, ont 0 m. 88 d'épaisseur : elles ne peuvent avoir formé le parapet que d'une terrasse très large, à cause de cette dimension, et aussi très longue, vu leur nombre. La terrasse que soutient le mur polygonal est la seule qui convienne.

Les colons cnidiens des îles Lipari ont commémoré

dans le sanctuaire plusieurs victoires sur les Étrusques.
Pour un de leurs succès ils firent le vœu de consacrer au
dieu autant de statues qu'ils avaient pris de vaisseaux aux
ennemis : ce furent donc vingt Apollons qu'ils dressèrent
en ligne sur ces pierres à bandeau, vers 475 avant J.-C.,
trente-cinq ou quarante ans après que le mur polygonal
était fini. Selon l'usage, l'inscription dédicatoire avait
d'abord été gravée sur la face supérieure des piédestaux.
Puis, dans la seconde moitié du quatrième siècle, en
même temps que l'on réparait tant d'édifices et de bases,
que l'on restaurait d'autres offrandes dans le domaine
d'Apollon, on inscrivit de nouveau la dédicace des Lipa-
réens, mais cette fois sur la face antérieure de la
longue série de blocs, en lettres de 0 m. 17 de hauteur et
espacées de 0 m. 70 : un tel texte devait être lu de loin et
d'en bas.

Quand nous parcourons aujourd'hui cette terrasse, nous
sommes surtout frappés des mutilations qu'elle a subies
jadis : le mur des comptes détruit, les offrandes disparues,
le couronnement du mur polygonal dispersé aux quatre
coins du sanctuaire. Il n'y reste, au-dessous du niveau
actuel, que les débris de deux monuments de tuf : l'un rectangulaire, à l'intérieur du coin est du mur polygonal ;
l'autre à l'ouest, petit temple archaïque à abside qui faisait partie du sanctuaire primitif de la Terre et des Muses.
Tous deux ont été démolis et recouverts par les remblais
quand, dans le dernier tiers du sixième siècle, le mur polygonal fut construit. Mais il y reste aussi cet escalier de
la fontaine (fig. 69), dont il a déjà été question : les murs
latéraux en ont été refaits avec des blocs du trésor de
Corinthe. Il est certain qu'une fontaine a existé en ce

L'ESCALIER
DE LA
FONTAINE

point dans l'antiquité ; il n'y coule plus d'eau maintenant. A peine un faible suintement permet-il de supposer que si, dans les régions supérieures, il était possible de restituer l'état ancien, profondément modifié par les éboulis, l'eau jaillirait ici de nouveau. Cette fontaine est sans aucun doute en communication avec la source, d'un débit très faible, que nous avons vue (p. 123) à l'antre primitif de Python et près du rocher de la Sibylle.

Toutes deux ces fontaines étaient, comme le petit monument à abside, comprises dans le sanctuaire de la Terre et des Muses. Au septième siècle avant J.-C., celle dont on voit l'escalier, figure 69, était l'un des points les plus élevés de ce sanctuaire. Puis, quand on construisit le mur polygonal et la terrasse qu'il soutient, tandis qu'on remblayait les autres monuments, on fut obligé de laisser ouverte ici une excavation, et de ménager un escalier pour descendre à la fontaine. L'escalier que nous voyons aujourd'hui ne ressemble sûrement pas du tout à celui qui fut alors établi : il y avait là un ensemble de constructions plus belles, les plaques de marbre sur lesquelles sont gravés des comptes provenaient peut-être, on s'en souvient, des bâtiments de la fontaine. Faut-il reconnaître ici la fontaine où Ion va chercher l'eau pour laver les dalles du temple ? J'ai une assez grande méfiance, je l'avoue, à l'égard des renseignements topographiques d'une précision trop rigoureuse que l'on prétend trouver dans une tragédie. Est-ce bien à elle, ou à Castalie, ou même à Cassotis que doivent s'appliquer les mots de l'enfant quand il décrit le bosquet de myrtes et de lauriers ? Si c'est la fontaine au-dessous du temple qu'Euripide veut désigner, il faudra borner aux environs immédiats le fourré qui l'abritait, et ne pas le transformer en bois couvrant toute la plate forme.

Parmi les questions vraiment passionnantes que sé
pose la curiosité des modernes dans le sanctuaire oraculaire d'Apollon, la plus importante de toutes doit déjà
être abordée à l'occasion de cette fontaine et de ses dépen-
dances immédiates. L'eau était une dérivation lointaine de
la fontaine Cassotis, située beaucoup plus haut sur les

Fig. 69. — La terrasse du mur polygonal et l'escalier.

pentes, et dont on voit à peine quelques restes entre le
théâtre et la Lesché. Mais cette dérivation passait sous
le temple, et le bâtiment de la fontaine est précisément
en face de l'adyton, c'est-à-dire de la salle prophétique où
la Pythie est seule avec les prêtres et où le profane
n'entre pas. Enfin, ce qui est tout à fait surprenant, quand
on est en bas de l'escalier qui descend à la fontaine, on

aperçoit à droite l'ouverture d'un étroit corridor souterrain. Il est évidemment trop large pour n'avoir servi qu'à l'écoulement du trop-plein, il l'est assez pour qu'un homme puisse s'y glisser et le parcourir. Or, vers le sud, ce couloir aboutit à la face postérieure du mur polygonal et s'arrête là ; vers le nord, après avoir fait le tour de la fontaine elle-même, il passe sous les substructions de la colonnade du temple et les traverse. Pour qu'une communication eût été possible avec l'adyton, les substructions du rectangle intérieur (1) qui soutenaient les murs de la cella auraient dû aussi livrer passage à ce couloir. Il ne semble pas qu'il en ait été ainsi, cette seconde ligne de substructions ne semble en aucun point interrompue, et on n'aperçoit pas les traces d'une ancienne ouverture bouchée. Au contraire, le couloir tourne à angle droit et va rejoindre, à un niveau plus élevé, cet autre corridor ménagé dans les substructions du temple et que j'ai déjà mentionné (p. 210).

A quoi servaient ces couloirs ? Peut-être, tout simplement, à vérifier le débit de l'eau, à permettre de nettoyer les conduites, surtout après de fortes pluies sur les plateaux du Parnasse. Mais on s'attendait sans doute à une explication moins banale. Et s'il restait, dans les substructions du rectangle intérieur, la moindre trace d'une ouverture ancienne, quelles conséquences n'eût-on pas tirées tout de suite de cette communication entre la salle de l'oracle et la fontaine ! L'imagination aurait eu beau jeu

---

(1) Les figures 78 et 79 montrent les deux rectangles des substructions : le rectangle extérieur qui portait la colonnade entourant le temple, et le rectangle, compris à l'intérieur du précédent, qui portait les murs de la cella sur les longs côtés et, sur les petits, les colonnes des portiques au pronaos et à l'opisthodome.

à se représenter la Pythie gagnant par le souterrain l'adyton et le trépied prophétique. Ce couloir lui-même est
plus spacieux dans la partie qui s'étend entre la fontaine
et le mur polygonal : l'ancienne école, qui croyait expliquer tout par des supercheries sacerdotales, eût vite fait
d'y reconnaître une cachette commode d'où les prêtres
auraient entendu, à travers le tuf sonore qui forme le plafond, les conversations des consultants de l'oracle. Un
Delphien, qui ne savait peut-être pas lui-même tous les
secrets du rôle qu'on lui faisait jouer, promenait ses hôtes
dans le sanctuaire, et les amenait en cet endroit; il
n'avait aucune peine à les faire parler du sujet sur lequel
ils venaient consulter le dieu. Il ne les quittait pas un
instant, on ne pouvait soupçonner qu'il eût rien révélé aux
fonctionnaires du temple : ceux-ci n'en avaient nullement
besoin, ils savaient tout ce qu'ils voulaient savoir. — Est-
il besoin d'ajouter que, comme il arrive presque toujours
pour ces constructions hypothétiques trop bien liées, la
preuve décisive fait précisément défaut? On cherche à
rassembler les explications vraisemblables, à en faire un
tout ; il est irritant, au moment où il semble que l'on
arrive à la solution, de se trouver, comme ici, devant un
mur qui paraît n'avoir jamais été ouvert. Mais notre premier devoir, quand nous ignorons, c'est de dire : nous ne
savons pas, et de ne pas prendre des imaginations pour la
réalité.

# CHAPITRE VII

## LES TERRASSES AUTOUR DU TEMPLE (*fin*)

Quand on quitte la terrasse que nous venons de parcourir, en bas du temple, pour monter sur la plateforme qui s'étend devant la façade ouest ou terrasse de l'opisthodome, on utilise aujourd'hui comme marches les assises d'un puissant contrefort : c'est l'étai qui renforce les soubassements du temple au coin sud-ouest. Dans l'antiquité, un escalier mettait les deux terrasses en communication à peu près en cet endroit, il devait longer le contrefort du côté ouest.

Nous n'aurons pas à nous arrêter longuement à la terrasse de l'opisthodome. Dans toute la partie méridionale le dallage a disparu ; il s'étendait peut-être plus loin vers le sud qu'on ne le croit d'ordinaire ; deux édifices en tuf, dont il ne reste que des substructions, ont été complètement recouverts lorsqu'on a construit le mur polygonal et le retour ouest lui-même de cette muraille n'était pas vu. Le niveau d'une terrasse, au-dessous de celle de l'opisthodome, mais au-dessus du terrain naturel que la fouille nous a rendu, est indiqué sûrement par la porte percée dans le mur d'enceinte en face du coin du mur polygonal.

La plateforme qui s'étendait devant le front ouest du temple venait tout au moins jusqu'à l'alignement du mur des comptes.

C'est dans la partie de cette terrasse où le dallage n'existe plus que s'élevait sans doute, entre autres offrandes, la statue dorée colossale que les Étoliens avaient consacrée pour rappeler leur victoire sur les Gaulois en 279. Elle représentait l'Étolie personnifiée en une femme armée, assise sur un trophée où M. A. Reinach a reconnu des armes gauloises ; cette statue a été fort célèbre, les monnaies étoliennes en ont longtemps porté l'image en souvenir de la gloire nationale.

En avançant vers l'escalier du théâtre, qui est au fond *ANTINOÜS* de la terrasse, on voit à gauche un piédestal circulaire en calcaire gris, qui a sans doute porté une statue d'empereur romain, plus grande que nature. Tout auprès, s'ouvrent deux pièces ; elles ont comme mur de fond le mur d'enceinte lui-même, en avant duquel on a construit une muraille de briques d'une seule épaisseur, elle était recouverte d'une couche de stuc. L'identification, qui a été proposée de divers côtés, de ces deux chambres avec la maison de la Pythie, qu'une inscription de l'époque d'Hadrien nous fait connaître, n'est pas assurée. C'est dans celle qui est le plus près de l'escalier qu'on a trouvé debout sur son piédestal, contre le mur du fond, cassée aux genoux à cause de l'énorme poids de terre qu'elle avait supporté si longtemps, la statue d'Antinoüs (fig. 70).

Ce favori d'Hadrien mourut prématurément et fut héroïsé, c'est-à-dire il reçut les honneurs des demi-dieux : parmi les très nombreuses images de culte que l'adulation lui a fait élever, l'exemplaire de Delphes est l'un des plus beaux.

La tête penchée à gauche, comme alourdie par le poids d'une magnifique chevelure aux mèches savamment calamistrées, produit un étrange effet : cette inclinaison, et aussi les yeux, assez profondément enfoncés sous de longs sourcils presque froncés, feraient croire à une méditation presque mélancolique : la bouche, avec ses lèvres épaisses, d'une inflexion molle et voluptueuse, ne dément pas cette impression autant que les contours du visage, surtout du bas des joues et du menton : ils sont arrondis comme chez un jeune enfant, et donnent à cet athlète adolescent quelque chose de poupin. Un autre contraste, plus accusé encore, est plus choquant aussi : le torse largement développé est porté par des jambes élégantes, mais presque trop minces. On dirait que l'artiste à qui nous devons cet intéressant spécimen d'une sculpture trop savante a voulu combiner le canon de Polyclète avec celui de Lysippe : la robuste carrure en haut, la sveltesse élancée en bas. C'est sans doute moins un portrait qu'une image idéalisée du « héros ».

Ce qui donne à cette statue un caractère à part, c'est surtout la perfection du modelé ; on sent qu'elle a été finie et comme caressée à loisir par le sculpteur, et depuis frôlée avec amour par les mains pieuses, qui ont donné à l'image de culte tous les soins matériels exigés par la tradition. Cette *ganosis*, comme disaient les Grecs, c'est-à-dire ce lustrage, ce polissage par l'huile et les onguents passés avec des flocons de laine sur le corps du demi-dieu, toutes ces preuves d'adoration active par lesquelles on conservait au marbre comme la souplesse et la douceur de la chair vivante, peu de statues antiques nous les font mieux saisir. On serait tenté de croire que la dévotion à Antinoüs, dont les monnaies de Delphes sont aussi un témoignage pour l'époque d'Hadrien et qui avait été instituée par l'un des deux prêtres d'Apollon lui-même, a survécu de beaucoup à l'empereur. Peut-être la

Fig. 70. — Découverte de la statue d'Antinoüs (13 juillet 1893).

chambre où la statue a été découverte était-elle la chapelle où son culte fut célébré. Il semble pourtant qu'elle y a été transportée à un moment où les deux avant-bras étaient déjà brisés : on n'en a pas retrouvé le moindre fragment dans la terre qui s'était lentement amoncelée autour de lui et qui avait fini par dépasser sa tête de plus d'un mètre.

OFFRANDE
DE CRATÉROS

Au fond de la place un escalier (fig. 71, à gauche) mène à la terrasse supérieure où est construit le théâtre. Nous y reviendrons tout à l'heure. Pour le moment, achevons le tour du temple : il ne nous reste à parcourir que le long côté nord.

La rue qui mettait en communication les terrasses de l'est et de l'ouest passait, on s'en souvient, entre la colonnade du temple et l'iskhégaon, le mur de soutènement qui cachait les éboulis. Ce mur ne venait pas à l'ouest jusqu'à l'escalier du théâtre : il s'arrêtait une quinzaine de mètres avant de le rejoindre, et là s'ouvrait une grande chambre (fig. 71), où un groupe considérable d'hommes et d'animaux en bronze avait frappé l'imagination des anciens. Il n'en reste même pas la base ; et dans les derniers temps du paganisme, cette chambre, dépouillée de la célèbre offrande qu'elle avait abritée, est devenue une maison d'habitation, on l'a partagée en trois pièces.

Une pièce de dix vers gravés sur le mur du fond nous apprend l'occasion de la dédicace. Alexandre, dans une chasse, était sur le point d'être tué par un lion quand Cratéros, un de ses officiers, se porta au secours du roi et abattit le fauve. C'est le fils de Cratéros qui, après la mort de son père, consacra à Delphes, probablement vers la fin du quatrième siècle, la représentation de cet exploit : hommes, lion, chevaux et chiens formaient un groupe magnifique, qu'avaient sculpté Lysippe et Léocharès. Pline l'ancien, dans ses chapitres sur les œuvres d'art, en parle, et Plutarque aussi dans sa *Vie d'Alexandre :* Pausanias ne mentionne pas cette offrande, il est

pourtant difficile de croire qu'elle ait été enlevée au
sanctuaire dans le courant du deuxième siècle après J.-C.

Le niveau de cette chambre est à 1 m. 50 au-dessus du
dallage de la rue ; une exèdre demi-circulaire appuyée au
soubassement permettait de se reposer dans le coin de la

Fig. 71. — La chambre de Cratéros (au-dessus, le théâtre).

terrasse de l'opisthodome. On voit tout auprès les restes
de colonnes de briques : les Romains ont probablement
élevé un petit arc qui marquait de ce côté l'entrée de la
rue que nous allons suivre. Nous retrouvons ici l'iskhégaon qui limite la rue au nord. On a déjà vu (p. 184) pourquoi cette longue muraille fut construite, mais nous ne la

voyons pas aujourd'hui dans l'état où elle était au quatrième siècle avant J.-C. La figure 72 montre assez nettement que la partie haute en est composée de petites pierres, unies avec du mortier : à l'époque impériale on a donc superposé cette construction aux assises inférieures, en pierres rectangulaires, dont était formé l'ancien iskhégaon à l'alignement des rochers éboulés : quelques-uns de ces rochers avaient été aplanis et entaillés pour faire partie de la muraille. De plus, la grande cavité voûtée qui s'ouvre dans le mur a été transformée, aussi au deuxième ou au troisième siècle après J.-C., en bassin, où les eaux des terrasses supérieures étaient dérivées.



Nous verrons dans un instant quelle surprise nous réservaient les remblais soutenus par cette muraille. Il faut encore répéter que l'iskhégaon a été bâti, diminuant au nord la terrasse du temple de plus de 10 mètres, pour tirer le parti le moins mauvais de l'amoncellement des blocs qu'avait précipités sur cette région la catastrophe de 373. Il cachait les éboulis, les bases et les édifices renversés et détruits : avec les débris des offrandes et du temple lui-même, on tassa derrière l'iskhégaon un terre-plein qui donnait une nouvelle plateforme.

Que le même désastre ait eu lieu plusieurs fois, et qu'on ait rebâti la partie haute du mur parce que des rochers étaient encore tombés, c'est possible, c'est même probable : la destruction des bâtiments qui entouraient à l'est du théâtre la fontaine Cassotis est due aux blocs énormes que l'on y voit encore et qui ont presque tout écrasé, et cette ruine doit dater d'après Pausanias. Mais nous ne pouvons pas en conclure que Pausanias a passé à travers l'iskhégaon par la cavité voûtée où les Romains ont aménagé un bassin. Il n'y a jamais eu là de passage,

les blocs et la terre entassés derrière le mur étaient à cette
place depuis le quatrième siècle avant J.-C., et en voici
la preuve irréfutable. Les Romains ont eu l'idée d'em-

FIG. 72. — NICHE CENTRALE DE L'ISKHÉGAON.

ployer à un usage pratique la grande niche percée dans
l'iskhégaon. A quoi servait-elle antérieurement? Niche à
offrandes, exèdre couverte, on peut hésiter, mais il est

15

sûr qu'en arrière elle était fermée. A travers le remblai
que le mur soutenait, on a percé, à l'époque impériale, un
petit canal pour amener une partie des eaux que l'on ne
pouvait laisser séjourner sur la terrasse du théâtre, du
côté de la parodos est. Ces eaux descendaient, par une conduite en briques courbes assez grossières, jusqu'au bassin
établi dans la niche du mur. Comme on le verra, c'est sous
cette conduite qu'a été trouvé le buste de l'Aurige: la
statue a été brisée quand le désastre de 373 l'arracha du
char qui la portait. Si les Romains avaient creusé quelques
centimètres plus bas dans le remblai ancien pour installer leur conduite d'eau, ils ne nous auraient pas laissé à
découvrir la partie supérieure du chef-d'œuvre devant
lequel nous devons maintenant nous arrêter.

L'AURIGE — C'est une statue d'homme très jeune, debout (fig. 73 et
74); tout le haut du corps est sensiblement tourné vers
la droite, et la tête un peu penchée en avant. Des deux
bras, qui étaient des pièces rapportées, le droit seul a été
retrouvé: la main tient les rênes qui passent librement
entre le pouce et l'index, les trois autres doigts prêts à
les serrer contre la paume. Le mouvement que com-
mencent l'épaule et le haut du bras gauche semble indiquer que le cocher ne s'appuyait pas de ce côté sur la
balustrade ou main courante qui suivait à une certaine
distance le contour supérieur du char. Sans aucun doute
les deux mains tenaient les rênes de l'attelage. Le bandeau qui entoure la tête et qui, noué derrière, retombe
sur le cou, n'est pas un attribut royal, c'est un signe de
victoire. Le personnage a remporté le prix de la course
des chars, il vient d'être proclamé vainqueur, il défile,
nous dirions: devant les tribunes, au pas de parade des

Fig. 73. — L'Aurige.

quatre chevaux ; il n'est plus dans l'action violente qui lui a valu le succès, il n'est pas encore au repos heureux qui suivra le concours, il est saisi dans le premier moment après son triomphe.

Mais il ne triomphait pas seul ; pour mieux dire, celui qui à côté de lui savourait vraiment l'orgueil de la victoire, c'était le maître, le prince à qui l'attelage appartenait. Le succès proclamé, il est monté dans le char à côté de son cocher et c'est lui qui recueille, dans ce « tour de piste » suprême, les applaudissements et les acclamations. Il ne subsiste pas le moindre fragment de cette autre statue, qui était l'image du personnage principal, de celui qui a offert au dieu de Delphes le magnifique souvenir de cette course. Mais, comme on le verra, les circonstances où l'Aurige (1) lui-même et quelques misérables restes des chevaux ont été découverts rendent fort possible qu'une statue ait entièrement disparu ; de la caisse du char, des roues, il ne reste rien ; de l'enfant, le troisième être humain de ce groupe, un bras seul a été retrouvé. Au surplus, il est impossible de douter que le maître ait été représenté à droite de son cocher : la position oblique de ce conducteur qui n'est pas dans l'axe du char et qui ne dirige ses chevaux que de biais, ce torse qui tourne sur les hanches, l'ensemble de cette attitude ne s'explique que si la place d'honneur est occupée par celui dont l'attelage a remporté le prix.

---

(1) Pourquoi ce nom latin ? — « Cocher » a paru sans doute vulgaire, et « conducteur de char » trop long. Acceptons le nom sous lequel la statue est devenue célèbre. Je n'oserais pas proposer « hénioque », et c'est pourtant le nom même dont les premières lettres étaient gravées, comme repère de montage, dans un pli du vêtement sur la hanche droite.

En même temps que l'Aurige, on a découvert un petit *L'ENFANT*
bras, aussi en bronze ; la patine lui a donné ce ton d'un bleu vert profond qu'admirait Plutarque dans d'autres statues de bronze à Delphes. Ce bras est plus petit que celui du cocher ; les formes puériles en ont été modelées avec une précision et un soin exquis (fig. 75). Il paraît difficile d'admettre qu'il ait appartenu à une Victoire, apportant une palme ou une

Fig. 74.

couronne au vainqueur. La petite main serre encore un

Fig. 75.

morceau de bronze, plat, un peu plus large que les fragments de rênes qui ont été conservés, mais qui est probablement l'extrémité de ces mêmes rênes, la partie par laquelle elles viennent s'attacher au mors.

On pourrait sans doute supposer que, pendant la course, le cocher avait à côté de lui sur le char un enfant dont le rôle devait être de lui indiquer ce que lui-même, absorbé par les difficultés redoutables de sa tâche, ne pouvait pas voir. Imaginez ce léger véhicule qu'un seul cheval pourrait enlever dans une course rapide. Il s'agit ici de lancer les quatre chevaux attelés de front, qui ne sentent pas le poids qu'ils ont à tirer, à la vitesse la plus grande qu'ils pourront atteindre. Cet attelage, l'homme ne le maîtrise pas de haut ; quoique les chevaux pas plus ici qu'à la frise des Panathénées ne soient de grande taille, il dépasse de peu leur croupe. Tout entier à la manœuvre qui consiste à les diriger, à leur imposer sa volonté en obtenant d'eux le maximum d'effort, il lui était difficile d'observer toutes les pierres qui pouvaient amener un désastre, toutes les particularités de la piste, plus encore de se retourner pour voir si un concurrent se rapprochait, si un autre était distancé. L'enfant eût été là pour lui dire d'un mot ce qu'il avait besoin de savoir.

Mais les peintures de vases où des courses en chars sont représentées ne confirment pas cette hypothèse. La seule chose sûre, c'est que, le prix obtenu, le maître montait dans le char. Pendant que l'attelage défile solennellement devant le public, le cocher n'a vraiment plus à conduire, ses doigts laissent aller les rênes et c'est l'enfant qui, à la tête des chevaux, mène au pas l'ensemble triomphal.

LE VÊTEMENT     Il n'était pas inutile d'insister sur l'attitude et le moment où le sculpteur a voulu fixer le seul personnage de ce groupe qui soit arrivé jusqu'à nous. Plusieurs détails sont expliqués par là même, et d'abord l'aspect très curieux du vêtement. Sur un vase trouvé à Délos, le cocher qui est représenté dans un char, aussi à côté du maître, en porte un tout semblable. C'est une longue tunique sans manches, formée de deux grands morceaux rectangulaires, cousus en haut (sauf l'endroit où passe la tête) et sur les côtés (sauf l'endroit où passent les bras); la couture du haut est visible sur les épaules et sur les bras, les deux coutures latérales sont perdues dans les plis abondants. A la taille, une ceinture serre la tunique qui au-dessus a une ampleur suffisante pour retomber en bouffant, tandis qu'elle descend presque jusqu'aux chevilles en longs plis verticaux que leur profondeur et leur régularité ont fait, dès l'instant de la découverte, comparer aux cannelures d'une colonne.

Pour éviter que, dans le tourbillon rapide de la course, l'air violemment remué ne gonflât l'étoffe autour du torse, deux cordelettes minces attachées à la ceinture font le tour des épaules et se croisent dans le dos. Elles n'ont pour effet que de maintenir la tunique sans l'appliquer contre la chair : elles ne peuvent empêcher l'ouverture ménagée pour la tête de s'évaser légèrement sur le haut de la poitrine en pli gracieux, ni surtout les sinuosités de s'épandre largement au-dessus de la ceinture : le bourrelet ainsi formé n'est pas lourd, on y sent l'étoffe foulée et souple, grâce à laquelle la statuaire ancienne trouvait dans la vie même le modèle de ces ondulations harmonieuses, de ce rythme qui donne au vêtement tant de noblesse et tant de charme.

On la sent peut-être mieux encore dans les froncés que la couture a déterminés sur les épaules et les bras.

Les bretelles servent surtout à laisser le moins de jeu possible à la partie de la tunique qui recouvre les bras, et, parce qu'il n'y a pas de manches, l'étoffe accompagne sans les gêner les mouvements les plus violents. Mais, ce qui est le plus remarquable, le sens de tous ces plis parallèles contrarie celui des cannelures de la jupe. Il est bien entendu que nous ne devons pas chercher ici un effet obtenu par des lignes géométriques, perpendiculaires ou obliques les unes aux autres. Il n'y a aucune brutalité dans cette opposition pourtant nette : on passe d'une direction à l'autre par les courbes savantes de l'étoffe sur le torse, qui donnent la transition. Le sculpteur n'a pas voulu simplement distraire l'œil à qui les tuyaux et les creux alternants de la longue jupe pourraient paraître monotones ; cette dernière critique, d'ailleurs, tombe d'elle-même : la plaque qui formait le devant du char cachait la moitié inférieure du conducteur. Ce qu'il a eu le dessein réfléchi de réaliser et ce qu'il a fait avec maîtrise, c'est de varier ces trois masses qui, nous le voyons maintenant, sont en proportion et s'équilibrent. La même étoffe, dans les trois régions délimitées par la ceinture et les bretelles, a trois mouvements différents.

LES
MEMBRES

On a souvent admiré le soin avec lequel les maîtres et les ouvriers les plus humbles terminaient les parties de l'œuvre qui n'étaient pas vues. Devons-nous citer les pieds de l'Aurige comme un nouvel exemple de cette probité artistique ? Sans doute, mais en y insistant on paraîtrait oublier que les lois de la matière travaillée devaient intervenir. De deux artistes également consciencieux, tandis que le sculpteur sur marbre se fût à la rigueur contenté d'indiquer des masses, sans préciser les détails,

le bronzier ne pouvait, semble-t-il, envoyer à la fonte
qu'une statue finie. Tout y était achevé et parfait, les
pieds que le devant du char empêchait de voir aussi bien
que la tête ou les bras ; toutes les parties nues sont d'un
dessin serré et nerveux. Fins et allongés, le pouce écarté
par le passage habituel de la courroie qui attache la san-
dale, les pieds reposent solidement, portant un corps
robuste et jeune : l'élégance des chevilles comme celle
des poignets n'a rien de gracile. Ce serait faire un mince
éloge à l'auteur de cette figure que de le féliciter sur sa
complète connaissance de l'anatomie : les primitifs en
savaient presque autant que lui sur ce point. Mais une
précision aussi ferme dans le jeu des muscles, sous
l'enveloppe de la peau, ne se trouve que dans les
chefs-d'œuvre, et aucun n'a plus de vérité dans l'expression de la forme virile. Ces ongles traités avec une minutieuse délicatesse, ces veines qui courent sous l'épiderme,
quelquefois un peu plus saillantes, mais toujours discrè-
tement indiquées, ajoutent encore à l'impression de vie
que donnent les pieds et le bras de l'Aurige.

Pour d'autres œuvres on a dû signaler des contrastes
internes qui ne nuisaient pas toujours à l'effet produit,
qui en tous cas le compliquaient. Ce qui me paraît être
la marque propre de celle-ci comme de toutes les grandes
créations, c'est l'accord saisi dès le premier regard, qui
se précise et se confirme à mesure que l'étude devient
plus profonde, l'union intime qui fait que les détails les
plus petits, successivement aperçus et admirés, viennent
tout de suite enrichir l'impression générale : tout est su-
bordonné à la noble et forte simplicité de l'ensemble.
Les proportions de ce corps vigoureux sont si heureuses
et si vraies qu'on doit insister sur ce qui ailleurs serait

une virtuosité inutile, absorbant l'attention au détriment de l'œuvre elle-même : ici ces recherches curieuses ne cessent d'apporter des raisons nouvelles d'admirer la statue qu'elles ornent ; elles n'en sont plus à la fin des accessoires surajoutés, dont on pourrait se passer, elles en font inséparablement partie et ce sont elles qui, complétant l'effet voulu par la pensée créatrice, lui donnent cet accent personnel où s'affirme l'originalité de l'artiste.

*LA TÊTE* La tête, portée par un cou robuste dont la grosseur n'est pas excessive, paraîtrait un peu trop petite si l'on ne se rappelait pas que la moitié seulement du corps était visible. Le profil, sans doute idéalisé (fig. 76), rappelle, comme on l'a déjà dit, celui d'un jeune homme sur un vase d'Euphronios. La coiffure n'est pas la même ; mais cette courbure accusée du menton, ce développement du maxillaire inférieur se retrouvent chez tous deux, aussi bien que cet œil largement ouvert à la place juste où la nature veut que soient les beaux yeux, ni à fleur de tête, ni enfoncés sous l'orbite : c'est la même expression limpide de l'être librement développé, sans aucune tare, sain, et d'une santé morale aussi bonne que l'autre.

La chevelure est assez simple, elle ne se dresse plus en échafaudage au-dessus de la tête, elle ne descend pas sur le front en boucles compliquées : l'Aurige n'a plus le « rouleau » de tel éphèbe de l'Acropole ni les festons des « Apollons » archaïques. De fines ciselures indiquent les principales mèches, aplaties sur le crâne dont elles ne dissimulent nulle part la forme. Mais, au-dessous du bandeau qui les serre, ces mèches jaillissent librement ; aux tempes et tout autour des oreilles, l'habile torsion de leurs volutes, le jet gracieux de leurs pointes donne l'impression d'une virtuosité qui s'amuse. Le contour curieusement étudié qui, par d'élégantes sinuosités, suit les boucles encadrant le front jusqu'aux premiers poils de la barbe adolescente et remonte ensuite à cet épanouissement rayonnant qui entoure et presse l'oreille, est une des lignes les plus heureuses que l'artiste ait réalisées. Derrière la tête et sur la nuque les cheveux, de nouveau aplatis, dégagent l'attache robuste et souple du cou.

Le visage vu de face frappe d'abord par une dissymétrie qui n'est pas du tout une difformité : c'est une preuve de plus du scrupule avec lequel les Grecs tenaient à rendre la nature dans sa vérité. Ils savaient qu'une figure humaine, même la plus régulièrement belle, n'a jamais les deux moitiés, que sépare l'axe du nez, rigoureusement pareilles. Aussi ne faut-il pas croire que nous tenions ici un de ces traits individuels qui nous aideraient à reconnaître le modèle que l'artiste a étudié.

Fig. 76.

Cette tête d'une virilité jeune a conservé presque intacte la grâce de l'adolescence. Ce qui lui donne vraiment son expression propre, c'est d'abord sa bouche entr'ouverte, cette bouche aux lèvres épaisses où l'on pourrait être tenté de retrouver l'un des caractères de la race à laquelle appartenait le cocher du prince syracusain. C'est surtout son regard. Au-dessous des cils qui, jadis séparés et détachés dans le bronze, s'avançaient au bas des fortes paupières, l'œil s'ouvre assez grand, fendu en amande, le coin externe sensiblement tiré vers les tempes, et il est tellement vrai qu'il saisit plus que celui de beaucoup de vivants.

Les visages de marbre qui nous paraissent aujourd'hui sans regard devaient à la peinture, à l'indication en couleurs des diverses parties de l'œil, ce qui achevait leur ressemblance avec la vie. Que l'on ait employé aussi des matériaux étrangers, insérés dans une cavité ménagée pour l'orbite, la tête de l'une des caryatides qui décoraient la façade du trésor des Siphniens le prouve assez. Il n'est pas étonnant que les bronziers aient usé des mêmes moyens pour faire ressortir l'iris et la pupille sur la blancheur de la cornée ; et le parti qu'ils en ont su tirer, on pouvait l'admirer dans des œuvres beaucoup plus récentes, dans les danseuses d'Herculanum. Pour les yeux de l'Aurige, l'effet obtenu est d'une étrange puissance. L'artiste connaissait bien la valeur de ces couleurs variées : le bandeau qui serre les cheveux et qui, de profil, s'amincit par un pli où l'on sent la souplesse de l'étoffe, était orné d'une ligne de méandres incrustée en argent. Il a de même représenté la cornée par une pâte qui a la consistance de l'émail, et il y a introduit deux pierres concentriques de couleur différente : la plus grande est elle-même

entourée d'un cercle un peu plus clair pour qu'il n'y ait
aucune dureté dans ce passage d'un ton au ton presque
opposé. La pierre centrale la plus foncée, mais entourée
aussi d'un mince cercle clair, donne au point lumineux
toute la force pénétrante, toute la vie du regard.

Je n'ai plus à m'excuser d'avoir décrit si longuement
tant de précieuses minuties. On le voit maintenant, elles
concourent à l'impression d'ensemble qu'elles fortifient.
Cet être calme vit de l'existence particulière aux grandes
œuvres. Là-dessus quelques délicats pourront regretter
que le reflet d'une pensée plus active et plus profonde
n'éclaire pas davantage cette beauté simple et, pour le
dire d'un mot, ils trouveront que l'Aurige n'a pas l'air
très intelligent. Ce jugement, avouons-le, n'est pas d'une
sévérité excessive. Mais ne pourrait-on pas le formuler
en d'autres termes ? Surtout quand on regarde l'Aurige
de face, il est si absorbé par ce qu'il fait, lui, qui à ce
moment-là n'a plus rien à faire, si uniquement préoccupé
de son attitude de parade officielle qu'il paraît dégagé de
toute pensée : l'ombre des idées abstraites n'a pas souvent
sans doute effleuré sa sérénité. Et alors ce reproche ne
doit-il pas être pris pour un éloge, le plus juste que mérite une si exacte observation de la nature ? Ce serait
montrer que l'on s'est mépris sur cette œuvre que de
limiter par une vaine restriction l'admiration qu'elle vaut.
Le conducteur de char est beau, paisible, heureux d'avoir
gagné le prix : il s'en contente. Ne soyons pas plus difficiles que le génie qui le créa.

On ne peut dire à quel artiste est due cette œuvre. En
même temps que la jupe cannelée qui sortit de terre

d'abord, et tout à côté d'elle (fig. 77), fut découverte une pierre qui avait sûrement appartenu à la base de ce groupe considérable. Elle n'a conservé que la fin d'une inscription en vers qui était la dédicace de l'offrande; je n'essaierai même pas de résumer toutes les hypothèses auxquelles ces quelques mots ont donné lieu. Le nom de Polyzalos, rapproché de la forme très caractéristique d'une lettre, l'E à quatre branches horizontales que l'on retrouve dans des textes siciliens, indique sûrement, à mon avis, que le prince qui a dédié cet ensemble était le frère de Gélon, tyran de Syracuse.

La victoire que Polyzalos a voulu commémorer a été gagnée dans l'hippodrome où avaient lieu les courses pythiques, par son attelage ou par celui de son frère ; la date de l'offrande est à peu près sûrement fixée, c'est aux environs de 475 avant J.-C. que le groupe a été offert au dieu de Delphes.



La partie inférieure de la statue, brisée à la ceinture, la jupe cannelée d'où sortent les pieds, a été trouvée le 28 avril 1896, au nord du temple, derrière le mur qui ferme la terrasse et à un niveau assez bas. Pendant plusieurs jours, ces terres de remblai qui avaient été amoncelées pour établir le niveau d'une terrasse supérieure ont été fouillées avec une angoisse croissante : elles livraient des pattes et une queue de cheval, des fragments de rênes, le bras d'enfant, mais rien ne pouvait faire espérer que la statue du cocher serait complétée. Enfin le 1er mai, dans l'après-midi — on était déjà assez loin de l'endroit où la moitié inférieure avait été découverte, à une dizaine de mètres environ dans la direction nord-est — on eut l'idée d'attaquer par en-dessous une conduite d'eau d'époque assez basse (p. 226), formée de briques cour-

bes très ordinaires, et qui, venant de la scène du théâtre,
descendait vers la niche percée dans le grand mur au nord
du temple. C'est là, dans une terre gluante et noire, qu'a

FIG. 77. — DÉCOUVERTE DE L'AURIGE (PARTIE INFÉRIEURE DU CORPS, 28 AVRIL 1896).

été trouvé le buste avec la tête, et tout auprès le bras droit:
ils étaient à un niveau supérieur d'au moins 3 mètres
à celui où avait reposé l'autre moitié du corps. Une fois

la statue recomposée, quelques jours d'exposition à l'air sec de Delphes ont suffi pour rendre à la tête et au torse cette patine d'un vert bleu que la jupe, conservée dans une terre sans humidité, nous avait fait admirer dès le premier instant.

Les circonstances de cette découverte étaient par elles-mêmes saisissantes ; elles n'ont pourtant pas satisfait certaines imaginations populaires à qui la vérité ne paraît jamais assez belle : le manque de culture leur rend nécessaires les « embellissements » du roman-feuilleton. Ces briques courbes de la conduite d'eau ont été transformées par la légende, et elles sont devenues une sorte d'enveloppe funéraire de terre cuite, disposée en trois couches superposées qui alternaient, dit-on, avec trois couches de terre rapportée : l'Aurige aurait été étendu tout de son long, enseveli, sous la protection de la voûte la plus basse, comme dans un tombeau inviolé. C'est peut-être « touchant », ou « poétique », mais c'est faux. Nous trouvons ici, à l'ouest de la masse des rochers éboulés qui en 373 ont détruit le temple, dévasté et modifié pour la suite des temps toute la partie supérieure du sanctuaire, un autre exemple de ce qui a été constaté déjà de l'autre côté, à l'est de cet amoncellement de rocs.

On ne pouvait faire disparaître les énormes quartiers tombés des Phédriades, on dut se résigner à rétrécir la terrasse du temple et à construire un mur qui cachait les éboulis ; on remblaya hâtivement avec de la terre, et aussi avec les débris des offrandes qui avaient été détruites dans la catastrophe. La loi religieuse interdisait de faire servir à un autre usage ce qui eût pu encore être utilisé. Donc, de même qu'à l'est on avait entassé les morceaux des ex-voto ruinés, même quelques fragments des fron-

tons du temple renversé pour tasser le terre-plein, de
même à l'ouest on recouvrit — sans pompe funéraire —
les restes épars du quadrige syracusain qui avaient
échappé à l'écrasement.

Il est évident que la place où s'était dressée cette magnifique offrande ne doit pas être cherchée au niveau de
la terrasse du temple. La statue du prince, celle de l'enfant, les corps des chevaux, le char ont été broyés ; le
sort a voulu que le conducteur, arraché de la plaque du
char, ait roulé sur le côté, avec quelques pattes de chevaux, et nous ait été ainsi conservé. C'est au-dessus du
temple que l'on doit supposer qu'était ce groupe : je ne
veux pas préciser davantage, et je n'ajouterai pas une
hypothèse de plus à toutes celles que l'Aurige a déjà fait
naître. Le bouleversement a été plus grand que nous ne
l'avions cru d'abord ; peut-être même faudra-t-il admettre
que les blocs détachés du mur vertical des Phédriades ne
sont pas tombés une fois seulement sur cette partie du
sanctuaire. Si une nouvelle chute de rochers est venue
recouvrir ce que l'on avait réparé des ruines de la première, comment espérer que l'on pourra jamais, autre-
ment que par conjecture, remonter à l'état vrai du cinquième siècle avant J.-C. et en dessiner le plan ? Du
moins il est permis d'imaginer l'effet que devait produire d'en bas, de la terrasse du temple — quand elle
s'étendait, beaucoup plus vaste, de 12 mètres au moins
plus large vers le nord — ce groupe qui devait être assez
près du bord de la terrasse supérieure : les quatre chevaux vus de face, avançant au pas, tenus en main par l'enfant et dans le char, à droite du cocher, le maître pour
qui il a remporté la victoire.

La seule figure qui ait subsisté n'était pas celle du personnage le plus en vue : d'où cette attitude modeste, effacée, de l'homme à qui est dû le succès, mais dont le bandeau triomphal exauce les vœux. La gloire était pour le maître, mais il n'est rien resté de son image. Ce qui est pour nous le plus important, c'est que nous pouvons voir, dans la réalité d'une œuvre très voisine des plus grandes, la personnification des vainqueurs à ces courses de chars que Pindare et Bacchylide ont chantées. A ce moment du cinquième siècle, les Grecs ont, de tous les côtés, repoussé les Barbares : Perses, Étrusques, Carthaginois ; ils sont en possession de l'héritage légué par les générations qui ont fondé la libre recherche intellectuelle, et ces représentants de la civilisation européenne ont la claire conscience de leur force. Les jeux célébrés dans les grands sanctuaires nationaux étaient pour les Grecs de la mère-patrie et pour ceux des colonies lointaines l'occasion de se rassembler, d'adorer en commun les dieux des ancêtres, et en même temps de se glorifier dans l'admiration de la beauté, de la vigueur et de la richesse, d'associer à l'éclat des vainqueurs les cités qui sont fières de si illustres enfants. C'est ce monde disparu dont l'Aurige est pour nous un symbole, que l'art de ce peuple privilégié, par une rencontre heureuse, a créé au moment où il allait atteindre à la perfection.

# CHAPITRE VIII

## LE TEMPLE, LE THÉATRE ET LA LESCHÉ

Nous avons tourné autour du temple, et sur deux côtés, à l'est et au sud, nous en avons vu les substructions puissantes. Il est temps maintenant de regarder le peu qui reste de cet édifice.

Il faut le dire tout de suite, l'imagination a un effort à faire pour se représenter l'effet que devait produire, quand il était debout et qu'il se détachait, revêtu de ses couleurs vives, sur le fond sévère et nu des Phédriades, ce temple presque aussi grand que le Parthénon. Mais il est nécessaire, plus qu'ailleurs, de préciser. L'imagination dont on ne peut se passer ici, ce n'est pas simplement une activité peu réglée de l'esprit, qui arriverait, en rassemblant les traits que le souvenir a notés d'après des monuments analogues, à la représentation banale d'un temple dorique quelconque. A mon avis, le temple panhellénique de l'oracle, la demeure d'Apollon Pythien vaut mieux que cette opération trop facile, et dont le résultat serait trop vague. Seulement, le travail que l'imagination aura à accomplir, il faut le préparer.

Examinons donc cette noble ruine sans illusion, c'est-

à-dire en nous rendant un compte exact de ce qui manque
et de ce qu'elle ne nous apprendra pas ; résumons ensuite
avec autant de précision qu'il sera possible ce que la fouille
et les inscriptions nous ont fait connaître de l'édifice dont

Fig. 78. — La terrasse du temple, vue de l'ouest.

nous n'avons que des débris. Pour avoir été acquise lentement, au lieu d'être immédiate comme, par exemple,
au trésor d'Athènes, l'impression n'en sera pas moins
vive, et quelques détails suffiront alors, je pense, pour
la fixer avec une parfaite netteté.

La ruine a été poursuivie avec un acharnement singu- *DESTRUCTION*
lier par la nature et par les hommes. Quarante-deux *A L'EXTÉRIEUR*
colonnes formaient le péristyle extérieur qui entourait
le temple : on n'a retrouvé qu'une seule des dalles qui
supportaient ces colonnes, c'est l'unique bloc du troisième gradin (en commençant par le bas) qui ait conservé

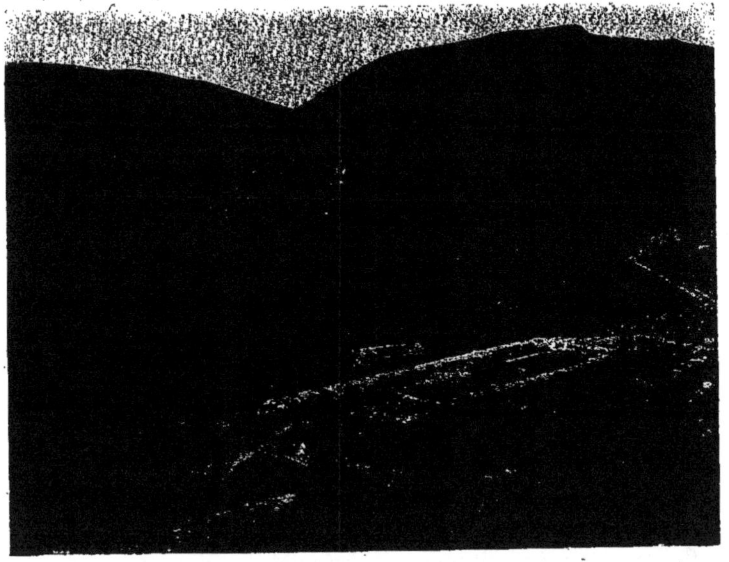

Fig. 79. — La terrasse du temple, vue du nord.

la trace des cannelures. Ce premier fait permet d'apprécier ce qui a disparu. Il nous manque presque tout, il ne
reste plus guère que le plan.

La figure 78, qui représente la terrasse du temple vue
de l'ouest, montre ce qui a été la cause principale de

cette destruction. On voit sur le côté nord du rectangle (au milieu de la figure) que le grand axe a été fortement incurvé : il a cédé en son milieu à une poussée formidable. Que les tremblements de terre, si fréquents à Delphes, aient renversé plusieurs édifices du sanctuaire, personne ne le nie, mais nous avons déjà constaté que les glissements de terrain avaient eu des conséquences au moins aussi désastreuses. Ce sont ces glissements qui ont ici produit la poussée à laquelle le monument le plus robuste n'eût pu résister. Non seulement les colonnades sont tombées, celle du sud roulant sur les pentes vers le ravin du Pleistos, celle du nord abattue sur place ; mais encore la construction tout entière en est restée tordue et comme disloquée. On distingue, surtout à l'opisthodome, les lambourdes en calcaire gris de Saint-Élie, disposées en damier, qui soutenaient les grandes dalles du pavage, elles aussi en calcaire ; aux points où ces croisillons se rencontrent, la pierre a éclaté. Des murailles dont le rectangle était compris à l'intérieur de la colonnade et qui reposaient comme elle sur des fondations pleines, il reste peu de blocs intacts. On est arrivé par un lent travail, en rajustant des fragments, en recomposant quelques lettres des empereurs romains gravées sur une assise inférieure, celle des pierres posées de champ ou orthostates, à reconstituer quelques-unes des pierres qui avaient fait partie de cette assise. On est à peu près sûr aussi que ces murs du temple, en calcaire de Saint-Élie jusqu'à une certaine hauteur, étaient au-dessus en tuf comme les colonnes, comme toutes les parties hautes de la construction : triglyphes et métopes, pièces de la frise et de la corniche. Mais sur ce point encore la destruction a été si complète que je ne peux pas dire exactement à combien de mètres au-dessus du dallage le tuf remplaçait le calcaire dans la construction des murs.

Le rectangle intérieur, où l'on reconnaît avec quelque peine les dispositions essentielles du temple : pronaos, cella, salle des consultants, adyton prophétique, opisthodome, nous réserve autant de sujets de regret que la colonnade et les murs extérieurs. Le dallage où les anciens ont marché ne subsiste qu'en deux endroits : au pronaos, c'est-à-dire là où était la salle d'entrée, près de la façade est, et à l'opisthodome, c'est-à-dire à la place de la salle fermée, la dernière vers la façade ouest et qu'un mur séparait de l'adyton. Encore, à l'opisthodome comme au pronaos, quelques dalles du pavage seulement sont-elles restées en place.

C'est dire qu'aucun de ces objets sacrés, aucune de ces offrandes exceptionnelles qui, nous le savons, avaient été déposées dans le temple et y étaient l'objet d'une vénération particulière, n'a subsisté. Dans le pronaos, on voyait une statue d'Homère ; sur les murailles étaient gravées des sentences dues, disait-on, aux sept sages, et au-dessus de la porte le célèbre E, dont les anciens ont donné tant d'explications diverses qu'il est aussi mystérieux pour nous que pour eux. Dans la cella, un autel était dressé à Poseidon, l'un des dieux les plus anciennement honorés à Delphes ; tout à côté, les statues de deux Parques, et celles de Zeus et d'Apollon dont le surnom était : conducteurs des Parques ; puis le foyer où brûlait le feu perpétuel, et près duquel la légende locale racontait qu'un prêtre avait tué Néoptolème ; le siège de fer où Pindare récitait ses poésies sacrées, enfin, près de la muraille latérale, la pierre que l'on appelait l'omphalos ou le nombril de la terre, celle qui marquait l'endroit où

les deux aigles de Zeus s'étaient rencontrés. De tout
cela, il ne reste que le souvenir (1).



Ce qui faisait le caractère presque unique de ce
temple, c'est qu'il n'était pas simplement, comme presque
tous les autres, la maison où habite
le dieu. Il renfermait aussi dans sa
partie centrale l'adyton, l'endroit
où l'on ne pénètre pas, la salle souterraine où la Pythie, assise sur le
trépied prophétique et inspirée par
Apollon, rendait ses oracles. Il eût
été particulièrement intéressant de
trouver moins ruiné ce saint des
saints de la religion hellénique. Les
consultants n'y entraient pas ; après
avoir traversé le pronaos et la cella,
ils descendaient dans une salle auprès de l'adyton où ils attendaient
la réponse du dieu : elle leur était transmise en vers par
les prêtres.

Fig. 80. — L'omphalos.

(1) Il subsiste bien deux omphalos, l'un que l'on a déjà vu sur la terrasse
sud du trésor d'Athènes (fig. 31 à gauche en bas), l'autre qui est représenté ici
(fig. 80) et qui a été trouvé au dernier tournant de la voie sacrée, près des
bases de Gélon. Mais on est sûr qu'aucun des deux n'est celui qui se trouvait
dans la cella. Le premier est lisse, le second est revêtu d'un réseau de bandelettes qui en réalité enveloppait (Euripide le dit expressément) la pierre de
l'ancien oracle et qui est ici sculpté dans le marbre. Euripide dit aussi qu'autour
de l'omphalos étaient « des Gorgones », probablement des têtes de Méduse en
métal qui étaient fixées à l'intersection des mailles du réseau. Ailleurs qu'à
Delphes, on trouve la légende de la pierre habillée et rendant des oracles.
Les anciens paraissent avoir hésité entre cette conception et celle qui voit dans
l'omphalos le tombeau de Python. De toute manière, cette pierre sacrée est
un héritage des cultes primitifs : c'est vraiment l'omphalos de la Terre et Apollon
vainqueur s'en est emparé comme de l'oracle même. Des monnaies, surtout
celle des Amphictions, des vases et des reliefs le représentent assis sur l'omphalos.

On ne pouvait guère espérer avant la fouille que l'on trouverait la statue d'Apollon en or, le trépied de la Pythie et le tombeau de Dionysos : les anciens nous avaient dit que c'étaient les précieux et vénérables ornements de l'adyton. Du moins pouvait-on s'attendre à lire clairement sur la ruine la disposition intérieure, à voir par exemple l'escalier qui descendait dans la salle des consultants. La déception a été grande. Au centre, a été découverte une dépression assez profonde (on la distingue fig. 79) : il s'y trouvait beaucoup de pierres entassées, un bloc dont la face supérieure est creusée de plusieurs trous et d'un canal : on a été tenté d'y reconnaître la base où se dressait le trépied ; il est sans doute plus vraisemblable que ce bloc ait porté le tombeau de Dionysos (1). On a creusé comme partout jusqu'au sol ancien, on n'a mis à jour que la surface irrégulière du terrain naturel, sans aucune trace de la fissure par où auraient passé les vapeurs inspiratrices. Il est même difficile d'affirmer que l'on est dans une salle souterraine : les murs, qui sont simplement les fondations de la colonnade intérieure, ont-ils eu jadis un revêtement ? il n'en reste rien. On devine l'endroit où a pu être la séparation entre l'adyton et la salle des consultants, mais je crois qu'ici encore l'état actuel interdit de prendre des hypothèses séduisantes pour la vraie explication : pour nous aussi, ce qui se passait au centre même du sanctuaire prophétique est un mystère. Peut-être devons-nous, pour arriver à nous représenter ce qu'éprouvaient les fidèles et les consultants de l'oracle, renoncer à en savoir plus qu'eux-mêmes sur certains sujets. Mais la résignation est difficile, l'état

(1) C'est M. F. Courby qui a proposé cette identification.

des ruines pique la curiosité et on sait qu'elle ne sera pas satisfaite. On se rappelle ce couloir qui traverse les fondations extérieures du temple, et qui s'arrête devant celles du rectangle intérieur : rien n'est visible, dans la salle souterraine, de ce qui eût été la sortie de ce passage mystérieux.

Plusieurs fois, pendant que le travail était poussé dans cette région avec une attention et une inquiétude particulière, une idée a traversé l'esprit des fouilleurs, et elle avait beau céder la place devant une critique scrupuleuse, elle était trop tentante pour ne pas revenir : il semble que nous ayons ici le résultat d'une destruction systématique. On ne peut pas le prouver, et il ne serait pas d'une bonne méthode d'y insister. Mais que ce soient les derniers païens ou les premiers chrétiens qui, dans une intention très différente, aient voulu faire disparaître tout vestige de ce qu'on pourrait appeler le mécanisme et le matériel de l'oracle, le résultat a été le même : la dernière Pythie a emporté son secret.



Ajoutez que, le temple une fois renversé par la catastrophe qui, à un moment que nous ne pouvons fixer, laissa le grand axe incurvé comme on le voit encore aujourd'hui, la destruction de ce qui en restait a continué. Le village misérable qui, aux temps byzantins, a été bâti sur le temple et aux environs immédiats, tira tous ses matériaux de cette carrière immense. Comme on le sait, ce fut une époque où le métal manqua : les hommes se rappelaient assez les habitudes de la construction antique pour savoir que les pierres étaient liées entre elles par des crampons de bronze scellés au plomb, et ils savaient où ils devaient chercher pour les retrouver. A Égine, les

colonnes sont posées à cheval sur deux pierres du dallage ; pour permettre d'atteindre le crampon métallique
qui réunissait celles-ci, le bas de chaque colonne a été entaillé. La figure 81 montre l'état dans lequel nous avons
vu, pendant la fouille, plusieurs blocs du dallage du
péristyle : ils avaient été soulevés et fixés par des cales,
pour que l'on pût arracher à l'assise inférieure le précieux

Fig. 81. — Dalles du temple soulevées a l'époque byzantine.

alliage des scellements. Les pierres des murs, ces orthostates de près de 2 mètres de long sur plus de 1 mètre
et demi de haut, et sur lesquelles étaient gravées les
lettres des empereurs à la ville de Delphes, ont été
retrouvées en fragments disséminés sur tous les points
de la fouille : on avait construit avec ces débris les maisons du village depuis le cinquième ou le sixième siècle
après J.-C. jusqu'à la fin du dix-neuvième.

Voilà terminée la partie négative de ma tâche : j'espère ne pas avoir dissimulé l'importance de ce qui nous manque. L'édifice est ruiné à ce point qu'il est difficile de l'imaginer debout. On aurait voulu relever à leur place exacte deux colonnes avec l'entablement qu'elles supportaient : c'est le minimum de la reconstruction permise, et le visiteur y eût gagné de connaître, dès le premier coup d'œil, la hauteur vraie de l'édifice. Cette modeste réédification n'a pas été possible : nous n'avons, on l'a vu, qu'une seule des quarante-deux dalles qui ont porté les colonnes, et le pavage sous la colonnade n'est conservé en aucun point. Aussi pour remonter par la pensée et remettre les uns sur les autres les tambours épars, pour redresser les murailles des longs côtés et les portiques des deux façades, pour rendre enfin à la demeure divine ses proportions exactes et sa majesté, n'est-ce pas l'état actuel seul qui peut nous aider. Il faut aborder l'étude du temple avec le secours des textes littéraires et épigraphiques qui parlent de lui, sans cesser un instant de confronter ce qu'ils nous apprennent avec ce que la ruine a laissé subsister. Dans cette recherche positive, si je puis dire, et aussi brève que possible, les faits précis acquerront maintenant leur vraie valeur et rendront à ce monument le caractère très particulier qui était le sien parmi des centaines d'autres.

Il ne s'agit pas de recommencer l'énumération de tous les édifices qui se sont succédé depuis l'installation du culte d'Apollon à Delphes jusqu'à la fin du paganisme. Avant le temple que l'incendie de 548 avant J.-C. anéantit, nous ne pouvons que deviner des formes indistinctes à travers les ténèbres des légendes ; et ce temple lui-même, nous n'en connaissons que la destruction : on transporta, dit Hérodote, les offrandes précieuses déjà endommagées par les flammes dans le trésor de Corinthe.

L'histoire précise de la demeure du dieu commence avec l'édifice rebâti dans la seconde moitié du sixième siècle : c'est celui que, dans les pages suivantes, j'appellerai le temple ancien ou temple des Alcméonides, le temple nouveau est celui qui fut complètement réédifié après la catastrophe de 373.

*LE TEMPLE ANCIEN*

Une grande famille exilée d'Athènes, celle des Alcméonides, se chargea de la reconstruction. Les fonds nécessaires furent recueillis dans le monde grec tout entier. Les Amphictions avaient décidé que les Delphiens fourniraient le quart de la somme totale. Hérodote raconte les voyages qu'ils entreprirent et le succès de leur pieuse mendicité, chez le roi d'Égypte par exemple. Disposant des sommes ainsi amassées, les Alcméonides, qui tenaient à préparer, par l'influence de la Pythie, leur retour à Athènes, livrèrent un édifice plus beau que ne l'avait prévu le cahier des charges accepté par eux. Ils devaient rebâtir tout le temple en tuf, ils élevèrent en marbre le portique oriental, celui de la façade de l'entrée.

C'est ce temple qui, après avoir excité l'admiration des fidèles pendant le cinquième siècle, fut renversé en 373 av. J.-C. par le désastre qui a été plusieurs fois mentionné. Un tremblement de terre, qui détruisit en même temps des villes comme Héliké, a pu être la cause première du malheur, des glissements de terrain se sont produits sans doute aussi dans la partie haute du sanctuaire. Le fait certain, c'est que des rochers énormes se

détachèrent des Phédriades et jetèrent bas le temple
entier : ils n'atteignirent le temple qu'après avoir détruit
des offrandes situées au-dessus de lui, comme le quadrige
syracusain dont il nous reste l'Aurige, comme la colonne
des danseuses. Ce fut un gigantesque amoncellement de ruines : le conseil fédéral devait, de même

FIG. 82. — CORNICHE DU TEMPLE ANCIEN DANS LES FONDATIONS DU TEMPLE NOUVEAU.

qu'en 548, reconstruire le temple, mais l'incendie du
sixième siècle avait fait probablement en partie place
nette, au lieu qu'en 373 il fallait commencer par déblayer
et débarrasser une terrasse encombrée de quartiers de
roc, de débris de toutes sortes et des pierres qui res-
taient, la plupart cassées, de la construction des Alcméonides. La terrasse se trouva forcément rétrécie du

côté du nord, le mur de soutènement appelé iskhégaon fut bâti à l'alignement des éboulis que l'on ne pouvait enlever, et on se mit à l'œuvre.

Fig. 83. — Triglyphe du temple ancien dans les fondations du temple nouveau.

Le temple que l'on construisit à ce moment, le temple nouveau est celui même dont nous avons aujourd'hui les restes sous les yeux. Il ne peut subsister sur ce point le moindre doute. On a eu beau tenter d'établir qu'une autre catastrophe était survenue entre cette époque et l'empire romain, ou que l'on avait mis plusieurs siècles à réédifier la demeure divine ; Domitien a beau se vanter, dans une inscription latine dont les morceaux ont été retrouvés, dispersés aux quatre coins du sanctuaire, d'avoir « refait le temple à ses frais » : l'état des ruines atteste formellement que la construction a été menée d'un bout à l'autre en une fois : tous les soubassements avec les puissants contreforts qui appuient les coins nord-est et sud-ouest, les murailles en calcaire et tuf, les colonnes et les pièces d'architecture en tuf qui ont été conservées, tout est du quatrième siècle. On a pu compléter dans la suite ; la colonnade intérieure, par exemple, est sans doute du siècle suivant. Mais le gros œuvre a été terminé en moins de trente-cinq ans.

RESTES DU
TEMPLE ANCIEN

Avant de rassembler ce que les textes nous font connaître du temple nouveau, il faut regarder ce qui reste du temple ancien, celui dont les Alcméonides acceptèrent l'entreprise. Fidèles à une pratique dont, à Delphes même, on a vu plusieurs exemples, les architectes du quatrième siècle employèrent dans la construction du temple nouveau les morceaux du précédent qui pouvaient encore être utilisés. Les blocs de marbre qui forment deux assises des substructions à l'ouest (fig. 82) sont les pièces de corniche dont le portique antérieur avait été décoré, grâce à la générosité des Alcméonides ; un fragment de triglyphe en marbre, qui a sûrement la même origine, apparaît dans les fondations du rectangle intérieur au portique de l'opisthodome, et en face des précédentes (fig. 83). La fouille nous a ainsi permis de contrôler ce qu'Hérodote avait raconté sur la magnificence de la famille exilée et nous a donné la preuve matérielle qu'il avait dit vrai.

Ces blocs de marbre ne sont pas les seuls souvenirs du temple ancien qui soient arrivés jusqu'à nous. M. Homolle a rassemblé dans le musée les fragments des statues qui ornaient les deux frontons du temple bâti par les Alcméonides. Le fronton oriental était, comme tout le portique de façade,

Fig. 84. — Lion dévorant un cerf.

en marbre. Il en reste des fragments de chevaux, dont l'avant-train seul était sculpté en ronde bosse : ils se présentaient de face, comme sortant du fond du fronton, où la peinture indiquait l'arrière-train et le char. Des corps de femmes, un torse d'homme nu ne suffisent pas à nous garantir que la scène figurée au centre ait été la dispute du trépied. C'est pourtant l'interprétation la plus vraisemblable : un combat entre des héros au milieu ; des deux côtés, des femmes assistant à la lutte, près des

Fig. 85. — Tête de lion.

chars ; le tout encadré par deux scènes de carnage où des corps allongés d'animaux remplissent les rampants du fronton. D'un côté, un lion a bondi sur un cerf (fig. 84) qu'il commence à dévorer ; le cerf retourne la tête, et son

17

œil, sortant de l'orbite, a une expression poignante de douleur et d'effroi. De l'autre, c'est un taureau que terrassait un lion : la vue de face (fig. 85) ne rend guère l'aspect féroce de la tête du lion, la gueule ouverte, les crocs déjà enfoncés dans la chair du taureau.

L'autre fronton, celui de la façade ouest, était en tuf. Un groupe tout au moins nous en a été conservé, assez aisément reconnaissable : c'est Athéna, dans un mouvement de marche rapide, et l'adversaire contre lequel elle s'avance, qui lutte encore, tombé sur un genou. Le combat d'Athéna et d'Encelade, un des fils de la Terre, est un épisode de la Gigantomachie, et c'est sans doute la bataille des dieux et des géants qui était représentée au fronton est du vieux temple comme à la frise nord du trésor de Siphnos.

Les morceaux de la corniche en marbre du temple des Alcméonides ont été utilisés dans la construction du temple nouveau. Les débris des frontons avaient été enterrés comme les fragments de la colonne des danseuses et d'autres offrandes endommagées, dans le remblai qui recouvrit l'ancien sanctuaire de Néoptolème. Dans les deux cas, la loi religieuse était respectée : s'il était impossible d'employer dans un édifice de son sanctuaire, un objet quelconque qui avait appartenu au dieu, il fallait l'ensevelir.



Même avant de nettoyer la place et de construire le mur qui marquait la nouvelle limite de la terrasse au Nord, il était nécessaire de faire appel à la générosité des fidèles pour relever la maison du dieu : les ressources ordinaires du sanctuaire n'auraient pas été suffisantes pour cet ensemble de travaux. Les cités et les particuliers

envoyèrent leurs contributions. Il nous est resté quelques
unes des listes que l'on gravait chaque semestre pour
garder le souvenir de toutes les sommes perçues, rendre
le contrôle possible, et encourager les libéralités. Nous
y voyons un roi de Sparte qui apporte les sommes recueillies dans sa ville, de petites bourgades de Thessalie ou
d'Arcadie qui ont prouvé leur piété par des offrandes
assez considérables pour elles ; les Apolloniates d'Épire
font transporter à Delphes une abondante moisson d'orge
dont la vente produit plus de 3.500 drachmes, et tout
à côté les dons les plus modestes sont inscrits : des
femmes en Sicile, dans le Péloponnèse et dans les îles
ont remis quelques oboles aux membres de la commission internationale qui allaient quêter à domicile, parfois une seule obole — ce qui ne suffisait même pas à
payer les frais de la gravure pour le nom de la donatrice
et le montant de son offrande.

Quelque empressement que les fidèles aient mis, dans
les parties les plus diverses du monde grec, à collaborer
par leurs souscriptions à la reconstruction du temple, il
eût fallu plusieurs siècles pour terminer le travail si
l'administration du sanctuaire n'avait eu à sa disposition
d'autres ressources d'un caractère exceptionnel. Les Phocidiens, on l'a vu déjà, s'emparèrent de Delphes vers le
milieu du quatrième siècle et tentèrent d'en rester
maîtres, malgré les campagnes acharnées des Thessaliens et des Béotiens. Les premiers temps de l'occupation phocidienne ne paraissent pas avoir été marqués par
des désordres, les travaux du temple ne furent pas arrêtés tout de suite. Puis la nécessité de payer leurs troupes
de mercenaires entraîna les chefs Phocidiens à s'appro-

prier quelques-unes des richesses sacrées. Mais, une fois commencé, le pillage devint vite effréné : bijoux volés, riches et vénérables offrandes envoyées à la fonte, le récit du pieux Diodore contient la suite, qu'on voudrait plus précise, de ces déprédations sacrilèges. En même temps la reconstruction du temple était interrompue pour huit ou neuf ans.

La punition des Phocidiens vaincus en 346 fut terrible : leurs villes rasées, leurs deux voix amphictioniques données à Philippe, une amende de 10.000 talents à payer au sanctuaire. Ce n'était qu'une compensation pour les œuvres d'art qu'ils avaient détruites : du moins le conseil fédéral allait avoir, en peu de temps, les fonds dont il avait besoin pour rendre la vie aux chantiers abandonnés et pousser avec activité les travaux.

La sentence de condamnation que les Amphictions avaient formulée exigeait le paiement de l'énorme amende par versements de 30 talents à chaque semestre. Des textes de Delphes et d'Élatée (la ville près de laquelle un temple d'Athéna était le centre religieux des Phocidiens) nous ont appris que, pendant cinq ans, les acomptes furent régulièrement apportés au sanctuaire. Puis, pendant dix ans, on se contenta d'un seul versement annuel de 10 talents chaque fois, enfin on tint les Phocidiens pour quittes envers le dieu. Ils avaient versé 400 talents en tout, qui, ajoutés au montant des contributions volontaires, permirent de reprendre et de terminer sans nouvelle interruption la reconstruction du temple.

LES COMPTES DE LA RECONS-TRUCTION  L'activité que l'on y déploya désormais, nous la connaissons par les comptes de recettes et de dépenses qu'a tenus l'administration financière. Tandis qu'ailleurs les finances, même des sanctuaires, sont gérées par l'État laïque, à Delphes c'est le conseil fédéral amphictionique qui représente Apollon et gère la fortune sacrée. Mais les Amphictions ne se réunissent à Delphes que deux fois par an, à l'automne et au printemps. La ville n'intervient guère dans les comptes que par une commission de son conseil, à laquelle les finances sont confiées, mais surtout elle n'est que la dépositaire, dans l'intervalle entre les sessions, des caisses où sont enfermées les sommes appartenant au dieu. Entre l'amphictionie et le conseil de Delphes, il n'y eut d'abord qu'un rouage intermédiaire : une commission internationale de naopes (constructeurs du temple) qui, sous le contrôle et suivant les ordres de l'autorité fédérale, rédigeait les marchés et les contrats d'entreprise, surveillait la livraison des matériaux et l'exécution des travaux, payait les entrepreneurs et l'architecte.

En deux ou trois ans, l'amphictionie eut à sa disposition, grâce à l'amende des Phocidiens, des fonds beaucoup plus abondants qu'avant la guerre sacrée. Il est impossible de prouver que la comptabilité des naopes internationaux ait été irrégulière ; mais elle était tout au moins compliquée par la multiplicité des caisses où ils puisaient pour les dépenses. Peut-être Philippe intervint-il dans une réforme très ingénieuse qui resserra les ressorts de cette administration : entre l'amphictionie et les naopes, un troisième collège international fut interposé, dont la composition était exactement calquée sur celle du conseil suprême. Ce furent les trésoriers qui essayèrent d'arriver à l'unité de caisse pour les recettes et n'y parvinrent pas, mais réalisèrent l'unité de caisse pour les dépenses.

L'administration dont les rouages ainsi superposés fonctionnèrent avec précision a fait graver le détail de ses opérations financières sur le mur qui cachait les soubassements du temple au sud. Ces comptes permettent de suivre les travaux du temple pendant plusieurs années et nous apprennent en même temps des détails curieux sur la vie économique des Grecs à cette époque, sur les prix de certaines fournitures, les salaires, la manière dont les marchés étaient exécutés et les progrès mêmes de la construction. Pour les différentes sortes de monnaies, par exemple, qui se rencontraient dans les caisses du dieu, à côté de l'argent éginétique et de l'argent attique, on en voit apparaître un troisième, l'amphictionique ; c'est une nouvelle frappe par laquelle le conseil fédéral tentait de manifester, visible à tous, l'union panhellénique sous l'autorité des deux sanctuaires d'Apollon à Delphes et de Déméter aux Thermopyles, et cela précisément au moment où Philippe était vainqueur à Chéronée. Le rapport de l'or à l'argent qui était de 12 à 1 au début du quatrième siècle est devenu 10 à 1 ; l'exploitation des mines du mont Pangée qui a permis à Philippe de frapper la monnaie d'or qui porte son nom et la fonte des grandes offrandes en or par les Phocidiens ont amené ce fléchissement.

Les commissions internationales qui dirigeaient la reconstruction du temple eurent à surveiller dans le plus minutieux détail l'exécution des devis et des contrats. Quand un entrepreneur ne livrait pas en temps voulu les fournitures telles qu'elles avaient été convenues, on le faisait poursuivre, lui ou ceux qu'il avait constitués comme garants. D'autre part, la fouille nous a prouvé formellement qu'au cours du travail le devis dressé d'abord fut modifié. Les substructions que nous avons déjà vues plusieurs fois au sud et à l'est sont un peu moins longues que la première assise en partant du bas, c'est-à-dire le premier des trois gradins qui supportaient l'édifice. Il s'ensuivit, pour toutes les pièces d'architecture, en particulier pour les pièces moulurées des parties hautes, une augmentation de volume et de poids; les prix en furent majorés en conséquence pour la taille dans la carrière, les transports par mer et par terre, la mise en place. Aussi, dans les versements aux entrepreneurs, est-il spécifié que le supplément de dépense est dû à ce que les commissions internationales de construction n'ont pas observé les conditions du contrat.

Que ce fussent des pierres d'assise courantes, des tambours de colonne ou des pièces moulurées, tous les blocs de tuf donnaient lieu à quatre commandes distinctes, et par suite à quatre paiements. D'abord ils étaient taillés dans les carrières entre Corinthe et Sicyone, on leur laissait des dimensions plus grandes que celles qu'ils devaient avoir le travail fini, la forme générale et les moulures étaient grossièrement indiquées. On les embarquait à Léchaeon, le port de Corinthe sur le golfe de l'ouest, puis on les transportait par mer jusqu'au port de Delphes, Kirrha. Alors commençait pour eux le voyage le plus pénible et le plus coûteux : débarqués sur le môle de Kirrha à l'aide de machines, on leur faisait gravir les pentes raides des Phédriades pour les amener près du sanctuaire.

Les comptes nous donnent sur ces trois premières étapes quelques renseignements intéressants. Une pierre d'assise courante en tuf valait, prise dans la carrière près

PRIX DES FOURNITURES

de Sicyone, 13 drachmes, mais le prix en était au moins
dix fois plus élevé quand elle était arrivée à Delphes.
Qu'on en juge par le rapport que nous voyons établi entre
les divers paiements que les commissions de construction acquittent pour les pièces de coin de la corniche, elles
aussi en tuf. La taille dans la carrière montait à
61 drachmes ; le transport par mer, de Léchaeon à Kirrha,
coûtait 224 drachmes, et le transport de Kirrha au sanctuaire 420 drachmes. Ces tarifs ne semblent pas étonnants si on pense d'abord aux risques des voyages par
mer, aux assurances à grosses primes que devaient payer
les entrepreneurs de transports, ensuite et surtout à ces
routes antiques qui montaient tout droit, évitant le plus
possible les lacets, et où les esclaves, les mulets, les chariots et les rouleaux de bois amenaient lentement les
blocs de tuf jusqu'à Delphes. Pour ceux de calcaire, dont
on connaît les dimensions considérables — dalles de pavage ou pierres de l'assise des orthostates — ils venaient
des carrières de Saint-Élie (1), à l'ouest de Delphes ; la
traversée du golfe de Corinthe était épargnée, mais le
transport par la route à rampe continue, que l'on suit
aujourd'hui encore sur une grande partie de sa longueur,
devait coûter aussi cher que celui de Kirrha à Delphes.
Dans des comptes trouvés à Épidaure, nous lisons que,
pour faire porter du port au sanctuaire d'Asclépios des
blocs de marbre, on a payé 25 drachmes par bloc. C'est
un prix modique, et qui prouve que la route entre Épidaure
et la mer était plus aisée. Du Pentélique à Éleusis, pour un
tambour de colonne la dépense était d'au moins 230 drachmes et pouvait dépasser 400.

(1) On trouvera au chapitre x quelques renseignements sur ces carrières.

Arrivés à Delphes, les matériaux n'étaient pas tous amenés immédiatement au temple. Sur le cap rocheux qui se détache de Rhodini, à côté de la plateforme où l'amphictionie tenait ses séances et où les Delphiens aujourd'hui dépiquent leur blé, des ateliers avaient été installés. C'est là, pris à pied-d'œuvre qu'on dégrossissait les blocs, avant de les poser à leur place, de terminer les moulures et de leur donner par le ravalement et la peinture l'aspect définitif qu'ils devaient garder. Sur ce quatrième moment, la mise en place, nous avons aussi une indication précise : les deux triglyphes de coin, au portique de la façade ouest, pour chacun desquels le transport par mer avait été payé 112 drachmes, ont été posés moyennant 140 drachmes chacun.

On voit encore les constructeurs du temple payer l'ivoire dont on incruste les battants de la grande porte, le modèle des têtes de lion qui décoreront le chéneau, les bois de Sicyone et de Macédoine avec lesquels on établira la charpente du toit, la grille qui ferme les entre-colonnements du pronaos. On suit à ces étapes successives cet immense travail. Il n'avançait pas sur tous les points à la même allure : le portique de façade pouvait être déjà en place, avec les poutres du toit et les tuiles de couverture provisoire, quand on en était encore ailleurs à sceller au plomb les crampons et clous d'assise qui relient les pierres de la muraille.

Les comptes nous ont donné d'autres indications sur le prix de l'orge qui comme ailleurs est la moitié de celui du blé, sur les variations du prix du fer, sur le salaire de l'architecte qui est payé par jour à raison de deux drachmes et du sous-architecte qui lui est adjoint au moment où les travaux sont poussés avec le plus d'activité. Retenons quelques détails curieux : contre l'iskhégaon, le mur nord de la terrasse du temple, on appuya une construction légère, un toit qui abritait les consultants de l'oracle. Une indemnité de voyage et de séjour est accordée à plusieurs entrepreneurs d'Athènes et de Corinthe qui sont venus à Delphes pour prendre part à l'adjudication d'un travail important : il s'agissait de refaire les vases sacrés, indispensables au culte, le cratère en argent et le bassin à lustration en or que, entre autres offrandes, Crésus avait donnés, qui étaient tous deux dans le pronaos de l'ancien temple, et que les Phocidiens avaient envoyés à la fonte.

Je reconnais volontiers que ces renseignements précis, quelque intérêt qu'en présente le groupement, ne sont pas assez abondants encore pour suppléer entièrement à ce que les ruines refusent de nous dire. Ils suffisent pourtant, me semble-t-il, pour que l'on ait une impression assez nette de cet édifice à la construction duquel ils permettent d'assister. L'attrait d'un mystère qui n'est pas et ne sera sans doute jamais éclairci subsiste, en même temps les détails exacts sur ces blocs de tuf qui étaient jadis assemblés dans les murailles ont une valeur singulière quand on se les rappelle devant les débris.

Quelques-uns des restes conservés méritent un dernier regard avant que nous quittions le temple. Sur plusieurs tambours de tuf, les larges cannelures sont encore couvertes du stuc sur lequel s'appliquait la couleur ocre dont les colonnes étaient revêtues, et parfois les couches de stuc sont assez épaisses pour permettre de corriger une insuffisance dans le galbe du fût. On a sans doute un peu moins de peine maintenant à rassembler par la pensée quelques-uns de ces tambours épars, à les redresser en colonnes d'environ 10 mètres, à rendre ses vraies proportions au péristyle du temple.

Des parties hautes de la construction, presque tout a disparu, on le sait. Un hasard heureux nous a pourtant gardé une métope (fig. 86), sur laquelle est encore visible la trace d'un long bouclier ovale. Il est à peu près certain que c'était un des boucliers gaulois que l'on avait fixés aux métopes de la face sud, après 279, pour rappeler la défaite miraculeuse des barbares.

C'est le seul événement historique que les ruines nous attestent matériellement jusqu'à l'époque romaine. Le sanctuaire a été pillé sans aucun doute et par Sylla

Fig. 86 — Métope du temple avec la trace du bouclier gaulois.

et par les Maides de Thrace au début du premier siècle avant J.-C., mais il est tout aussi sûr que le temple n'a pas été détruit à ce moment. Pendant plus de cent cinquante ans, il allait attendre dans le délabrement et l'abandon une restauration ou une remise à neuf, si l'on veut, mais on sait que la prétention de Domitien à avoir « refait » le temple est très exagérée.

Nous voudrions savoir exactement en quoi consistèrent les travaux que cet empereur fit exécuter à Delphes : ils

RESTAURATION<br>DE DOMITIEN

annoncent les constructions dont l'éclat, sous Trajan et Hadrien, put faire croire à une renaissance du sanctuaire et de la ville. Qu'on ait passé de nouvelles couches de stuc et de peinture sur une construction qui n'était plus entretenue depuis longtemps, c'est évident, mais Domitien n'eût pas osé sans doute s'attribuer un si grand mérite s'il s'en était tenu là. On se rappelle que les murs du temple étaient en calcaire de Saint-Élie jusqu'à une certaine hauteur et, au-dessus, en tuf. La différence des matériaux était dissimulée par le stuc peint dont toutes les assises étaient recouvertes ; mais dans un édifice qui n'était plus réparé avec soin — et de Sylla à Domitien la dégradation n'a fait que s'aggraver chaque jour — de nouveau les pierres apparaissaient avec leurs couleurs naturelles.

Il est possible qu'on ait eu à ce moment l'idée d'entailler la première rangée des blocs de tuf, immédiatement au-dessus des assises de calcaire, pour y insérer une suite de blocs moulurés en marbre. Cette ligne de moulures qui dépassait de quelques centimètres en haut l'aplomb de la muraille a dû, me semble-t-il, porter précisément, appuyées contre le tuf, les longues plaques peu épaisses, aussi en marbre, où est gravée en grandes lettres l'inscription de Domitien. Il va de soi que ce travail n'a pas été fait sur les quatre faces : c'est seulement au long côté sud, celui devant lequel on pouvait se promener, celui où l'on pouvait lire sur l'assise des orthostates les lettres écrites par les empereurs à la « ville sainte », que je propose de replacer les fragments moulurés qui ont subsisté. Si on veut bien remarquer que, sur ces fragments eux-mêmes, nous lisons aussi des lettres de Domitien ou de son proconsul, l'intitulé d'une lettre d'Hadrien qui vraisemblablement continuait sur une assise de calcaire au-dessous, on n'hésitera guère, je pense, à admettre cette hypothèse.

Il manque encore, je l'avoue, la preuve décisive qui permettrait de relier ce qui vient d'être dit à un fait que j'ai présenté plus haut comme presque certain. Le trésor de Cnide était détruit longtemps avant que Pausanias fût venu à Delphes, et les pierres qui en ont été conservées portent des inscriptions. Or les blocs moulurés et les plaques où s'étendait le texte de Domitien proviennent d'une construction antérieure, ils ont été sciés dans des pierres d'assise plus épaisses, qui pouvaient avoir antérieurement 0 m. 49, c'est-à-dire l'épaisseur des murs du trésor, et blocs et plaques ont parfois gardé, sur des faces non vues, des fragments de textes gravés au troisième et au deuxième siècle avant J.-C. Il est très tentant de réunir tous ces faits en une théorie : quelques pierres du trésor démoli ont été utilisées dans la « réfection » de Domitien. Mais, encore une fois, je ne peux pas l'affirmer, je me borne à indiquer ce qui m'a toujours paru extrêmement vraisemblable.

C'est ce temple restauré où Plutarque a rempli ses fonctions de prêtre, c'est sur les gradins du côté sud qu'il venait causer avec quelques doctes amis en regardant le sanctuaire de la Terre et ce qu'il appelle le soupirail de l'eau, c'est-à-dire, je pense, la fontaine sur la terrasse du mur polygonal. Malgré tous les pillages des siècles passés, et grâce à la sollicitude des empereurs, le domaine du dieu était encore très riche, il restait de nombreuses offrandes, de nouvelles constructions s'élevaient, la foule des pèlerins et des fidèles avait repris le chemin de Delphes, et Plutarque ne pouvait pas savoir que la renaissance à laquelle il assistait était aussi factice et aussi artificielle que la « réfection » de Domitien.

*LE THÉÂTRE*    Sur la place de l'opisthodome, contre la muraille latérale de la chambre où était exposée l'offrande de Cratéros, nous avons vu au passage un escalier (p. 222 et fig. 71).

FIG. 87. — L'ORCHESTRA.

Les marches raides, à peine disjointes, conduisent à une terrasse où sont les bâtiments de la scène et l'orchestra du théâtre (fig. 87). Le demi-cercle des gradins est presque entièrement conservé. Le promenoir ou diazoma qui, à peu près aux deux tiers de la hauteur, interrompt la succession des bancs de pierre (fig. 88), et le parement qui tout en haut protégeait le *creux*, comme disaient les anciens, l'espace où s'asseyait le public, subsistent intacts sur presque toute leur étendue.

On savait que le théâtre ici tenait à l'enceinte ; l'étroite intimité qui unissait les deux grands dieux du sanctuaire permettait de penser que Dionysos avait pu, sans empiétement indiscret, réserver à ses représentations dramatiques une part du domaine d'Apollon. La fouille a donné sur ce point encore la preuve décisive, puisque le théâtre forme précisément le coin nord-ouest de ce grand quadrilatère qui est l'enceinte sacrée. On ne s'est pourtant décidé à le construire en pierre qu'assez tard. Des bas-reliefs d'un art indigent étaient desti-

Fig. 88. — Le diazoma.

nés à décorer la face antérieure de la scène. Ils représentaient quelques-uns des exploits d'Héraclès ; or, ils trahissent l'époque assez basse, tout au plus le deuxième siècle avant J.-C., où le théâtre a été bâti. Même après cette date on a continué, nous le verrons, à donner au gymnase de Delphes des conférences, des récitations de poèmes ; le théâtre, où une installation provisoire avait pu suffire pendant longtemps, restait mieux adapté aux concours dramatiques et lyriques.

Si le site delphique tout entier ressemble à un immense théâtre, selon le mot de Strabon, il faut reconnaître que l'emplacement des gradins et de la scène a été heureusement choisi dans un repli de ces roches. Quand on est parvenu jusqu'au diazoma, la vue s'étend sur les terrasses inférieures du sanctuaire, sur la descente rapide des pentes et le mur à pic du Kirphis, en face, qui découpe sur le ciel son arête simple et noble. Les bâtiments de la scène n'ont jamais pu être assez hauts pour empêcher les spectateurs d'apercevoir le cirque montagneux tout entier, et il est difficile d'imaginer un fond plus grandiose aux actions tragiques qui se déroulaient sous leurs yeux, aux légendes que le lyrisme faisait revivre devant eux.

Souvent, depuis le moment où l'on avait déblayé la terre entassée dans le théâtre et qui le recouvrait tout entier, j'ai cherché, comme beaucoup d'autres sans doute, à me représenter les émotions qu'avait pu faire naître une audition de musique dans ce cadre sublime. Je me suis rendu compte que je n'y serais jamais arrivé, ce matin d'octobre 1910 où, pendant quelques instants, j'ai eu l'étrange et heureuse impression d'un rêve qui se réalise et apparaît doué de vie. L'artiste à l'âme profonde qui a su retrouver et exprimer avec puissance tout ce que la mélodie racinienne de Gluck enferme de sentiment sous ses dehors finement nuancés, ce parfum d'antiquité dont elle est comme imprégnée, a bien voulu lancer de l'orchestra delphique l'adieu d'*Iphigénie*. A la voix de Mme Jeanne Raunay (Mme André Beaunier), les roches redevenues sonores ont vibré du fidèle et harmonieux retentissement d'une musique qu'elles entendaient pour la première fois et qui pourtant, près du temple aux

oracles, parmi tous les souvenirs de cette religion disparue, n'était pas étrangère. Ce n'est pas seulement pour la
joie délicate d'une minute que je voudrais pouvoir associer
à mon hommage de reconnaissance ceux qui auront consenti à me suivre jusqu'ici. Ils ont déjà saisi la valeur de
symbole que prend ici un souvenir personnel. Les démarches exactes de l'intelligence et de la froide critique
sont indispensables, elles sont la condition première de
notre travail. Mais elles ne peuvent pas être un obstacle,
ni une limite : ce serait se mutiler soi-même que de renoncer par avance à l'émotion d'art qui en est, elle,
comme la fleur et la suprême récompense.

A côté du théâtre, à l'est, deux petits monuments, peut-
être deux trésors, ont été dégagés (fig. 89). Ils sont antérieurs au quatrième siècle, et ils se trouvaient, avant le
désastre qui bouleversa toute cette région, presque au
bord de la plateforme qui dominait la terrasse du temple
ancien.

Derrière eux et au-dessus, on aperçoit d'énormes
rocs éboulés. Ils ont détruit tout ce qui existait à un
niveau supérieur, le long du grand mur est du théâtre.
Ici surtout on est en droit de penser que les chutes de
rochers se sont succédé depuis Pausanias jusqu'à la fin
du monde antique et au moyen âge : le voyageur paraît
avoir vu la fontaine Cassotis, celle dont les dérivations
sur les terrasses inférieures, à l'adyton du temple, au
soupirail de l'eau, à l'antre de Python, ont été à toutes
les époques en rapport étroit avec le culte célébré à
Delphes. Nous ne savons même pas où l'eau jaillissait ;
un admirable dallage, dont les pierres en calcaire de
Saint-Élie, appareillées avec le plus grand soin, indiquent

CASSOTIS

18

une date antérieure de deux siècles au moins à la construction du théâtre, faisait peut-être partie des bâtiments de la fontaine. Mais il est impossible de l'affirmer.

 La figure 89 permet de reconnaître, à un niveau supérieur à celui des deux trésors, un mur de soutènement en très bel appareil régulier : il avait été bâti par les Cnidiens au cinquième siècle pour appuyer la terrasse où se dressait un édifice très célèbre qu'ils avaient aussi dédié au dieu : la Lesché. Avec le trésor, avec un groupe de statues qui se trouvait dans le bas du sanctuaire, entre le trésor de Siphnos et celui de Sicyone, avec une autre statue colossale que les Romains ont retournée sens dessus dessous dans la parodos gauche du théâtre, la Lesché complète un ensemble d'offrandes dignes de la prétention des Cnidiens à s'identifier avec les prêtres crétois qui, d'après l'hymne homérique, ont apporté ici le culte d'Apollon Pythien.

On appelait d'ordinaire lesché un édifice ou bien complètement fermé, ou bien ouvert seulement au midi, où l'on se réunissait pour causer. Les anciens n'ont pas pu cacher que flâneurs et paresseux s'y rencontraient en grand nombre, mais ils ont tenu à nous prouver qu'on pouvait y entendre aussi des entretiens plus sérieux, et Plutarque a placé dans la Lesché des Cnidiens la scène d'un de ses dialogues.

C'était une grande chambre rectangulaire, longue de 19 mètres, profonde de 9 m. 50. Les murs du fond et des côtés étaient bordés extérieurement par des murailles ; une porte, percée au milieu de la façade sud, donnait sur la terrasse. Le toit, très probablement ouvert au milieu, était soutenu par huit piliers légers,

disposés autour de la cour centrale : les dés de
pierre qui portaient les quatre piliers de la partie droite
sont encore en place. Nous n'avons que les fondations des
murs, il ne reste à peu près rien de cette construction
en tuf recouvert de stuc, décorée par Polygnote de peintures qui ont été admirées de toute l'antiquité. Elles

Fig. 89. — Monuments a l'est du théatre.
(En haut, à droite, la terrasse de la Lesché.)

devaient commencer immédiatement à droite et à gauche
de l'entrée, se continuer sur les parois latérales et se
retourner sur le mur du fond.

Pausanias nous a laissé, des deux grandes compositions
que Polygnote avait peintes, une description très détaillée.
L'une, les enfers, représentait le plus célèbre épisode

de l'*Odyssée ;* l'autre, le sac de Troie, pouvait être directement inspirée d'un poème du cycle épique qui portait ce
titre, mais les héros qui y figuraient étaient surtout connus par l'*Iliade.* C'étaient leurs traditions poétiques les
plus familières que ces ensembles décoratifs faisaient
revivre aux yeux des Grecs.

En suivant les indications de Pausanias et avec l'aide
des œuvres d'art conservées, surtout des chefs-d'œuvre
de l'art industriel, ces peintures de vases qui sont le
reflet de la grande peinture, les archéologues sont arrivés à proposer des restitutions, on peut le dire, de plus
en plus vraisemblables. Les figures étaient presque de
grandeur naturelle, groupées les unes au-dessus des
autres sans souci des lois de la perspective ; quelques
figures de l'arrière-plan n'étaient pas entièrement vues ;
des plis de terrain en cachaient la partie inférieure. Il est
probable que le fond était blanc et que, avec le blanc et le
noir, les couleurs fondamentales étaient le jaune et le
rouge ; comme couleurs mêlées, du vert et une certaine
espèce de bleu. L'un des derniers savants qui se soient
occupés de ces peintures, M. Carl Robert, a recomposé
les deux ensembles décoratifs avec une science et un
goût auxquels on peut rendre hommage, tout en regrettant une fois de plus que la fouille ne nous ait rien rendu
de l'original.

Enfin, à quelques mètres au delà de la Lesché, l'angle
nord-est de l'enceinte a été dégagé. C'est le dernier coin
de ce grand quadrilatère où Apollon avait toléré, on l'a
vu, qu'un culte fût rendu à d'autres divinités auprès de
lui, mais où il n'en resta pas moins, depuis le meurtre
de Python et la prise de possession de l'oracle, le maître
incontesté.

# CHAPITRE IX

LA VILLE AUTOUR DU SANCTUAIRE, LE STADE, LES POR-
TIQUES, LES THERMES. — LES FAUBOURGS DE PYLÆA ET
DE CASTALIE. — LE GYMNASE.

Delphes n'était pas seulement un sanctuaire panhellé-  LES DELPHIENS
nique : c'était aussi une ville. Aujourd'hui elle nous
semble n'avoir eu presque aucune existence propre. Les
anciens disaient des habitants qu'ils n'étaient bons qu'à
tirer profit du culte, à fabriquer des couteaux de sacrifice, à vendre des objets de piété et des victimes, à prendre
leur part des festins. Il est bien probable que leur activité a été employée surtout à vivre des visiteurs et des
fidèles. De ce qu'ils précipitaient les condamnés du haut
de la Hyampéia, comme quelques mots de Démosthène et
de Plutarque le prouvent, il ne faudrait pas conclure qu'ils
étaient plus cruels que d'autres : mais la légende d'Ésope
leur fait jouer un vilain rôle et les comiques se moquent
d'eux. En fait nous ne les connaissons guère, et les fouilles
ne nous ont pas donné beaucoup de renseignements sur
leur vie. Les prêtres appartenaient aux familles nobles
de la cité, le conseil avait la garde des trésors sacrés dans
l'intervalle des sessions amphictioniques, les maîtres

affranchissaient leurs esclaves par une vente fictive au
dieu : ce sont à peu près les seuls rapports que nous
puissions saisir entre le sanctuaire et la ville. Et pourtant nous ne pouvons imaginer maintenant qu'Apollon
ait transporté en un autre point de la terre ses richesses
et le siège de son oracle.

Le sanctuaire était entouré par la ville sur trois côtés :
le quatrième, celui du nord, touche au pied de la muraille
de Rhodini. Les maisons s'étendaient vers le sud et vers
l'est, descendant les pentes, se serrant des deux côtés du
ravin, depuis Castalie jusque vers le gouffre de Sybaris
(Pappadia) (1). Des ponceaux jetés sur cette crevasse
mettaient en communication les deux parties de la
ville.

LE STADE

Le premier monument que nous ayons à visiter maintenant au-dessus du sanctuaire n'est pas un édifice civil :
le stade, où avaient lieu lors des grandes fêtes les courses
à pied, est une dépendance du sanctuaire, comme l'hippodrome situé dans la plaine sacrée, tout contre les dernières pentes des Phédriades. Les attelages montaient
jusqu'à Delphes et, d'après ce que nous savons des routes
chez les anciens, il est probable qu'ils auraient pu gravir
même les dernières pentes qui menaient au stade, mais
il n'y avait pas là de place suffisante pour les courses de
chars et de chevaux : elles avaient lieu en bas, dans la
plaine, comme on le voit déjà chez Pindare et dans

(1) La figure 100 est la vue, prise des Phédriades, du sanctuaire et de ses
abords jusqu'au gymnase et à Marmaria. On y découvre presque entière
l'étendue qu'occupait la ville, sur les pentes aujourd'hui vêtues d'oliviers, jusqu'aux escarpements que l'on a vus de face figure 1 et qui descendent brusquement vers la gorge du Pleistos. La coupure profonde qui continue le ravin
de Castalie y apparaît moins nettement, par l'effet du jeu d'ombres d'un nuage,
que dans l'héliogravure placée en tête du volume.

l'*Électre* de Sophocle (1). C'est là qu'on avait pu aisément trouver l'emplacement d'un hippodrome qui devait avoir, comme celui d'Olympie, quatre fois la longueur du stade. Mais le stade, pas plus que l'hippodrome, n'appartenait

FIG. 90. — LE STADE PYTHIQUE.

à la ville de Delphes ; c'est par les comptes du trésor sacré que nous connaissons toutes les constructions, tous les aménagements que l'administration du temple dut faire dans l'un et l'autre édifice : en bas, dans la plaine, barrières ingénieusement compliquées qui permettaient

(1) Le poète tragique n'a pas hésité à faire remonter jusqu'au temps d'Oreste les courses de chars dans l'hippodrome pythique. Les vers 729-730 indiquent aussi nettement la situation de cet hippodrome que de nombreux passages des odes triomphales de Pindare. Les chars de deux concurrents viennent de se fracasser l'un contre l'autre, « et tout entière la plaine de Krisa s'emplit des débris de leur naufrage ».

aux chars de se mettre en ligne ; au-dessus du sanctuaire, préparation de la piste pour les athlètes et les coureurs lors de la célébration des grandes fêtes, arrachement des herbes, aplanissement du sol que l'on sablait de terre blanche, enfin plantation d'une scène ou estrade en bois pour l'exécution des morceaux de concours lyriques.

Fig. 91. — Portique a l'ouest du sanctuaire.

Au point le plus haut du cirque delphique, et presque à la même hauteur que le cap rocheux qui se détache de Rhodini, était une longue plateforme. C'est le seul endroit où la nature ait permis, sur ces déclivités abruptes, de ménager aux coureurs une piste de la longueur voulue (1), environ 178 mètres.

(1) Nous verrons bien, à l'autre extrémité de la ville, au gymnase, une

Encore avait-il fallu, pour l'établir, construire en contrebas un mur de soutènement; il date du cinquième siècle
avant J.-C., comme le prouve une inscription gravée sur
une des pierres. Sur la terrasse ainsi appuyée, on s'est contenté pendant des siècles d'une installation très simple,
de talus en terre. L'état actuel (fig. 90) date de l'époque

impériale; Hérode Atticus n'a pas orné le stade de gradins en marbre, comme Pausanias le dit par erreur, c'est
lui pourtant qui l'a construit tel que nous le voyons.

Au premier plan, on voit les restes d'un arc de triomphe,
qui était une grande porte à trois arcades par où péné-

seconde plateforme aussi longue que celle du stade, et où les athlètes pouvaient s'entraîner à la course, mais les épreuves solennelles avaient lieu ici, au-
dessus du sanctuaire.

traient les concurrents ; en arrière, une suite de pierres, disposées transversalement et à la surface desquelles une double rainure marquait la ligne de départ des coureurs. Au delà s'étend la longue piste. A l'autre extrémité le retour en demi-cercle, la *sphendoné* avec ses six rangs de sièges, que l'on a dû protéger par un mur, aussitôt après la fouille, contre les chutes de rochers et les éboulements ; à droite, tout le long du côté nord, les douze rangs de sièges, celui d'en bas interrompu à peu près au milieu par une sorte de loge d'honneur à dossier, la proédrie, où s'asseyaient les présidents des jeux. Au-dessus de ces gradins du nord, le flanc de montagne n'est pas à pic, il descend en talus et de nombreux spectateurs pouvaient encore s'y asseoir. Du côté du sud, les gradins ne sub- sistent plus : le poids de la terre dont le stade s'était peu à peu rempli a détruit presque tout, sauf 'le mur très ancien qui soutenait la terrasse ; on retrouve plus bas, souvent fort loin du stade, des morceaux de bancs en pierre qui ont glissé le long des pentes.

Au commencement du cinquième siècle avant J.-C., les concours gymniques et musicaux avaient lieu, non pas à Delphes même, mais dans l'hippodrome de la plaine : Pindare célèbre des vainqueurs à la lutte qui avaient triomphé « à Kirrha », c'est-à-dire près du port où débar- quaient les pèlerins qui arrivaient par mer. Peu de temps après, le stade fut aménagé au point le plus haut de la ville, au-dessus du sanctuaire, et les prix pour les courses à pied, pour les diverses sortes de lutte, y furent disputés. On pourrait croire qu'à partir du moment où le théâtre exista, il n'y eut plus au stade aucune représentation drama- tique ou lyrique. Les inscriptions prouvent le contraire : c'est au milieu du troisième siècle que nous voyons, parmi

les dépenses du trésor sacré le prix de la scène en bois
élevée au stade, et, presque cent ans après, un musicien de
Samos, vainqueur sans concurrent au concours de flûte,
« offrit au dieu et aux Grecs, dans le stade pythique,
après le concours gymnique et lors du sacrifice, un hymne

Fig. 93. — Hypocauste des thermes de l'ouest.

avec chœur intitulé *Dionysos*, puis un fragment des *Bacchantes* d'Euripide avec accompagnement de cithare ».

De la ville elle-même, peu de constructions ont été *LES THERMES*
dégagées. Ce que nous en connaissons le moins mal, ce
sont les bâtiments qui touchaient à l'enceinte sacrée,
quelques restes de maisons, mais surtout des thermes.
Quand les Romains vinrent en grand nombre à Delphes,
ils voulurent y retrouver toutes leurs habitudes d'exis-

tence, et d'abord les établissements de bains. On sait les grands travaux qu'ils ont exécutés partout, dans les villes où l'eau était le plus rare, pour s'assurer ces commodités de la vie dont ils ne pouvaient se passer. Ce sont eux qui ont remanié le gymnase, comme on le verra, pour y installer des bains chauds, et fait élever tout contre le mur d'enceinte du sanctuaire à l'ouest, au sud et à l'est trois

Fig. 94. — Thermes de l'est (extérieur).

groupes de constructions : elles ne sont pas également bien conservées, celles du sud en particulier nous apprennent peu de chose, il y avait là un établissement peu considérable et qui ne paraît pas avoir eu de dispositions spéciales.

A l'ouest et en dehors du sanctuaire, à un niveau de très peu supérieur à celui de la terrasse de l'opisthodome,

s'étendait un long portique (fig. 91). Ouvert au sud comme
tous les promenoirs abrités où les anciens aimaient à
aller et venir en causant, il s'appuyait du côté du nord à
un énorme mur de soutènement dont la construction
régulière indique une très bonne époque ; le portique
venait buter à son extrémité est contre l'enceinte sacrée.

Fig. 95. — Thermes de l'est (intérieur).

Derrière le mur de soutènement, avait été construit un
grand caniveau : c'était une suite de blocs de calcaire
creusés en cuvette, et assemblés sur une pente, de telle
sorte que les eaux tombées sur le versant de la montagne
au-dessus fussent recueillies avant d'arriver à la terrasse
du portique ; elles étaient amenées par cette conduite à

l'air libre (fig. 92) dans les égouts souterrains qui longeaient le mur du sanctuaire en dehors.

Les Romains utilisèrent cet ensemble avec le sens pratique qui était leur marque propre. L'eau du caniveau fut captée avant de descendre vers les terrasses inférieures et ils installèrent les thermes dans le portique même. Dans le coin par lequel ce portique touche à l'enceinte, on a dégagé (fig. 93) les piles de briques en galettes rondes qui soutiennent le pavage du caldarium : la chambre du bain chaud était ainsi suspendue au-dessus du souterrain qui communique avec l'endroit où le feu était allumé, et l'air chaud pouvait circuler autour de ces piliers dans tout l'hypocauste.

A l'est, nous trouvons de nouveau quelques dispositions intéressantes. On se rappelle cet ancien portique en tuf, dont les Romains murèrent les entrecolonnements (p. 170 et fig. 57) ; ils en doublèrent les murs pour établir une voûte de briques, et obtinrent ainsi un immense réservoir où se ramassèrent désormais les eaux tombées en torrents des Phédriades. Elles étaient amenées à des thermes situés en contrebas (entre les portes C et D du plan, mais hors de l'enceinte). Les figures 94 et 95 montrent deux aspects de cet établissement, une des vues est prise de l'extérieur, l'autre du dedans : on voit ces murailles et ces arcs entièrement en briques ; quelques-unes des salles se terminaient par une abside ; ce sont en général les salles de bains chauds qui s'arrondissaient en demi-cercle. Plusieurs étaient pavées de mosaïques. L'une d'elles (fig. 96), où les combinaisons de lignes géométriques donnent un dessin fort élégant dans un encadrement de proportions heureuses, a été très peu endommagée par le temps.

Nous ne pouvons pas fixer avec une rigoureuse exactitude les limites de la ville ancienne, surtout vers le sud. On a vu plus haut qu'environ 10.000 habitants y vivaient d'ordinaire, mais il faut penser au surcroît de population qu'y amenaient les grandes fêtes. Une inscription nous a appris que les habitants de Thèbes possédaient à Delphes une maison, où ils logeaient quand ils venaient

Fig. 96. — Mosaïque dans les thermes de l'est.

consulter l'oracle et assister aux jeux. C'est une indication précieuse, parce qu'elle prouve que tous les étrangers n'étaient pas purement et simplement reçus chez ceux des habitants avec qui ils étaient en relations d'hospitalité. Il est certain que des foules de pèlerins et de visiteurs trouvaient un abri sous des portiques construits par la cité, il l'est presque autant que d'autres étaient

accueillis chez des particuliers avec qui ils n'avaient
auparavant aucun lien et à qui ils offraient une rémuné-
ration pour leur séjour. Le Gellias d'Agrigente, qui
fonda généreusement des hôtels gratuits, dut avoir à
Delphes peu d'imitateurs.

*LE FAUBOURG
DE PYLAEA*

Que les maisons fussent nombreuses sur les pentes,
on l'admettra aisément. Elles devaient se succéder depuis
le stade jusqu'à une distance assez grande au-dessous de
l'endroit où passe la route moderne. Dans l'autre sens,
c'est-à-dire pour la largeur de l'ouest à l'est, nous pouvons
marquer les points extrêmes avec plus de précision. On
verra qu'au delà de la fontaine Castalie et de la crevasse où
descendent ses eaux, le faubourg oriental comprenait
d'abord le gymnase, puis un enclos, où était un sanctuaire
d'Athéna. A l'extrémité est de celui-ci, la porte de la ville
est encore aujourd'hui reconnaissable. D'autre part, sur
l'éperon rocheux détaché de Rhodini, on voit des restes
de murailles que l'on identifie d'ordinaire avec les fortifica-
tions élevées par Philomélos, le chef phocidien du quatrième
siècle, pour défendre Delphes contre les attaques venues
de l'ouest. Si l'on suit en descendant la crête de ce promontoire, on reste en dehors de la ville ancienne. Des
tombeaux sont creusés dans le rocher à des hauteurs
très différentes. Ce n'est que sous les empereurs que les
maisons, les édifices publics se sont multipliés sur le
versant qui regarde Delphes. Jusqu'à cette époque, les
aires, les terrasses où les Delphiens modernes dépiquent
leur blé, n'étaient pas comprises dans la ville.

Il y avait là un autel des Vents, dont la place était
heureusement choisie sur ce cap découvert d'où l'on
voit tout le cirque delphique, la gorge du Pleistos jusqu'à Arachova et, de l'autre côté, la plaine sacrée jusqu'à

la mer (fig. 2) ; tout près, l'endroit où s'assemblait l'Amphictionie : c'est de là qu'Eschine put montrer aux amphictions que les Amphisséens avaient cultivé la plaine malgré les lois religieuses, et qu'elle était toute couverte de tuileries et de fermes. Il ne semble pas que l'on ait pensé avant la seconde moitié du quatrième siècle à construire un palais pour les réunions du conseil fédéral, peut-être même ce projet n'a-t-il été réalisé que plus tard. On croit que l'Amphictionie a tenu ses séances, à l'époque impériale, dans un édifice qui était situé sur l'emplacement du cimetière actuel (église du prophète Élie). Si c'est vrai, on devra admettre que, au quatrième siècle, les amphictions se réunissaient quelques mètres plus à l'ouest : au cimetière on a déjà

Fig. 97. — Terrasses du quartier de Pylaea.

tourné la pointe du cap, et on n'aperçoit plus la mer. Enfin c'est là aussi, près des aires, que s'étendaient les ateliers où les pièces d'architecture amenées pour le temple étaient dégrossies. La route antique, reconnaissable aux ornières creusées dans le roc, passait un peu plus haut. C'est de ce tournant, où sans doute l'on tenta d'assassiner Eumène que les anciens voyaient pour la première fois le sanctuaire quand ils arrivaient de l'ouest.

Jusqu'au premier siècle après J.-C. les maisons de la ville ne se sont pas étendues jusque-là. Mais au moment où la religion antique sembla renaître et jeta presque

19

son dernier éclat, de Trajan à Marc-Aurèle, Delphes eut une période de splendeur. On en a vu. des exemples significatifs en quelques points du sanctuaire. Cette région de l'ouest, qui n'avait pas été encore habitée, sinon par les morts, devint un quartier de luxe. Autrefois elle s'était appelée Thyiai ou Thystion, d'un nom que l'on reconnaît comme très voisin de celui des Thyiades, ou Ménades, suivantes de Dionysos et associées au culte de l'Apollon de Delphes. Ce fut désormais le quartier de Pylaea, du nom des sessions amphictioniques, évoquant le souvenir de l'assemblée fédérale primitive qui s'était tenue aux Thermopyles. Il fut embelli de constructions neuves, de palais, de terrasses soutenues par des murs à puissants contreforts (fig. 97). Ce brillant développement avait très vivement frappé Plutarque : les édifices publics et privés, les fontaines avaient donné à la ville un aspect nouveau, et l'excellent homme y voyait avec joie le signe que sa foi ne périrait jamais.

CASTALIE

Traversons, en suivant la route moderne, la plus grande partie de l'emplacement où fut la ville. Quelques minutes suffisent pour arriver à ce pli profond où la route tourne brusquement. On a plusieurs fois parlé déjà de la crevasse où la ligne des Phédriades, jusque-là presque droite et qui le redevient ensuite jusqu'à Arachova et même plus loin, se brise en angle aigu et forme la saillie de la Hyampéia. Au fond de cette gorge fermée où les deux murs de roches à pic se rejoignent (fig. 98), jaillissent les eaux de la fontaine Castalie.

Dans l'antiquité, quand on arrivait à Delphes par la route de Béotie et de Phocide, c'est-à-dire par l'est, ce que l'on rencontrait d'abord, après les tombeaux qui

entouraient la ville des vivants, c'était le faubourg que
nous allons maintenant parcourir. On dépassait le sanc-

Fig. 98. — Gorge de Castalie.

tuaire d'Athéna (Marmaria), puis le gymnase, et la route
continuait ensuite tout droit, un pont jeté sur le ravin

permettait de monter vers la ville et le sanctuaire d'Apollon. Il fallait se détourner vers la droite, Pausanias l'indique expressément, pour aller voir la fontaine.

Les poètes l'ont toujours célébrée, ils ont chanté les « tourbillons argentés » et l'éclat de ses eaux. Elles n'étaient pas seulement « agréables à boire », comme dit encore Pausanias, elles avaient une vertu purificatrice. On ne peut s'en étonner quand on se rappelle l'un des caractères essentiels de la religion delphique. L'*Ion* d'Euripide nous apprend que les prêtres devaient se laver à cette fontaine avant de pénétrer dans le temple. On y remplissait les vases d'or qui répandaient l'eau lustrale sur le dallage de la demeure divine. Depuis les Romains, on a surtout attribué à Castalie le don d'inspirer les poètes, mais ce ne sont pas les Romains qui ont créé cette gracieuse fiction. Ils se sont rappelés que Théocrite, au moment d'évoquer quelques souvenirs mythologiques, avait fait appel au témoignage des nymphes Castalides : c'est que, pour lui déjà, elles gardaient le dépôt des traditions légendaires.

Les rochers creusés et profondément entaillés nous laissent voir, encore aujourd'hui, comment les anciens avaient aménagé l'emplacement de la fontaine (fig. 99). Quand on regarde le mur de fond, formé par le roc aplani et auquel s'appuyait très probablement un portique, on distingue tout contre lui, à 1 mètre de distance et sur 10 mètres de longueur, les restes de grandes dalles dressées debout : c'est le mur antérieur du réservoir où l'eau, sortant à droite des veines de la pierre, était recueillie. Six ouvertures, ornées jadis de gueules de lion en bronze, étaient percées dans cette muraille antérieure et permettaient à l'eau de jaillir dans un bassin, lui aussi taillé dans le roc, comme les marches qui y descendaient; on compte huit de ces marches sur le côté ouest, et quatre sur le côté nord. Le trop-plein s'écoulait par une conduite qui contournait le bassin.

Nous pouvons nous représenter sans trop de peine l'aspect monumental que devaient avoir ces constructions de la fontaine. Le réservoir dans le roc était caché: des plaques minces le recouvraient, qui s'inséraient dans une rainure, visible sur le rocher aplani. Dans l'encadrement du portique, les niches demi-circulaires contenaient des ex-voto offerts à la nymphe Castalie. De la décoration de marbre, il ne reste rien, les tremblements de terre ont arraché les hautes dalles qui séparaient le réservoir

Fig. 99. — La fontaine Castalie.

du bassin à l'air libre. Ce qui manque le plus, c'est l'eau elle-même, qui sortait jadis des six bouches et à qui les mouvements du sol ont fermé l'accès en ce point. La source se trouve aujourd'hui à quelques mètres à l'ouest, au milieu du chaos des rochers tombés des Phédriades, dont les murailles se rapprochent et ferment au fond la gorge rétrécie. L'endroit a repris un caractère de grandeur sauvage qu'il n'avait du reste jamais dû perdre; les restes de l'œuvre que les hommes y élevèrent autrefois ne troublent pas, ils complètent l'impression que donne, dès le premier aspect, cette crevasse désolée.

En revenant sur la route après avoir quitté la fontaine Castalie, on passe sous l'ombrage de deux platanes. De tout temps, il semble que le souvenir des légendes anciennes ait donné aux Grecs l'habitude de trouver ici des arbres. Un mythe local prétendait qu'Agamemnon, quand il vint consulter l'oracle sur l'expédition qu'il allait mener contre Troie, avait planté un platane près de Castalie(1).

*LE GYMNASE*  Un escalier, à droite sur le bord de la route, mène à un sentier : on descend à travers les oliviers, on arrive en quelques minutes au gymnase, qui était une dépendance du sanctuaire, presque autant que le stade.

La figure 100, dont le cliché a été pris à peu près au même endroit que celui de la vue reproduite en frontispice, montre une grande partie de l'emplacement qu'occupait la ville ancienne. Après avoir passé sous le sanctuaire, la route moderne arrive près de la fontaine ; la crevasse de Castalie est en dehors de la figure, sur la

(1) Cette région de Castalie est particulièrement propice, par l'étrange sauvagerie du paysage, à la survivance de légendes et d'usages qui étonnent. Une ancienne chapelle de saint Jean le Précurseur était installée contre le mur même de la fontaine, on l'a reconstruite au bord de la route (fig. 98 à droite), et certes les habitants ont une dévotion très sincère pour saint Jean, mais ils croient aussi que le bruit des eaux et le souffle du vent, surtout la nuit, dans la crevasse sont la voix des Néréides (ou Nymphes de la fontaine) : le nom s'est conservé presque sans altération dans leur langage. Ils attribuent aussi à l'eau de Castalie des vertus mystérieuses, curatives quand les parents d'un malade vont chercher à la fontaine, sans parler à personne, sans répondre aux salutations familières, « l'eau du silence » ; prophétiques, quand les jeunes filles essaient d'y lire qui d'entre elles sera mariée la première. Le conservateur du musée de Delphes, M. Kontoléon, a réuni quelques-unes de ces traditions populaires (*Delphes et la fontaine Castalie*, en grec, 1911). Pendant les fouilles, on nous conseillait de tenir fermées les fenêtres qui regardaient dans la direction de Castalie, sous prétexte que le vent qui vient de la crevasse donne la fièvre.

gauche. La route change alors de direction pour contourner le pied de la Hyampéia : on la voit reparaître (fig. 100 à gauche), tandis qu'elle passe en courbe au-dessus des terrasses du gymnase et de Marmaria ; dans cet extrême faubourg de l'est, on distingue assez nettement deux cercles,

Fig. 100. — Le sanctuaire, le gymnase et Marmaria vus du haut des Phédriades.

le plus rapproché du sanctuaire est la piscine du gymnase, l'autre est l'édifice rond ou la tholos de Marmaria.

La situation du gymnase est particulièrement heureuse (fig. 101). Les deux principales terrasses s'étagent l'une au-dessus de l'autre sur la pointe triangulaire que dessine la saillie inférieure de la Hyampéia. Cet ensemble

donne une nouvelle preuve, et l'une des plus caractéristiques de l'art avec lequel les anciens Grecs adaptaient le
plan et les dispositions générales de leurs constructions
aux données particulières du terrain. Ils choisissaient
l'emplacement avec un sens très sûr de ce qu'ils auraient
à faire pour modifier le moins possible ce que leur fournissait la nature et en tirer le meilleur parti. Ce n'est pas
que le travail leur parût redoutable ; on a déjà vu et on
verra encore qu'ils n'ont pas reculé devant les difficultés
qu'implique la construction des édifices du sanctuaire,
depuis le temple jusqu'à la base la plus modeste, puisqu'on ne trouvait rien sur place, sinon les matériaux des
soubassements. Mais ils tenaient à ce que l'œuvre humaine
parût ne pas avoir forcé la nature, elle ne devait pas être
seulement appuyée sur le sol, elle devait être le complé-
ment que les accidents du terrain réclamaient, elle en
était le couronnement indispensable.

Examinez ce promontoire qui s'avance en angle aigu
entre les deux pentes couvertes d'oliviers. On a construit quelques murs de soutènement, c'est toujours par
là qu'il faut commencer à Delphes ; on a nivelé deux terrasses, l'une transversale qui donnait la longueur nécessaire d'un stade, l'autre au-dessous qui se développe
presque jusqu'à la pointe du cap, et où les bâtiments de
la palestre, avec la cour et le bassin circulaire à l'air libre,
avaient trouvé place. Ce plan était si bien accommodé, et
d'une manière définitive, à ce qu'imposaient les conditions du terrain, que les Romains ont restauré sans doute
les constructions endommagées par le temps, ils y ont
aussi ajouté des bains chauds ; du moins ils n'ont rien
changé aux dispositions essentielles.

Elles datent du quatrième siècle avant J.-C. ; mais l'amé-

nagement du gymnase remonte peut-être à une époque
plus ancienne. Quoique la terrasse supérieure n'ait pas
été entièrement déblayée, on voit sans peine qu'une ligne
de colonnes la partageait en deux dans le sens de la lon-

Fig. 101. — Vue générale du gymnase.

gueur. Cette colonnade a été refaite à l'époque impériale,
des bases ioniques d'un travail maladroit attestent que
les Romains ont remplacé les anciennes colonnes doriques
en tuf qui soutenaient le portique, probablement en bois.
Ainsi protégée, une piste de 180 mètres permettait aux

coureurs et aux athlètes de s'exercer, quel que fût le temps. C'est la galerie couverte que l'on appelait le xyste. La piste extérieure ou paradromis s'étend à découvert sur toute la longueur du xyste et en double la largeur. Les conduites qui amenaient l'eau de Castalie au gymnase longeaient la colonnade et le bord de la paradromis avant de descendre à la terrasse inférieure.

Celle-ci, dont la figure 102 fait voir presque tout le développement, était divisée en deux parties : du côté du nord, une grande cour, appuyée sur de beaux murs de soutènement, et où se trouvait toute l'installation du bain froid ; du côté du sud, les bâtiments de la palestre. Une église chrétienne s'élevait ici ; c'était la chapelle du petit monastère qui a occupé l'emplacement du gymnase ; les ruines en ont une orientation toute différente de celles de la palestre qu'elles recouvrent, on n'en reconnaît pas moins le plan primitif. C'est une cour à péristyle, un carré de près de 14 mètres de côté ; un portique en faisait tout le tour, mais c'est sur deux côtés seulement, au nord et à l'ouest, que s'ouvraient quelques pièces : vestiaire, chambres de repos, dépôt des agrès et du matériel, logement du gardien. Les dimensions de ces bâtiments sont assez restreintes, et il paraît difficile d'admettre que les athlètes venus de tous les pays grecs pour disputer les prix des grandes fêtes aient pu s'entraîner ici en vue des épreuves solennelles. C'est que la palestre servait seulement pour quelques exercices préparatoires qui n'exigeaient pas beaucoup d'espace ; aux deux pistes de la terrasse supérieure et aussi à la grande cour du bain avait été réservée toute la place dont le sol naturel permettait de disposer.

Cette cour est pentagonale : on n'aurait pu lui donner la forme d'un carré que si on n'avait pas utilisé toute la

largeur du terre-plein. Le côté nord, d'abord parallèle au
mur de la palestre, se brise en suivant la ligne oblique
du ravin au-dessus duquel est construit le mur de soutènement. Un autre mur, aux belles assises régulières,
ferme la terrasse au fond (fig. 103) et soutient la plateforme supérieure où sont les deux pistes. Derrière ce

Fig. 102. — Terrasse inférieure du gymnase.

mur arrivait le caniveau qui amenait l'eau : dans les
comptes du quatrième siècle, on trouve la mention des travaux d'adduction qui devaient fournir abondamment l'eau
au gymnase. Onze bouches, qui étaient autrefois garnies
d'ornements en bronze (têtes de lion, la gueule ouverte)
sont percées en haut de la muraille : c'est par elles que

l'eau jaillissait en douche sur la tête et le corps des athlètes. Contre le mur étaient disposées, en nombre égal à celui des bouches, des vasques, très probablement en marbre, auprès desquelles les athlètes se tenaient debout : tout en recevant l'eau de la douche, ils se raclaient avec le strigile et complétaient leurs ablutions.

Le bassin rond, dont le centre est en face de la bouche du milieu, a 10 mètres de diamètre : c'est une piscine où l'on pouvait descendre par les marches que forme la saillie des assises circulaires l'une au-dessous de l'autre, ces assises sont au nombre de quatre, et le bassin à 1 m. 80 de profondeur. Un égout souterrain conduisait l'eau dans le ravin de Castalie et permettait de vider la piscine.

Telles sont les principales divisions du gymnase. Il présente tous les éléments essentiels dont étaient composés les édifices qui portaient ce nom. Il était impossible d'y loger tous les athlètes qui venaient prendre part aux divers concours gymniques ; du moins ils y trouvaient, pendant les jours qui précédaient les fêtes, l'espace et les aménagements nécessaires pour compléter leur entraînement.

Le gymnase n'a pourtant pas servi à ce seul usage. Il semble bien que le conseil amphictionique en ait eu le soin, la mention des travaux à y exécuter ne nous est fournie que par les comptes de l'administration sacrée. Mais le gymnase a dû être utilisé aussi à Delphes pour l'éducation des jeunes gens. L'entretien des constructions pouvait être payé par l'autorité suprême du sanctuaire, la ville n'en profitait pas moins : c'était un des avantages matériels qu'elle retirait du voisinage de la demeure divine. Et, comme ailleurs encore, ce n'étaient pas seulement les exercices physiques auxquels les Delphiens venaient s'appliquer. Les palestres et les gymnases ont toujours été recherchés par les rhéteurs et les philosophes, parfois même des chambres comme celles que nous avons vues autour du péristyle étaient de véritables salles de conférences. Le portique couvert de la terrasse supé-

Fig. 103. — Piscine du gymnase et mur de la terrasse supérieure.

rieure était très propre à recevoir un nombreux public pour des leçons et des lectures. Nous en avons quelques témoignages directs, ils suffisent à nous faire entrevoir que, à toutes les époques, le gymnase de Delphes fut utilisé pour la culture intellectuelle. Au deuxième siècle avant J.-C., un poète épique de Scepsis (Troade) y lut des fragments de son œuvre; au siècle suivant, un Romain, dont j'ignore encore le nom et qui portait le titre d'astrologue, c'est-à-dire qui s'occupait d'astronomie, y fit un cours en plusieurs leçons. Il est probable qu'il parlait le soir et, si l'on veut bien se rendre compte que les terrasses du gymnase sont un des points les plus découverts du site delphique, et d'où l'œil peut parcourir une notable portion du ciel, on comprendra que les explications de l'astrologue romain aient fort intéressé les Delphiens : ils l'en ont remercié par les honneurs habituels, mais en résumant dans les considérants du décret les raisons de leur reconnaissance.

# CHAPITRE X



On sort du gymnase par cette extrémité de la terrasse
inférieure où sont les restes de la palestre. Après quelques
minutes de marche à travers les oliviers, on arrive au
faubourg sacré qui était à l'entrée de la ville du côté de
l'est.

La figure 104 est une vue, prise pendant les fouilles,
d'une partie de la terrasse. Admirons une fois de plus le
goût avec lequel les anciens Grecs choisissaient la place
de leurs édifices. De vieux arbres, bien groupés sur les
pentes, se détachent en masses sombres sur le fond clair
des roches nues ; en face, au-dessus de la coupure entre
les contreforts du Parnasse et du Kirphis, s'allonge dans
le lointain la ligne des monts de Locride. C'est comme
un paysage historique, composé par un maître d'autrefois
pour le plaisir des yeux : ils s'y reposent de la rudesse
grandiose qu'ils rencontraient de tous côtés quand nous
visitions le sanctuaire d'Apollon. Et là, dans ce coin de
nature apaisée, presque familière, s'étend une terrasse
où quelques monuments, alignés sans monotonie (plan

fig. 105), se succédaient au pied de l'avancée la plus saillante de la Hyampéia : parmi eux, un exemplaire parfait de l'architecture grecque, mais tous intéressants par les détails de la construction, par les souvenirs qu'ils évoquent, par les questions qu'ils posent et qui n'ont pas toutes reçu de réponse définitive. De très beaux fragments de sculptures et de terre cuite peinte permettent ici encore de se représenter la riche décoration dont ces édifices étaient parés.

D'énormes murs de soutènement en amont, d'autres en aval, moins considérables, délimitent une enceinte consacrée à Athéna. Les divers appareils de murailles, polygonales et helléniques, prouvent que l'on a refait plusieurs fois ces ouvrages de protection et d'appui. Ce n'est pas seulement parce que l'endroit était exposé sans cesse au danger des éboulements, c'est aussi que le terre-plein a été, avec le temps, modifié et élargi.

*ATHÉNA PRONAIA*

La déesse a toujours porté ici le surnom de Pronaïa, celle qui est devant le temple : en effet les voyageurs qui arrivaient par terre, c'est-à-dire les plus nombreux, après avoir traversé la Béotie et la Phocide, rencontraient d'abord le sanctuaire d'Athéna, avant d'arriver à la demeure de celui qui était le dieu de Delphes par excellence, Apollon. Un jeu de mots facile, qui a été répété souvent depuis Démosthène, mais qui doit être plus ancien, avait transformé ce surnom en Pronoia, Providence. Par le changement d'une lettre, l'indication topographique est devenue une épithète morale, appropriée au caractère de la déesse qui représente la sagesse de Zeus son père. Les habitants modernes ont été frappés surtout de la beauté des matériaux qui avaient servi à construire plusieurs édifices au centre de la terrasse ; on en voyait de nombreux

Fig. 104. — La terrasse de Marmaria.

débris avant les fouilles. Cette enceinte sacrée s'appelle maintenant Marmaria (les marbres).

Pour la parcourir rapidement, nous suivrons la route des pèlerins anciens qui venaient de l'est, et qui, après avoir traversé la nécropole, pénétraient dans la ville par le faubourg d'Athéna.

Une porte dont le linteau est aujourd'hui à terre leur donnait accès sur la terrasse, après qu'ils avaient laissé sur la droite un sentier qui menait à une plateforme supérieure : on y voit aujourd'hui les ruines de deux petits édifices dont l'un était consacré au héros Phylacos, le gardien, celui qui, avec un autre héros delphien, Autonoös, avait défendu la ville et le sanctuaire contre les Perses. Xerxès, le passage des Thermopyles forcé, envoya une partie de son armée pour piller les richesses d'Apollon, mais les légendes locales racontaient que le dieu avait su protéger le siège de son oracle. Rochers tombés des Phédriades dans le fracas du tonnerre, et qu'Hérodote vit à l'endroit même où ils avaient écrasé les barbares, demidieux apparaissant pour achever le désastre, le récit de ces faits merveilleux a été dès lors fixé, et il est devenu une tradition nationale ; on n'a changé que quelques détails, lors de l'attaque des Gaulois en 279. C'est dans ce coin de Marmaria que l'on se représente aujourd'hui vivement l'effet que put produire une légende dont tous les éléments n'étaient pas fictifs. Il est certain — on l'a vu il y a huit ans — que des blocs énormes, à la suite de ces orages si terribles en pays de montagne, se détachent des murailles à pic des Phédriades, et qu'ils écrasent tout en roulant sur les terrasses, dans le sanctuaire d'Athéna comme dans celui d'Apollon. Le vieux temple de la déesse

Fig. 105. — Plan de Marmaria.

(fig. 105, I) était à une place particulièrement dangereuse, et les anciens ne se sont décidés qu'après deux catastrophes à en élever un autre plus à l'ouest (fig 105, V). La fouille nous avait rendu les restes du vieux temple qu'on avait laissé en ruines depuis le quatrième siècle avant J.-C., mais en mars 1905 des rochers sont encore venus détruire ce qui en subsistait (fig. 106). On avait retrouvé quinze colonnes : trois seulement sont aujourd'hui debout à l'angle nord-est (fig. 107). Nous ne sommes pas obligés de croire que des désastres semblables se sont produits à deux reprises, en 480 et en 279, exactement à l'heure où il fallait que la ville et ses sanctuaires fussent défendus contre les barbares, Perses et Gaulois. Mais nous comprenons mieux comment les Delphiens ont pu si aisément faire accepter la légende des pillards miraculeusement anéantis.

*LES AUTELS*  Quand on a pénétré par la porte de l'est sur la terrasse, on voit d'abord trois autels qui s'appuyaient à la muraille de soutènement de la terrasse supérieure, celle où se trouvait l'enclos consacré au héros Phylacos. Le premier et le plus grand de ces autels a aujourd'hui plus de 11 mètres de longueur sur plus de 5 de large, mais on est sûr qu'il était plus long jadis : les côtés en sont formés de blocs posés de champ et assez bien assemblés. Tout autour, la terre était mêlée d'ossements calcinés, de détritus et de cendres d'animaux. Les victimes étaient sacrifiées en cet endroit, qui est le lieu de culte le plus ancien où les fidèles, à Delphes, aient adoré Athéna. Elle y était invoquée sous divers vocables, que nous font connaître les inscriptions archaïques de deux piliers votifs, trouvés près de l'autel. Ces stèles carrées où se lisent les noms d'Athéna Ergané (Laborieuse) et Zostéria (Guerrière (1), celle qui se ceint par la lutte) étaient surmontées sans doute de vasques où l'on déposait les offrandes.

Les deux autres autels, plus petits que celui d'Athéna, étaient consacrés à Hygie et à Ilithyie : les inscriptions sont plus récentes que les précédentes, mais il est pos-

Fig. 106. — Rochers tombés sur le vieux temple.

sible que ces cultes, pratiqués spécialement par les femmes, soient très anciens. C'est l'un des coins les plus véné-

(1) C'est en effet le sens de ce surnom chez les peuples voisins de la Phocide, les Béotiens et les Locriens de l'est. Mais je me demande s'il ne faudrait pas voir plutôt ici l'un des signes de l'influence athénienne à Delphes. Le jeu de mots Pronoia (Providence) au lieu de Pronaia (celle qui est devant le temple) était accepté avec faveur chez les Athéniens, parce qu'ils expliquaient qu'Athéna avait veillé sur l'accouchement de Latone et la naissance d'Apollon. Au cap *Zoster*, sur la côte d'Attique, entre le Pirée et le Sounion, Latone avait

rables des deux sanctuaires où nous sommes en ce moment, et je serais tenté de croire que l'on trouve ici le souvenir d'un autre dieu, très anciennement adoré à Delphes, lui aussi. A l'ouest du sanctuaire d'Apollon, la fouille nous a rendu une stèle en calcaire, semblable à celles qui portent les surnoms d'Ergané et de Zostéria : elle est dédiée à Poseidon et à Athéna (la partie où était écrit le surnom de la déesse a disparu), mais les habitants du faubourg de Pylaea, à l'époque impériale, ont repris cette dédicace à leur compte, et y ont rajouté leur nom. Ce n'est qu'une hypothèse, mais assez vraisemblable, que de rendre au sanctuaire d'Athéna un ex-voto qu'on a dû emporter à un moment où les Romains y faisaient aussi des réparations et des aménagements nouveaux.

LE VIEUX<br>TEMPLE<br>D'ATHÉNA

Des édifices proprement dits qui s'alignaient sur la terrasse, celui que nous rencontrons d'abord et immédiatement après les trois autels, est le vieux temple d'Athéna (fig. 105, I).

Il nous permet de connaître les restes de deux monuments, tous deux en tuf, qui se sont succédé sur le même emplacement. Le plus ancien était contemporain du trésor de Corinthe : ce sont les deux constructions les plus anciennes de Delphes dont il nous reste des fragments, les procédés de taille et de suspension des pierres y sont à peu près les mêmes. On admet que ce temple fut démoli

commencé, disaient-ils, à éprouver les douleurs de l'enfantement et avait dénoué sa ceinture ; Athéna l'avait conduite par-dessus les îles et menée jusqu'à Délos, où Apollon était né. Les indices sont nombreux qui attestent l'union des deux cultes d'Athéna et d'Apollon, non seulement à Delphes, mais aussi à Athènes : on en trouvera un sobre résumé dans *le Culte d'Apollon Pythien à Athènes*, par M. G. Colin, pp. 92-95.

dans le courant du sixième siècle, probablement par une chute de rochers, et reconstruit ; c'est du second que le plan se lit aujourd'hui sur le terrain. Cet édifice avait été de nouveau renversé à l'époque d'Hérodote, dit-on, et par un accident semblable au précédent. Cette théorie me paraît inacceptable. Qu'il y ait eu deux destructions, dues

Fig. 107. — Le vieux temple d'Athéna.

toutes deux à des éboulements, personne ne songe à le mettre en doute. C'est la date approximative de ces deux événements qu'il faut, me semble-t-il, modifier.

D'abord Hérodote dit qu'il a vu les rocs tombés dans l'enceinte (pas dans le temple) d'Athéna, il ne dit pas qu'ils aient écrasé une construction. Je l'admets pourtant

sans peine, c'est à une chute de rochers que nous attri-
buerons la destruction du temple : mais quand ? Les
Delphiens et les Amphictions, enfin décidés à abandonner
un emplacement trop exposé, reconstruisirent pour la
troisième fois le temple d'Athéna sur la même terrasse,
50 mètres plus à l'ouest (fig. 105, V) ; les détails
de cet édifice en calcaire ne nous laissent aucun doute sur
la date, c'est au quatrième siècle avant J.-C. et dans la
seconde moitié de ce siècle, que le nouveau temple fut
achevé. Est-il possible de croire qu'on ait attendu depuis
l'époque d'Hérodote pour réédifier la demeure de la
déesse ?

Regardons de plus près les restes des deux temples en
tuf, tous deux sur le même emplacement (I). Pour paver
la cella du second, on a employé les chapiteaux de l'édifice antérieur. Ce sont des chapiteaux archaïques de tuf,
aplatis en forme de galette : on en voit un, figure 107, à
gauche, posé sur un tambour de colonne. La même figure
présente à droite les trois colonnes restées debout, au
coin nord-est, reliées par un mur en tuf, sur la protection
duquel les anciens avaient compté pour assurer la sécurité
du second temple. L'une d'elles porte son chapiteau, et
l'on peut comparer les deux formes, si différentes, que
les architectes ont données à l'échine. N'y a-t-il vraiment
entre elles qu'un siècle de distance ? Je suis frappé, moi
aussi, de la ressemblance qui existe entre le chapiteau en tuf du second temple et le chapiteau en marbre du
trésor d'Athènes : même fermeté dans la ligne infléchie,
aucune sécheresse, c'est le même support puissant et
dont l'œil se plaît à suivre le profil. Or le trésor d'Athènes
est daté d'après Marathon (490), on s'en souvient. Je sais
bien que l'on a insisté sur ce que les rares restes des

frontons, pour le second temple en tuf, avaient d'archaïque. Mais M. F. Poulsen les a ingénieusement recom-
posés (1) en un ensemble qu'il estime presque copié sur
le fronton en marbre du temple des Alcméonides, et qu'il
attribue aux environs de l'an 500. On voit qu'à quelques
années près notre conclusion est la même. C'est au début
du cinquième siècle qu'on a réédifié le temple d'Athéna, dorique, périptère de 27 mètres sur 14 avec
six colonnes de façade, l'opisthodome complètement
fermé, tel que nous en reconnaissons aujourd'hui les dispositions essentielles ; et Pausanias le vit en ruines, mais
Hérodote l'avait vu debout. Quand Hérodote vint à
Delphes, la légende avait rapproché et fondu ensemble
des éléments distincts, la destruction du temple du septième siècle et le passage des Perses. Il n'accepta pas
entièrement cette légende, puisqu'il ne dit pas que les
rochers qu'il a vus dans le sanctuaire d'Athéna avaient
endommagé l'édifice. Et cet édifice, le second temple,
bâti plus tard qu'on ne pensait, a aussi duré plus longtemps. Peut-être la catastrophe de 373, qui a ruiné le
temple d'Apollon, a-t-elle aussi détruit celui d'Athéna.
En tout cas il est très difficile de supposer un intervalle
plus grand entre cette destruction et l'érection du nouveau
temple, cette fois sur un emplacement plus sûr.

Viennent ensuite deux petits temples ou trésors, tous
deux en marbre ; le premier, du côté de l'est, de style
dorique (fig. 105, II), le second ionique (fig. 105, III).
Pausanias n'insiste que sur celui-ci, et pour nous apprendre

LES DEUX<br>TRÉSORS<br>EN MARBRE

(1) Dans l'étude qu'il a consacrée aux édifices de Marmaria : voir la note
bibliographique.

qu'il renfermait quelques statues, peu nombreuses, d'empereurs romains. Elles étaient évidemment sur le socle qui occupe au fond comme une banquette toute la largeur.

On aperçoit (fig. 108) la façade postérieure de ces deux édifices côte à côte : ils ont la même longueur, 10 m. 40. Le dorique est un peu plus large (7 m. 40) que l'autre (6 m. 40); il ne présente guère qu'une particularité de construction, ces six lignes parallèles ou éperons de calcaire, deux près des longs côtés, quatre à l'intérieur, qui portaient le dallage; peut-être cette disposition est-elle d'une époque plus récente que celle où le petit temple fut construit.

L'autre (III), dès le moment de la découverte, a pris dans le groupe des trésors ioniques du sixième siècle une place à part. L'exemple donné par le trésor des Cnidiens n'a pas été suivi seulement par les habitants de Siphnos. Quel que soit le peuple qui a dédié ce monument, nous avons ici un nouvel exemple de ces libres imitations que suscitait tout de suite un type d'offrande qui avait eu un succès éclatant. Les murs, comme dans le trésor de Cnide, reposent sur un tore cannelé par l'intermédiaire d'un rang de perles (fig. 109); le travail de ces ornements, et de tous ceux que l'on peut rapporter à cet édifice, est d'une délicate perfection. Il ne reste que des fragments de la décoration sculptée, mais ils donnent le droit d'imaginer une frise courant autour du monument, presque aussi riche sans doute que celle des Siphniens. Pourtant on est sûr que le portique d'entrée n'était pas soutenu par des statues de femmes, semblables aux caryatides des trésors de Cnide et de Siphnos. Les deux colonnes entre les antes ont été surmontées probablement d'un chapiteau à palmettes, comme dans le quatrième de ces petits monuments ioniques en marbre, le trésor de Clazomènes (1). Il n'y a là aucune indication sur la date respective des différents éléments de cette série : le petit temple

Fig. 108. — Partie centrale de la terrasse.

ionique de Marmaria peut très bien être plus récent que ceux où les figures féminines portaient l'entablement de la façade. Pour le moment, je n'essaie pas de préciser

1. Il n'a pas été question de ce trésor dans ce qui précède, parce qu'on ne peut pas dire avec certitude la place où il était dans le sanctuaire d'Apollon.

davantage : il me paraît devoir être attribué à la seconde
moitié du sixième siècle avant J.-C.



Sur l'occasion qui l'a fait élever, sans doute en même
temps que le petit temple dorique, les théories les plus
diverses ont été émises. Nous savons qu'une statue
dédiée par les colons phocéens de Marseille a été transportée dans le temple en calcaire que nous verrons tout
à l'heure : d'où venait-elle ? il était très raisonnable de
supposer qu'on n'avait pas eu un long chemin à faire,
qu'elle avait été enlevée du trésor des Marseillais, à une
époque où les Romains s'étaient peu à peu approprié
l'édifice. Ce trésor des Massaliotes et des Romains serait
précisément notre petit temple ionique.

Il n'y a pas de raison péremptoire à faire valoir contre
cette attribution. Si je préfère, provisoirement, une autre
hypothèse, c'est parce qu'elle essaie d'expliquer ce dont
on est frappé dès le premier instant quand on étudie les
deux petits temples. Ils ont beau n'avoir pas la même largeur, la construction et la décoration surtout ont beau
en être très différentes, ils paraissent jumeaux. Et cette
impression est encore fortifiée par le fait qu'ils sont
comme réunis par une rigole ou caniveau en pierre, qui
court devant la façade de tous deux et tourne à angle
droit pour longer le côté ouest de l'un et le côté est de
l'autre. On voit, figure 109, l'extrémité de cette ligne de
pierres creusées, au coin du trésor ionique. La rainure
tracée à la partie supérieure de ces pierres servait à
l'insertion de grandes plaques inscrites, dressées debout.
Or on a trouvé, tout auprès, plusieurs de ces dalles qui
formaient jadis autour des deux monuments une véritable muraille, interrompue seulement par les deux

portes. Les textes gravés sur ces dalles sont des comptes,
mais d'une autre série que les documents de l'administration financière dont on a dit quelques mots à propos du
temple. Ce sont les tableaux des revenus que le sanc-

tuaire retirait de la location et du fermage des biens confisqués.

Les querelles entre deux partis politiques se transfor-
maient aisément à Delphes en luttes pour et contre la
divinité : le parti vainqueur obtenait contre l'autre une
sentence de condamnation amphictionique, et faisait

mettre en vente ou en location les biens des vaincus. Ces listes de maisons et de terres prises à bail sont du quatrième siècle avant J.-C. : mais si on les a placées autour de deux édifices plus anciens, c'est probablement parce que ceux-ci avaient été élevés dans des circonstances analogues à celles qui ont déterminé plus tard la gravure de ces textes. Les deux monuments, eux aussi, doivent avoir été le témoignage d'une réparation envers le dieu, d'une expiation.

L'histoire intérieure de Delphes est assez mal connue ; pourtant quelques mots d'Aristote et un récit plus développé de Plutarque nous apprennent qu'au sixième siècle deux familles nobles de la ville, celle de Cratès et celle d'Orsilaos, se livrèrent pour une injure d'ordre privé une guerre sans merci. Cratès tua plusieurs partisans de ses ennemis tandis qu'ils étaient dans le sanctuaire d'Athéna Pronaia en suppliants. Plutarque ajoute : « après beaucoup de forfaits de cette sorte, les Delphiens mirent à mort Cratès et ceux de sa faction, et, avec l'argent qui s'appela l'argent des sacrilèges, ils firent reconstruire les temples du bas ». Cette indication : les temples d'en bas (par rapport au sanctuaire d'Apollon), rapprochée de ce qu'il vient de dire sur le meurtre commis dans l'enceinte d'Athéna, ne peut guère laisser place au doute. Les temples élevés, en expiation de l'impiété, avec les biens des sacrilèges, ce sont les deux petits édifices de Marmaria, auprès desquels on dressa dans la suite les tables des revenus que le trésor sacré percevait sur les domaines confisqués.

Il ne faut pas atténuer la force des objections qui ont été faites contre cette théorie. Elles nous donnent, me semble-t-il, le moyen de la préciser et de la compléter.

D'abord, a-t-on dit, le récit de Plutarque n'indique pas
que les deux familles aient été également frappées au
nom de la divinité : la punition de la seule famille de
Cratès a mis fin à la vendetta qui ensanglantait le sanctuaire. Rien ne nous autorise à supposer que les biens de
la famille d'Orsilaos aient été aussi confisqués ; et ce
n'est pas une hypothèse admissible, d'après les mots
mêmes de Plutarque, que l'un des deux temples ait été
construit avec les richesses de l'une des deux familles,
l'autre temple avec celles de l'autre.

En outre — et ceci est une difficulté aussi grave —
Plutarque ne dit pas : les Delphiens firent construire, il
dit expressément : ils firent reconstruire les temples d'en
bas. Ils existaient donc auparavant.

Je l'admets volontiers, quoique j'ignore si l'on a eu raison de mettre ces deux petits temples en relation avec les
deux autels d'Hygie et d'Ilithyie qu'on a vus précédemment. En tenant compte de ce que nous ignorons, voici
comment on peut, me semble-t-il, se représenter la succession des faits : à côté du vieux temple en tuf du septième siècle, il y avait deux petits édifices que la piété
avait consacrés ; vers le milieu ou dans la seconde moitié
du sixième siècle, on fut obligé de remanier le sanctuaire d'Athéna qui avait été souillé ; grâce aux ressources
que fournit le châtiment des sacrilèges, on put rebâtir
ces deux temples en marbre et, pour l'un, on s'inspira du
monument qui avait, à cette époque, produit l'impression
la plus forte par la nouveauté de la conception architec-
turale, le trésor de Cnide. Je renonce donc, avec regret,
à nommer trésor de Marseille l'édifice ionique de Marmaria.

En dépassant le trésor ionique, on arrive à l'un des chefs-d'œuvre les plus illustres que l'architecture grecque nous ait laissés. Certes les monuments parfaits ne manquaient pas à Delphes ; plusieurs constructions nous ont surtout frappés par la libre et forte originalité qu'elles attestaient dans la recherche du nouveau ; presque toutes par le soin et le fini du travail. Le monument rond, la tholos de Marmaria (fig. 105, IV et fig. 110), rassemble les qualités des plus beaux édifices que nous ayons vus; les exquises proportions de l'ensemble, le goût raffiné des détails en font un de ces rares modèles que l'on admire dès le premier regard, mais pour lesquels l'admiration grandit à mesure qu'on les connaît mieux. Des édifices du même groupe, la tholos d'Épidaure est le seul que l'on puisse comparer au nôtre ; je n'insiste pas sur le fait certain que celui de Delphes est le premier, et que celui d'Épidaure n'en est pas une simple copie. Tous deux, avec leurs dimensions différentes, occupent parmi les plus nobles productions de l'art une place de choix.

Une plateforme circulaire en marbre, de 13 m. 65 de diamètre, est portée par trois degrés à listel. La perfection avec laquelle les blocs du dallage et des marches sont taillés et assemblés mérite tout de suite une mention particulière. Comme au trésor d'Athènes, le temps a donné au marbre des tons chauds et dorés. Vingt colonnes de 0 m. 87 de diamètre à la base, dressées à la périphérie, entouraient une salle ronde ; leur chapiteau, où le tailloir est un peu plus haut que l'échine et où celle-ci descend selon une ligne à peine infléchie au départ, indique déjà une date plus récente que celle du Parthénon. La frise comprenait des métopes sculptées, légèrement cintrées, et la cimaise qui courait au-dessus du larmier, interrompue par les têtes de lion, est ornée d'une moulure (fig. 111) dont les volutes vigoureuses, le style plein et riche rappellent la décoration toute semblable du temple d'Asclépios à Épidaure.

On trouvera remontés dans une salle du musée ces di-

Fig. 110. — Là tholos.

vers éléments de la construction, qui permettent d'imaginer l'aspect de l'ensemble ; tout à côté, M. Replat a aussi reconstitué un fragment du plafond à caissons de la colonnade (fig. 112). La salle ronde, dont le diamètre intérieur dépasse de très peu 7 mètres, était en marbre comme la colonnade et les trois degrés. Une porte, des gonds de laquelle le seuil conserve les traces, y donnait accès ; à l'extérieur était une grille cintrée. Le mur circulaire repose sur une assise de soubassement plus épaisse en calcaire noir, qui n'est visible au dehors que sur une hauteur de quelques centimètres au-dessus du niveau du dallage. Mais la différence d'épaisseur est presque rattrapée par une moulure très finement travaillée, qui court au bas des blocs, posés de champ, de la première assise en marbre blanc. C'est un bourrelet peu saillant, formé de feuilles de lotus, courbées et comme repliées avec souplesse vers le centre, et entre lesquelles apparaissent les boutons. Cette

Fig. 111.

heureuse décoration, précise sans dureté, évite ce qu'aurait eu de sec l'aplomb du mur sur la plate-forme.

A l'intérieur, nous allons retrouver la même discrétion, la même sûreté de goût que l'on a pu constater au dehors dans l'opposition entre le marbre blanc et le calcaire noir. Ce contraste entre des matériaux diversement colorés, on en avait déjà tiré un bon parti à l'autel, où la masse imposante en dalles d'un noir lisse était encadrée par les assises du bas et du haut en marbre blanc ; peu de temps après que l'on a construit la tholos, la base des Arcadiens, un peu plus tard la base des Béotiens montrent avec quelle prédilection cette mise en valeur des pierres noires et blanches (ou grises) les unes par les autres était recherchée. Dans la salle ronde, un banc circulaire en calcaire noir, assez large (plus de 1 mètre), suivait le bas de la muraille en marbre blanc et n'était interrompu que par l'ouverture de la porte.

Un autel rond était au centre de la salle, et laissait autour de lui un passage libre d'au moins 1 m. 60. C'est l'autel que l'on voit remonté au musée (fig. 113), très

Fig. 112. — Caissons du plafond (colonnade de la tholos).

gracieuse composition d'un relief léger où une frise de jeunes filles, groupées deux à deux, le bras levé, attachent des bandelettes à une guirlande de feuillage qui fait, au-dessus de leur tête, le tour du petit monument. Il était inséré dans le dallage par une plinthe octogonale

et ici encore, comme au pied de la face extérieure du
mur, une délicate moulure marquait l'assiette de la construction circulaire sur la surface horizontale. Elle est
ici plus compliquée : un rang de perles et un tore ciselé
tournent au-dessus de l'évasement des rais de cœur. Si
l'on peut avec assez de vraisemblance attribuer la tholos
au premier quart du quatrième siècle avant J.-C., on admettra que l'autel est une addition postérieure peut-être
d'un siècle. L'artiste qui l'a sculpté n'était sûrement pas
un de ces grands créateurs dont on a vu quelques œuvres
dans ce qui précède ; du moins son goût très fin, servi
par une main précise, a su approprier cet ornement,
qui n'était pas sans doute un simple accessoire, à l'édifice
admirable dont il devait occuper le centre.

*PRYTANÉE.*  A quel usage la tholos était-elle destinée ? Il semble
bien aujourd'hui que l'on doive abandonner la théorie
par laquelle on avait voulu l'expliquer comme un
édifice consacré à un héros. Ce n'était pas proprement
un temple. Pausanias ne parle que des temples alignés
à la suite dans l'enceinte d'Athéna, il énumère d'abord
le vieux temple en ruines, puis les deux plus petits où
nous nous sommes arrêtés ; et en *quatrième* lieu le nouveau temple d'Athéna Pronaia, celui que nous allons
voir dans un instant. C'est donc un fait qu'il n'a pas nommé
la tholos : on peut sans doute expliquer ce silence, si
elle est un édifice civil, élevé par la ville. Une seconde
indication est fournie par la comparaison avec ce que
nous savons du prytanée d'Athènes. Dans ce bâtiment,
autour du foyer de la cité, se tenaient en permanence plusieurs des membres du conseil appartenant à la tribu qui
avait la prytanie, c'est-à-dire qui expédiait les affaires

courantes et préparait les questions sur lesquelles devait délibérer le conseil ; le président des prytanes, désigné par le sort, y gardait un jour et une nuit le sceau de l'État et les clefs du trésor. Et on y recevait aussi les hôtes,

Fig. 113. — Autel de la tholos.

étrangers illustres, bienfaiteurs publics, que la ville invitait à dîner près de son foyer. Or, nous le savons avec certitude pour le quatrième siècle, le prytanée d'Athènes est un monument rond, une tholos : d'où l'assimilation de la tholos de Marmaria avec le prytanée de la cité del-

phique, et cette assimilation est très vraisemblable (1).
L'autel central s'explique alors, ainsi que la longue banquette circulaire où s'étendaient, avec les prytanes, les hôtes de distinction invités par l'État.

LE NOUVEAU TEMPLE D'ATHÉNA

Tout de suite après la rotonde, nous trouvons les restes d'un édifice rectangulaire (fig. 105, V). C'est le dernier en date des temples d'Athéna Pronaia, celui que l'on construisit à cette place quand il fut démontré, par deux destructions, qu'il était impossible de laisser la demeure de la déesse dans la partie de la terrasse la plus exposée aux chutes de rochers. Ce temple est moins grand que celui dont on voit encore le plan 50 mètres

(1) Si j'accepte la théorie que M. Pomtow a récemment développée sur la destination de ce monument, il va sans dire que mon adhésion est strictement limitée à ce que je viens d'exposer. L'hypothèse que le même érudit a hasardée sur « l'ancien prytanée », par exemple, est discutable, pour ne rien dire de plus. On se rappelle le monument rond en tuf dont les restes nous ont été conservés dans les substructions du trésor des Sicyoniens. Le diamètre de cette salle ronde, y compris l'épaisseur des murailles, est de 4 m. 16 ; celle de la tholos, avec les murs, a un diamètre de 8 m. 33 ; du fait que cette mesure est le double de l'autre, M. Pomtow tire d'étonnantes conséquences. La tholos avec les débris de laquelle on a établi les fondations du trésor des Sicyoniens serait l'ancien prytanée : où était-il primitivement ? à la même place où s'est élevé plus tard le trésor ? au septième siècle avant J.-C., cette place était-elle dans le sanctuaire d'Apollon ou en dehors? Si les deux édifices (ou les trois, on se souvient qu'il y a eu deux trésors des Sicyoniens, le premier plus petit avec sa décoration sculptée) se sont succédé sur le même emplacement, comment la ville a-t-elle été amenée à céder aux Sicyoniens le terrain d'un de ses monuments? Pendant deux siècles au moins, entre la destruction de la tholos de tuf et l'érection de la tholos de marbre, où était le prytanée de Delphes ? Autant de questions qui ne sont même pas abordées et que résoudraient sans doute des hypothèses accumulées les unes sur les autres. Ce n'est pas tout : on a construit une tholos de diamètre double, nous dit M. Pomtow, « peut-être parce que le nombre des prytanes n'était antérieurement que la moitié » de celui que nous connaissons. Au quatrième siècle, les prytanes delphiens que nous voyons agir comme commission financière du conseil étaient huit : ont-ils été quatre auparavant? Rien ne nous autorise à le supposer.

plus à l'est : il a 22 m. 60 de longueur et 11 m. 55 de large. Un portique dorique décorait la façade, mais les colonnes intérieures du pronaos étaient ioniques. Le pavage de ce vestibule existe encore par fragments, c'étaient des dalles de calcaire, portées par des éperons parallèles, selon un système que l'on a déjà vu employé dans le petit trésor dorique en marbre. Pausanias dit que, dans le pronaos du temple d'Athéna, était une statue en bronze, sûrement une statue de la déesse, dédiée par les Massaliotes (Marseillais), et plus grande que celle qui se dressait à l'intérieur de la cella. L'offrande de Marseille est au plus tard du cinquième siècle, et je la croirais volontiers antérieure. Or le temple en calcaire est du quatrième siècle, le travail de la pierre, les détails de la construction rappellent, avec un peu moins de soin, ce que nous avons vu au trésor des Thébains ou au grand temple d'Apollon. La statue y a donc été transportée, et c'est un des arguments qui avaient rendu vraisemblable l'attribution aux Marseillais du trésor ionique qui est de l'autre côté de la tholos.

Le temple n'a pas d'opisthodome ; contre le mur du fond, un banc en calcaire, avec retours d'angle, traverse la cella dans toute sa largeur. Ce banc supportait-il la statue de culte que mentionne Pausanias ? Au centre de la cella où l'on a pensé à la replacer, il n'y a pas de fondations pour elle. Si l'on reconnaît ici une exèdre rectangulaire, on est amené à conjecturer que le temple aurait été employé à un autre usage, il serait devenu un lieu public de réunion ; mais cette transformation ne pourrait avoir eu lieu qu'après Pausanias, et il est bien certain que le banc est d'une époque antérieure. D'autre part, en arrière du banc, une base si longue ne peut avoir été préparée pour une

seule statue. Il y avait peut-être ici un ensemble de sculptures dont on avait entouré la statue d'Athéna. C'est
une des questions que l'on se pose à Marmaria et qui,
pour le moment, n'ont pas reçu de réponse décisive.



C'en est une autre que le nom du dernier édifice que
nous rencontrions sur cette terrasse (fig. 105, VI), cette
construction singulière dont la figure 114 montre les mu-

FIG. 114. — LE MONUMENT VI DE LA TERRASSE DE MARMARIA.

railles (1). Elle est plus ancienne que le temple d'Athéna,
puisque le mur ouest de celui-ci en a entamé et recou-

(1) Le fragment de corniche posé sur ces murs appartient au temple d'Athéna
Pronaia, en calcaire (V), que l'on vient d'abandonner. .

vert toute l'extrémité est. Le sacrifice que l'on a fait d'une partie, peu importante d'ailleurs, de cet édifice semble indiquer qu'il existait depuis un temps assez long quand on a construit le temple, dans la seconde moitié du quatrième siècle. L'assemblage des blocs polygonaux à angles parfois très aigus, dont est formée la base du mur à l'extérieur (à l'intérieur elle est doublée par de petites pierres polygonales soigneusement appareillées), ne contredit pas cette conclusion. Sur ce socle de pierres, s'élevaient les murailles en briques crues et séchées au soleil. Je croirais volontiers qu'on l'a trop rajeuni en l'attribuant au début du même quatrième siècle dans le courant duquel il fut traversé par le temple d'Athéna, et je le vieillirais d'un siècle au moins. On l'appelle logement des prêtres, ce nom n'est pas certain. Sans doute ces deux chambres carrées et contiguës, qui ouvrent sur un corridor antérieur, semblent avoir servi à des usages pratiques et avoir été habitées, mais il vaut mieux avouer que nous n'en savons rien. Si on me disait demain que ces deux pièces appartiennent à un trésor double, celui des Marseillais et des Romains, j'accueillerais sans trop d'étonnement cette hypothèse improbable.

Le faubourg sacré de Marmaria est la limite extrême de la ville du côté de l'est. Maintenant on se rend compte de la surface sur laquelle s'étendaient les maisons qui couvraient les pentes de ce grand cirque, depuis Marmaria presque jusqu'à l'emplacement du musée. Le nombre des habitants qui ont vécu près des sanctuaires n'étonne plus.

Il est attesté aussi par la quantité considérable de *NÉCROPOLES* tombes que l'on voit dans ce cirque même, et surtout dans les environs immédiats. C'est qu'à Delphes, comme dans toute ville — excepté à Délos où le dieu a voulu éviter la souillure de ce contact — les morts dorment près des vivants. Des tombes mycéniennes, dont la coupole était creusée dans la roche tendre, jusqu'aux sarcophages ornés de sculptures comme celui qui était célèbre longtemps avant la fouille (fig. 115), en passant par toutes les variétés de niches funéraires et même de chambres taillées dans le roc, les modes d'ensevelissement les plus divers se rencontrent ici. On a trouvé les sépultures les plus anciennes à l'ouest du sanctuaire d'Apollon, sous des maisons qui ont été habitées à une époque plus rapprochée

Fig. 115. — Sarcophage de Méléagre.

de nous, ou dans les rochers contre lesquels a été construit le musée. Plus haut que celui-ci, dans la direction du nord, on voit une chambre souterraine, avec trois niches pour des sarcophages, et, au-dessus de cette chambre, un dallage d'un très beau travail est le reste d'un héroon, d'une chapelle où l'on rendait aux morts de la famille les honneurs dus aux demi-dieux. Et enfin, à un niveau plus élevé encore, sur l'éperon de rocher qui se détache de Rhodini à la hauteur du stade, une chambre sépulcrale (fig. 116) est creusée

dans le roc : on distingue l'avenue qui y conduisait, le
banc ménagé dans la paroi à pic et, au premier plan, la
route antique, elle aussi taillée dans le rocher, celle même

Fig. 116. — Chambre sépulcrale avec avenue, taillées dans le roc.

que suivaient les pèlerins arrivés par mer ou venus de
la Grèce de l'ouest.

Cette chambre, comme la plupart des sépultures du faubourg occidental, datent d'un temps où cette région n'était
pas encore couverte d'habitations. A Delphes comme à
Athènes, à Rome, à Pompéi ou à Syracuse, les voies des
tombeaux sont les avenues que l'on suit pour arriver à la
ville. La chambre que représente la figure 116 est un des

derniers tombeaux devant lesquels on passait, quand on était déjà en vue du temple et que l'on avait laissé derrière soi, au-dessus de l'endroit où l'amphictionie tenait ses séances, le tournant où l'on cesse d'apercevoir la mer. Les visiteurs modernes sont frappés des innombrables

Fig. 117. — Groupe de sépultures (nécropole est).

alvéoles en arcosolium creusées dans les rochers que traverse la route carrossable d'Itéa à Arachova, à un niveau très inférieur à celui de la route ancienne.

Et du côté de l'est aussi, tout de suite après le tournant de la Hyampéia, commence une autre nécropole, beaucoup plus étendue encore. Le mur des Phédriades a été, comme le cap de Rhodini, taillé en plusieurs endroits pour recevoir des sépultures, mais c'est surtout le long de la route des fidèles qui arrivaient par terre d'Athènes, de Béotie et de Phocide, que les tombes se succédaient. La figure 117 montre un groupe de sarcophages qui formaient un des ensembles funéraires de la nécropole est. Je ne suis pas sûr que la tour ruinée près de laquelle passe la route moderne d'Arachova, à trois quarts d'heure de Delphes, soit un tombeau ; j'y verrais plutôt un poste de guette, tout à fait analogue à celui que nous allons voir sur le chemin des carrières. Au contraire, une porte taillée dans le roc, près de Marmaria, est bien certainement une sculpture funéraire. Elle n'a rien de remarquable, sinon les légendes qui se sont depuis un siècle accumulées autour d'elle. Tremblement de terre ou gel dans une crevasse au-dessus, peut-être simplement poussée d'un vigoureux figuier, la porte s'est un jour fendue du haut en bas : il a fallu, ici encore, une explication surnaturelle, et quelque habitant a imaginé l'édifiante histoire d'un prêtre des faux dieux foudroyé au pied de la roche.

La visite des deux sanctuaires et de la ville est terminée. Mais les voyageurs qui peuvent rester quelques jours à Delphes ne s'en tiendront pas à ces ruines. Ils seront curieux des aspects naturels, si puissamment variés, que leur offre ce pays. Ils monteront sur les plateaux que soutiennent les Phédriades, ils iront jusqu'au sommet du Parnasse pour admirer la sauvage beauté de ses roches grises, ils descendront au delà de Marmaria et au-dessous de la nécropole de l'est, pour goûter la fraîcheur de l'ombre, en suivant l'eau qui tombe de moulin en moulin jusqu'aux oliviers de la gorge et au lit desséché du Pleis-

tos. Parfois dans ces excursions un reste de route antique, de mur ou d'aqueduc, un fragment de marbre leur
rappellera le voisinage de la ville et du sanctuaire dont
la vie jadis fut si intense. Je voudrais signaler à ceux
qu'intéresse le spectacle de l'activité humaine un en-

Fig. 118. — Une des carrières au pied des Phédriades.

droit où l'on ne va guère et qui pourtant, comme eût dit
Pausanias, mérite d'être vu.

*LES CARRIÈRES DE SAINT-ÉLIE*

On traverse le nouveau village de Delphes et l'on suit
la route carrossable qui descend vers Chryso et Itéa. Au
premier de ces nombreux tournants par lesquels elle serpente pour gagner le niveau de la plaine, on la quitte et
on continue tout droit vers l'ouest, dans la direction d'Amphissa. Le sentier muletier suit le flanc escarpé des Phédriades, d'abord à mi-côte, puis il descend sans interrup-

tion, jusqu'à un petit plateau découvert, à travers les
pentes pierreuses, fleuries de rares asphodèles. La route
antique existe encore, parallèle, à une trentaine de mètres
au-dessus : mais dans cette partie du tracé, bien que le
rocher taillé permette de la reconnaître, elle n'est pas
conservée entièrement, nous la retrouverons plus bas intacte (fig. 121).

Fig. 119. — Plans de lit sur un bloc de calcaire.

Au bord du plateau où l'on arrive après deux heures
de marche, et d'où l'on domine la plaine sacrée et la mer,
les ruines d'une tour carrée indiquent un poste de guette
et de signal. C'est qu'en effet cette plateforme était
comme la gare de départ pour les transports de pierres
à Delphes, et c'est à quelques minutes plus à l'ouest encore, à diverses hauteurs, sur un promontoire rocheux
qui se détache du mur des Phédriades, que se trouvent les
carrières. Beaucoup plus haut sur les escarpements ver-

ticaux se trouve un monastère de Saint-Elie : d'où le nom
donné à cet admirable calcaire, d'un gris bleuté le plus
souvent, avec lequel, on l'a vu, tant d'édifices à Delphes
ont été construits et surtout le grand temple du quatrième siècle. On se rappelle ces dalles de pavage, de
2 mètres de côté sur presque 0 m. 50 d'épaisseur ; les

Fig. 120. — Ligne de coins.

pierres de la base qui a porté le char d'or des Rhodiens
et plus encore les blocs, moulurés ou non, du trésor de
Thèbes, s'ils sont de proportions moins considérables,
attestent eux aussi la perfection d'un travail particulièrement difficile ; le calcaire de Saint-Élie est une très
belle matière, mais très dure et cassante, et il se délite
aisément.

Les anciens l'avaient vu, et ils en ont tiré pour l'extrac-

tion le parti le plus habile. Voyez, figure 118, l'aspect général de l'une de ces carrières. Le banc de calcaire com-
pact est disposé, sur une grande hauteur, par tranches
horizontales : on distingue aussi nettement cette direction
des plans de lit sur le bloc représenté figure 119, et
devant lequel il semble que le travail s'est arrêté hier.

Fig. 121. — La route ancienne des carrières a Delphes.

C'est une des impressions saisissantes que réserve en effet
ce coin aujourd'hui silencieux et désert : si quelques
touffes de broussailles sombres ne prouvaient un long
abandon, on pourrait croire que le chantier va reprendre
une activité qui ne s'est interrompue que pour quelques
heures. Bien que les Phédriades se dressent à pic au-
dessus de ce cap, il n'y a eu ici ni chute de rochers, ni
éboulements; pas de gravats, tous les déchets allaient pro-
longer dans la plaine l'avancée sur laquelle les carrières
elles-mêmes étaient creusées.

Pour détacher un bloc, qui naturellement était de dimensions bien plus grandes que celles où devait le réduire le travail définitif — mais celui-ci ne pouvait se faire qu'à pied-d'œuvre — on commençait par étudier les fissures horizontales (fig. 119), les plans de lit. Puis sur la surface supérieure, on enfonçait en ligne droite des coins de bois, et tandis que l'on soulevait verticalement la pierre avec des leviers, on mouillait les coins. Le bloc se séparait, de lui-même, du banc de calcaire ; on le faisait glisser sur les rouleaux de bois jusqu'au chariot attelé de mulets ou d'esclaves qui l'amenait jusqu'à cette terrasse d'où partaient pour le sanctuaire les convois de transport.

Quelquefois, comme le montre la figure 120, où la ligne des coins de bois est encore visible, le travail était mal préparé, la pierre éclatait et il fallait recommencer ailleurs : les bancs horizontaux avaient déjà été exploités en ce point.

Cette simplicité ingénieuse des anciens dans l'art de s'approprier les richesses naturelles, on l'admire aussi ailleurs, et par exemple dans les laveries de minerais au Laurion. Ce qui vient compléter l'impression que donne la visite des carrières, c'est que l'on emprunte quelques instants, pour retourner à Delphes, la route même par laquelle ces blocs énormes y furent conduits. Elle gagne le plateau de la tour carrée par un coude qui suit, en s'élevant peu à peu, le pied de la montagne. De là à Delphes, on montait par une rampe continue, rectiligne, à voie unique, sans arrêt autre que quelques croisements ou garages, où attendaient les chariots descendant à vide et où les attelages prenaient un peu de repos. Souvent le roc a été creusé pour qu'on pût obtenir la largeur suffisante et les véhicules ont laissé de profondes ornières, mais souvent aussi on a dû remblayer, et nous voyons, dans un état tel qu'on croit avoir sous les yeux (fig. 121) un tronçon de route moderne, le terrassement appuyé par un mur en pierres sèches, aussi solide aujourd'hui qu'il y a vingt-quatre siècles.

On a regardé dans le sanctuaire ces blocs taillés et finis avec une telle maîtrise de la matière et un art épris de beauté noble et simple au point qu'on se demande si le travail humain a jamais pu approcher davantage de la perfection. On a vu toutes ces bases, tous ces édifices assemblés avec un goût si original et si libre pour supporter ou entourer un ensemble de chefs-d'œuvre dont quelques restes peuvent du moins nous donner l'idée. Le retour des carrières à Delphes par la route antique, en nous faisant percevoir d'une manière immédiate les difficultés matérielles que ces hommes ont dû vaincre, nous transporte du même coup dans le milieu de civilisation qui a voulu et rendu possible un pareil labeur. La main-d'œuvre servile, les chars et les rouleaux, les attelages de mulets : voilà ce dont disposait la pensée créatrice qui construisit au moins trois fois la demeure d'Apollon et entassa pendant des siècles autour du temple tout un peuple de monuments et d'ex-voto. C'est en ce sens que la promenade dont je tenais à dire quelques mots en terminant complète l'impression que nous ont donnée les ruines mêmes, puisqu'elle nous a permis de constater à quelles conditions se réalisa cette création d'art.

# NOTE BIBLIOGRAPHIQUE

Je n'ai pas l'intention de présenter ici une bibliographie complète sur Delphes, j'en ai donné la raison ci-dessus pages 17-18. Mais il est possible que des lecteurs tiennent à avoir sur tel point particulier des renseignements plus abondants que ceux où je devais me restreindre. C'est seulement pour leur faciliter des recherches que j'ai groupé les indications suivantes.

Pour tout ce qui concerne Delphes avant les fouilles de 1892-1901 il existe un ouvrage d'ensemble, que les découvertes de l'École française ont permis de compléter, mais qui reste un résumé fort intéressant et sur certains points encore exact : c'est le *Mémoire sur les ruines et l'histoire de Delphes*, par M. P. Foucart, Paris, 1865.

M. B. Haussoullier a dirigé en 1880, au nom de l'École française, une fouille qui lui a permis de découvrir le portique des Athéniens (ci-dessus, pp. 139-141). Il a rendu compte de ce résultat, *Bulletin de correspondance hellénique*, V (1881), pp. 1-19.

En 1887, M. H. Pomtow a pratiqué un sondage, et trouvé les marches de l'entrée du sanctuaire d'Apollon (ci-dessus, p. 36) : voir ses *Beiträge zur Topographie von Delphi*, 1889, pp. 53-54.

Les fouilles de l'École française ont été dirigées depuis 1892 par M. T. Homolle, et les membres de l'École qui y ont pris part sont

MM. L. Couve, E. Ardaillon, E. Bourguet, P. Perdrizet, P. Jouguet, G. Colin, P. Fournier, J. Laurent et E. Cahen. Les résultats ont été annoncés et discutés dans de très nombreux articles du *Bull. de corr. hellén.*, des *Comptes rendus de l'Acad. des Inscr. et Belles Lettres*, des *Monuments Piot*, de la *Revue de philologie*, de la *Revue archéologique*, de la *Revue des études grecques*, de la *Revue des études anciennes*, des *Mélanges Weil* et des *Mélanges Perrot* ; je ne les énumérerai pas tous. La publication d'ensemble a commencé à paraître chez Fontemoing et Cⁱᵉ : du tome second (*Topographie et architecture*), un fascicule est annoncé, qui sera dû à M. Courby. Du tome troisième (*Épigraphie*), ont paru plusieurs fascicules : *Inscriptions des monuments de la voie sacrée jusqu'au trésor d'Athènes*, par M. E. Bourguet, 2 fasc. ; *Inscriptions du trésor d'Athènes*, par M. G. Colin, 4 fasc. Du tome quatrième (*Sculpture*), a paru un fascicule, par M. Homolle. Le tome cinquième (*Bronzes, terres-cuites, antiquités diverses*), par M. Perdrizet, est terminé depuis 1908.

J'ai dit, page 1, qu'à l'étranger plusieurs petits volumes avaient présenté d'une manière aisément accessible l'ensemble des découvertes. Ce sont, en Allemagne, *Delphi, die Orakelstätte des Apollon*, par M. O. Fritsch, Gütersloh, 1908, et en Grèce, le *Guide de Delphes*, par M. A. D. Kéramopoullos (édit. en grec moderne, 1907 ; éd. franç., 1909).

Il est inutile de recommander longuement les chapitres que M. Perrot, dans son *Histoire de l'art*, et M. Collignon, dans son *Histoire de la sculpture grecque*, ont consacrés aux œuvres trouvées à Delphes.

Je tiens à signaler dans le *Bull. de corr. hellén.* les études que deux savants étrangers ont bien voulu y insérer : M. G. Karo, *En marge de quelques textes delphiques*, XXXIII (1909), pp. 201-237 ; XXXIV (1910), pp. 187-221 ; M. W. B. Dinsmoor, *Studies of the Delphian treasuries*, XXXVI (1912), pp. 439-493 ; XXXVII (1913), pp. 5-85. MM. Karo et Dinsmoor ont tenu à montrer que leurs travaux étaient inspirés par une pensée de collaboration généreuse et loyale avec l'École française. De telles collaborations ont toujours été accueillies avec empressement et reconnaissance.

Pages 41-46. — J'indique brièvement les critiques que M. Pomtow (*Berl. Philol. Wochenschrift*, 1912) a opposées à ma restauration de l'offrande lacédémonienne, et la restauration dont il est l'auteur. Il essaie de deviner par quels calculs M. Martinaud et moi sommes arrivés au chiffre de huit colonnes et à la constatation de l'entre-colonnement augmentant de gauche à droite. Je n'ai à répondre que ceci : M. Martinaud et moi avons travaillé à Delphes, ce n'est pas sur des dessins rapportés à Paris que nous avons essayé d'ingénieuses combinaisons, c'est sur place que nous sommes arrivés à ce qui me paraît, après comme avant cette condamnation sans appel, la solution exacte et vraie. Quant aux douze colonnes que l'on nous propose d'admettre, je rappelle une fois de plus que l'on ne pouvait pas bien voir les statues des amiraux lacédémoniens quand on était en face du milieu : la voie sacrée n'était pas assez large et ne permettait pas le recul nécessaire. On ne les apercevait que quand on était en bas du coin S.-E. (à peu près à l'endroit d'où a été prise notre photographie, fig. 10), ou quand on était à l'autre extrémité, presque en face du coin des hémicycles argiens (et d'ici on les voyait mieux). Supposer douze colonnes, c'est élever un mur qui, de l'une ou de l'autre de ces extrémités, aurait empêché d'apercevoir quoi que ce fût à l'intérieur du portique.

Pages 80-88. — Pour les sculptures du trésor de Siphnos, je me suis abstenu de rappeler les discussions sur l'école à laquelle se rattachaient les artistes de la frise. Le jugement, peut-être un peu trop sévère, auquel j'ai fait allusion est celui de M. Lechat, *la Sculpture attique avant Phidias*, pp. 146-148.

Pages 95-96. — C'est M. Homolle qui a proposé de reconnaître Cléobis et Biton dans les deux statues argiennes : *Gazette des Beaux-Arts*, 1894 et 1895 ; *Bull. de corr. hellén.*, XXIV (1900), pp. 445-462. M. A. von Premerstein a brillamment confirmé cette identification par une lecture plus complète des deux bases : *Jahreshefte* de l'Institut autrichien, XIII (1910), pp. 41-49.

Pages 108-114. — Les métopes du trésor d'Athènes ont été appréciées en quelques pages d'un goût très sûr : *la Sculpture attique avant Phidias*, par M. Lechat, pp. 413-421. Sur les rapports des deux héros, on a lu un article de M. Pottier, *Pourquoi Thésée fut l'ami d'Hercule*, dans la *Revue de l'art anc. et mod.*, 1901, I. Je tiens à ajouter que, plusieurs années avant la découverte du trésor d'Athènes, les idées que j'ai résumées plus haut — sur le désir des Athéniens de dresser leur héros national en face d'Héraclès — avaient été développées par M. P. Girard, dans plusieurs leçons de son cours, professé en 1888-89, sur le théâtre athénien au cinquième siècle.

Page 117 n. — On trouvera aussi une transcription des hymnes en notes modernes, par M. Emmanuel, dans le tome I de l'*Histoire de la musique* qui paraît sous la direction de M. Lavignac.

Page 125. — L'aire a été pour la première fois reconnue et identifiée avec certitude par M. Homolle, *Bull. de corr. hellén.*, XVII (1893), pp. 619-620.

Page 174 n. — L'article de M. Holleaux sur les trépieds à élever dans le sanctuaire d'Héraclès près du gymnase du Kynosarges, à Athènes, a paru dans les *Athenische Mitteilungen*, 1906, pp. 130-144 ; M. Dörpfeld a dessiné le modèle du trépied et ajouté quelques notes techniques, *ibid.*, pp. 144-150. Les lignes 18-21 du texte indiquent expressément qu' « on ajustera au trépied, par dessous, une colonnette en marbre pentélique, ayant un chapiteau dorique, après l'avoir taillée en dessous afin qu'elle soit d'aplomb, et ravalée afin qu'elle soit lisse ».

Page 188 et suiv. — La colonne d'acanthe a été étudiée par M. Homolle, *Bull. de corr. hellén.*, XXXII (1908), pp. 205-235.

Page 199 et suiv. — Le savant allemand qui a découvert que la statue d'Agias, à Pharsale, était une œuvre de Lysippe, est M. E. Preuner : *Ein delphisches Weihgeschenk*, Leipzig, 1900. M. Homolle a publié un mémoire sur *Lysippe et l'ex-voto de Daochos*, *Bull. de corr. hellén.* XXIII (1899), pp. 421-485.

Page 205. — La critique que M. Pomtow a adressée à la reconstruction actuelle du pilier de Prusias, et dont j'ai tenu à signaler la justesse, a été imprimée dans la *Berliner philologische Wochenschrift*, 1911-12, p. 108 et suiv. du tirage à part.

Page 226 et suiv. — Parmi les très nombreuses publications sur l'Aurige, je citerai seulement celle que M. Homolle a donnée aux *Monuments Piot*, t. IV (1897).

Page 248 n. — On lira avec intérêt l'article *Omphalos* inséré par M. G. Karo dans le *Dictionnaire des antiquités* de Daremberg-Saglio-Pottier.

Page 257. — L'étude de M. Homolle sur les frontons du temple (temple ancien, ou des Alcméonides) est insérée dans le *Bull. de corr. hellén.*, XXV (1901), pp. 457-515, et XXVI (1902), pp. 587-639.

Page 276. — Les très beaux articles de M. Carl Robert, accompagnés des dessins où ont abouti ses travaux de restitution, se trouvent dans le XVI° et le XVII° *Winckelmannsprogramm* de Halle, *Nekyia* (les enfers), 1892, et *Iliupersis* (le sac d'Ilion), 1893. Il faut y joindre le programme suivant, *Marathonschlacht und weiteres über Polygnot*, Halle, 1895.

Page 306 et suiv. — Sur les édifices de Marmaria, la bibliographie est déjà abondante. Deux articles de M. Homolle dans la *Rev. de l'art anc. et mod.* X (1901) et XV (1904), ont fait connaître les résultats des fouilles. Depuis, M. F. Poulsen a publié une étude dans le *Bulletin de l'Académie de Danemark*, 1908, pp. 332-388. Outre les travaux de MM. Karo, Kéramopoullos et Dinsmoor que j'ai déjà cités, il faut mentionner quelques pages pénétrantes de M. A. Frickenhaus, dans les *Athen. Mitteilungen* de 1910, pp. 235-247. — M. Pomtow a publié ses théories sur les « chapelles expiatoires » (ci-dessus p. 316) dans *Klio*, VI (1906), et sur la tholos-prytanée dans *Klio*, XII (1912).

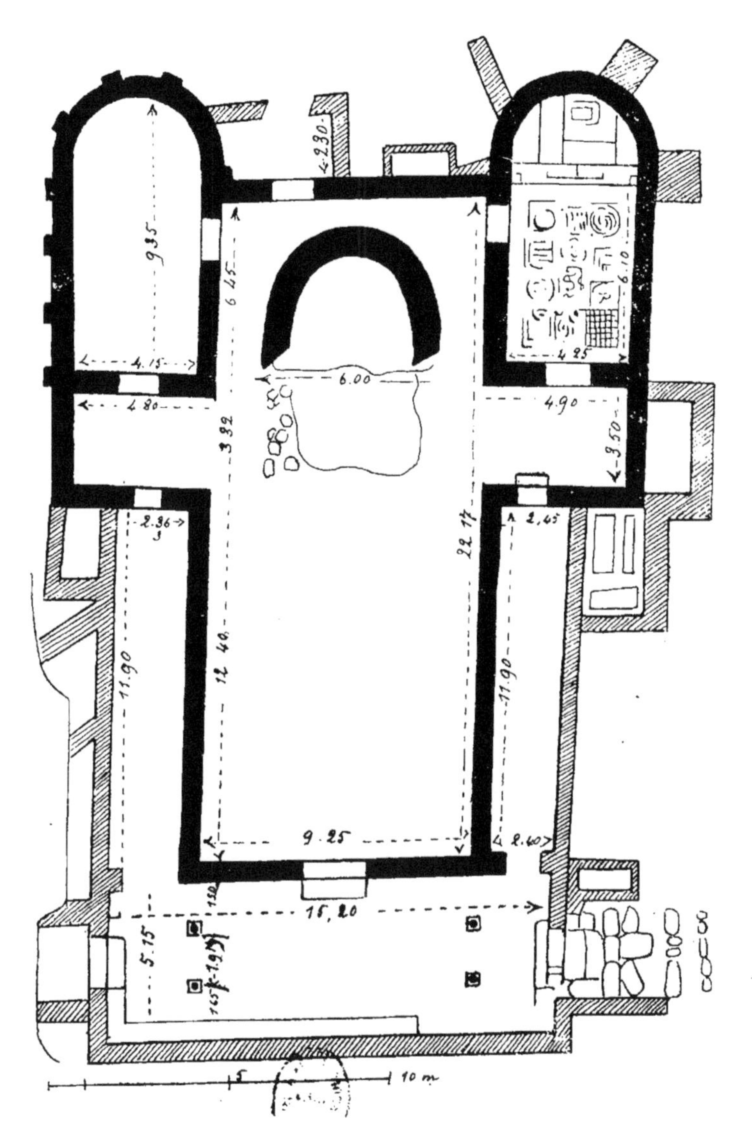

2.30
9.35
6.45
6.00
4.15
4.80
3.32
2.36
11.90
12.40
9.25
22.17
11.90
2.65
2.60
15.20
1.80
5.15
1.65
1.90
6.10
4.95
4.90
3.50
5
10 m

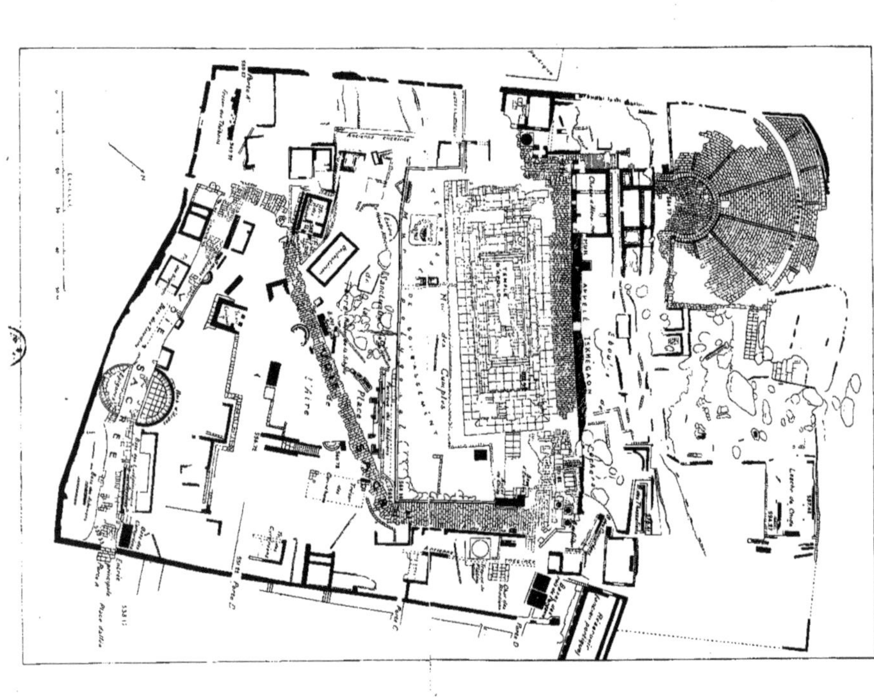

# INDEX

# TABLE DES ILLUSTRATIONS

# TABLE

9 782019 482589